T0285339

LA MEMORIA DEL CUERPO

Dr. Thomas R. Verny

LA MEMORIA DEL CUERPO

Comprende los misterios de la memoria celular,
la conciencia y la relación cuerpo-mente

URANO
Argentina – Chile – Colombia – España
Estados Unidos – México – Perú – Uruguay

Título original: *The Embodied Mind*
Editor original: Pegasus Books, Ltd., Nueva York
Traducción: Manuel Manzano

1.ª edición Agosto 2023

Reservados todos los derechos. Queda rigurosamente prohibida, sin la autorización escrita de los titulares del *copyright*, bajo las sanciones establecidas en las leyes, la reproducción parcial o total de esta obra por cualquier medio o procedimiento, incluidos la reprografía y el tratamiento informático, así como la distribución de ejemplares mediante alquiler o préstamo público.

Copyright © 2021 by Thomas R. Verny, M.D.
All Rights Reserved
First Pegasus Books cloth edition October 2021
Interior design by Maria Fernandez
© 2023 de la traducción *by* Manuel Manzano
© 2023 *by* Urano World Spain, S.A.U.
Plaza de los Reyes Magos, 8, piso 1.º C y D – 28007 Madrid
www.edicionesurano.com

ISBN: 978-84-18714-16-0
E-ISBN: 978-84-19497-87-1
Depósito legal: B-11.555-2023

Fotocomposición: Ediciones Urano, S.A.U.

Impreso por: Rotativas de Estella – Polígono Industrial San Miguel Parcelas E7-E8
31132 Villatuerta (Navarra)

Impreso en España – *Printed in Spain*

A Sandra, mi musa y mi amor.

ÍNDICE

Si valoramos la búsqueda del conocimiento, debemos ser libres de seguir adondequiera que esa búsqueda nos lleve. La mente libre no es un perro que ladra, atado a una cadena de tres metros.

—ADLAI E. STEVENSON II—.

INTRODUCCIÓN

Cuando apenas tenía trece años de edad, leí *La interpretación de los sueños* de Sigmund Freud, en el alemán original, en Viena. Estaba totalmente fascinado por cómo el interrogatorio lento y metódico de Freud finalmente conducía al descubrimiento de conflictos inconscientes profundamente ocultos en la vida de sus pacientes. Allí y en ese entonces resolví convertirme en psiquiatra. Años más tarde, cuando ya lo era, seguía fascinado por los sueños y el inconsciente. Un día, mientras trabajaba con un joven en sus sueños, de repente, sin mi intervención, comenzó a llorar como un bebé. Lloró durante cerca de diez minutos y luego se detuvo solo. Le pregunté qué acababa de suceder. Me respondió que en su mente se encontraba en una cuna y que estaba llorando por su madre. Luego recordó que en realidad había visto fotos de sí mismo cuando era un bebé y algunas de ellas lo mostraban acostado en una cuna azul, mientras que la cuna que acababa de experimentar era definitivamente blanca. Se preguntó acerca de la discrepancia.

Le sugerí que le pidiera a su madre que resolviera aquella cuestión. A la semana siguiente volvió a su cita habitual y me dijo que, según su madre, cuando nació, sus padres no tenían dinero para comprar una cuna nueva, pero pudieron pedirle prestada una a un vecino. La cuna prestada era blanca. Unos meses más tarde, pudieron comprarle una cuna nueva, y esa cuna nueva era azul. Esa es de la que se tomaron todas las fotografías.

Me sentí intrigado y desconcertado por aquella experiencia, ya que, a lo largo de mis estudios, primero en la Universidad de Toronto y luego en la Universidad de Harvard, me enseñaron que los niños no recuerdan nada antes de los dos años. Y, sin embargo, a medida que continuaba practicando, me encontré repetidamente con pacientes que me contaban eventos de sus vidas que se remontaban a la infancia, el nacimiento e incluso la vida en el útero. Algunos de estos recuerdos pueden haberse originado a partir de conversaciones escuchadas por miembros de la familia o recopilados de álbumes de fotos o videos. Sin embargo, un número considerable no estaba fácilmente disponible y fue corroborado por evidencias proporcionadas por los padres, informes del hospital y otra documentación. Me pregunté cómo se podían explicar científicamente aquellos recuerdos. Fue entonces cuando, después de mucho estudio, investigación y contactos personales con colegas en obstetricia, psicología, psiquiatría y otras ciencias, escribí *La vida secreta del niño antes de nacer*, que se ha publicado en veintisiete países y sigue gozando de amplia difusión y popularidad. En ese momento, hace ya casi cuarenta años, tenía mucha evidencia científica sólida para respaldar la premisa central de mi libro; a saber, que un niño antes de nacer ya es un ser sensible, consciente y que recuerda, al menos tres meses antes de su nacimiento. Sin embargo, tenía poca o ninguna evidencia científica para apoyar la cognición de cualquier tipo que se extendiera más atrás en el tiempo. Por supuesto, dada la rapidez del desarrollo y el cambio en las ciencias biomédicas de las últimas décadas, cuarenta años es prácticamente un eón. Gran parte de lo que ahora se conoce en biología celular, genética y, lo que es más importante, epigenética, no solo confirma mis afirmaciones en *La vida secreta del niño antes de nacer*, sino que me permite presentar conceptos nuevos y audaces en *La memoria del cuerpo*.

Lo que me puso en el camino hacia *La memoria del cuerpo* fue un artículo que leí hace seis años, publicado en *Reuters Science News*, titulado «Tiny Brain No Obstacle to French Civil Servant» («El cerebro diminuto no es un obstáculo para el funcionario francés»)[1]. Parece que, en julio de 2007, un francés de cuarenta y cuatro años de edad acudió a un hospital quejándose de una leve debilidad en la pierna izquierda. Cuando los médicos se enteraron de que al hombre le habían quitado una derivación espinal cuando tenía catorce años, le realizaron numerosos escáneres de la cabeza. Lo que descubrieron fue una enorme cámara llena de líquido que ocupaba la mayor parte del espacio de su cráneo, dejando poco más que una fina lámina de tejido cerebral real. Era un caso de hidrocefalia, literalmente agua en el cerebro. Se citó al Dr. Lionel Feuillet del Hôpital de la Timone[2] en Marsella diciendo: «Las imágenes eran muy inusuales [...] el cerebro estaba virtualmente ausente». El paciente estaba casado, era padre de dos hijos, trabajaba como funcionario y aparentemente llevaba una vida normal, a pesar de tener un cráneo lleno de líquido cefalorraquídeo y muy poco tejido cerebral.

Para mi sorpresa, encontré en la literatura médica una cantidad asombrosa de casos documentados de adultos a quienes, cuando eran niños[3], les extirparon partes del cerebro para curar su epilepsia persistente. Después de la hemisferectomía[4], la mayoría de los niños mostraron no solo una mejora en su capacidad intelectual y sociabilidad, sino también una aparente retención de la memoria, la personalidad y el sentido del humor. De manera similar, los adultos que se habían sometido a hemiferectomías disfrutaban de un excelente control de las convulsiones a largo plazo y una mayor empleabilidad posoperatoria.

Si las personas que carecen de una gran parte de su cerebro pueden funcionar normalmente, o incluso con relativa normalidad, entonces debe de existir, pensé, algún tipo de sistema de respaldo que pueda activarse cuando el sistema principal falla. Dediqué los siguientes seis años a estudiar la literatura médica y científica, buscando evidencias para apoyar mi corazonada.

Descubrí que, si bien muchos académicos habían contribuido en gran medida al avance de la ciencia en sus propios campos, nadie realmente había sintetizado este conocimiento, «conectado los puntos» y pensado en resolver este rompecabezas. *La memoria del cuerpo* intenta hacer precisamente eso.

Nuestra mente encarnada no es la vieja enmascarada. Es una mente extendida que se basa en la inteligencia de todas las células de nuestro cuerpo que contienen fragmentos específicos de información, microrecuerdos. Todos los recuerdos, la conciencia y la mente emergen de esta red sensible conectada.

La mente encarnada, que trataré de establecer como su propio término psicobiológico único, representa una teoría biológica coherente y empíricamente fundamentada que marca un alejamiento significativo del enfoque exclusivo del siglo pasado en las neuronas corticales (células cerebrales) como las únicas células importantes en la información, procesamiento, cognición y almacenamiento de la memoria. *La memoria del cuerpo* se basa en estudios que demuestran inteligencia y memoria en una amplia gama de sistemas mucho más allá del sistema nervioso central tradicional, incluido el sistema inmunitario, el esperma y los óvulos, los organismos unicelulares, las amebas y muchos más. La memoria es verdaderamente una red de todo el cuerpo. Que podamos o no acceder de manera consciente a un recuerdo no es tan importante como darnos cuenta de que hemos tenido la experiencia, el evento vivido, que ha dejado algún tipo de impacto, influencia, marca, rastro, registro o huella en nuestras células y tejidos.

Una gran cantidad de estos efectos pueden transmitirse a nuestros hijos y nietos. Por lo tanto, es imperativo que seamos conscientes de la mayor cantidad posible de nuestros impulsos y comportamientos desadaptativos básicos y que intentemos superarlos conscientemente. Al mismo tiempo, es imperativo por nuestro bien, pero especialmente por el beneficio de nuestros futuros hijos, vivir una vida buena y saludable. Mejoraremos enormemente nuestras vidas y las vidas de las generaciones futuras si evitamos activamente el estrés y la ansiedad, así como a las personas que son críticas o tóxicas y, en cambio, nos hacemos amigos de las personas que nos apoyan y valoran.

Al igual que los músicos de una orquesta que tocan en diferentes secciones, ya sean cuerdas, instrumentos de viento, metales o percusión, las células de la piel contienen información diferente a la de las células del corazón, etc. El recuerdo que emerge consciente o inconscientemente como resultado de algún desencadenante se «escucha» como la música que emana de una orquesta. Los centros cerebrales superiores toman el lugar del director y coordinan los mensajes que llegan a nuestro yo consciente y conducen a la cognición y el comportamiento.

Es hora de que dejemos de lado el mito del cerebro y la mente enmascarados y adoptemos el concepto científicamente basado en la evidencia del cerebro y la mente encarnados. Es un concepto novedoso y transformador en psicobiología, que cambia de paradigma y que, a su vez, otorga poder. Pensamos, sentimos y actuamos con nuestro cuerpo. Nos relacionamos con el mundo con nuestro cuerpo. Nuestra mente está ligada al cuerpo. Tengo la esperanza de que *La memoria del cuerpo* nos ayude a comprender mejor quiénes somos en relación con nosotros mismos, con nuestros seres queridos, con la sociedad y el universo. Nos motivará para ejercer nuestro libre albedrío y nos alentará a asumir la responsabilidad de nuestras propias acciones.

1

¿IMPORTAN LOS GENES?

Introducción

La unión del espermatozoide y el óvulo en la concepción conduce a la formación de un óvulo fertilizado, un organismo unicelular, el cigoto, que, si se implanta con éxito en el útero de la madre, eventualmente se convertirá en una persona adulta. Esta diminuta célula llevará el modelo para el futuro de un ser humano completo. Asombroso pero cierto. Lo que es aún más sorprendente es que, sobre la base de la evidencia científica sólida, puedo decir que esta información genética no se limita solo a los planos arquitectónicos para construir un cuerpo, sino que también puede incluir datos que reflejan experiencias y características de la personalidad de los padres. Estas características adquiridas nos catapultan a la nueva ciencia de la epigenética.

Creo que es justo decir que la epigenética es el avance más revolucionario en las ciencias biológicas desde que se publicó *El origen de las especies* de Charles Darwin en 1859. La epigenética es el estudio de los mecanismos moleculares mediante los cuales el entorno regula la actividad de los genes. La epigenética nos enseña que las experiencias de la vida no solo nos cambian a nosotros, sino que estos cambios pueden transmitirse a nuestros hijos y nietos a lo largo de muchas generaciones. Este proceso se denomina herencia transgeneracional y se ha convertido en un área de investigación muy debatida.

Desde una perspectiva evolutiva, tiene sentido que la exposición de los padres a condiciones ambientales significativas —como el hambre, la guerra, la ansiedad y similares— debería «informar» a sus hijos para prepararlos mejor para enfrentarse a esas condiciones cuando nazcan. Obviamente, esta información solo puede ser transmitida de padres a hijos a través de sus células germinales (óvulos y espermatozoides).

En la última década, la investigación genética ha establecido que los planos de ADN que se transmiten a través de los genes no se graban en piedra al nacer. Los genes no son el destino. Las influencias ambientales, incluida la nutrición, el estrés y las emociones, pueden modificar la expresión (si está activada o desactivada) de esos genes sin cambiar los genes mismos.

Haremos un recorrido vertiginoso por la genética: cromosomas, genes, ADN, ARN, etc. Luego pasaremos a la epigenética, que he dividido en epigenética ambiental, que se ocupa de los factores ambientales físicos como la contaminación, las toxinas, el exceso de ausencia de comida, y la epigenética psicosocial, que se ocupa de las relaciones, en particular las relaciones entre padres e hijos, y de factores psicológicos como el estrés, la ansiedad o la presencia o ausencia de afecto. Prestaremos especial atención al impacto del cuidado abusivo y negligente y la adversidad de los padres en el epigenoma de un niño.

Genética

Es imposible hablar de genética sin utilizar la jerga científica. Para ello, pido tu indulgencia y paciencia. Incluso si encuentras algunos de estos términos desalentadores, sigue leyendo. Obtendrás la esencia del tema. Te lo prometo.

La unidad básica de herencia es el cromosoma. Un cromosoma es un paquete organizado de ADN (ácido desoxirribonucleico) que se encuentra en el núcleo de cada célula. Diferentes organismos tienen diferente número de cromosomas. Los humanos tenemos veintitrés pares de cromosomas. Estos consisten en veintidós pares de cromosomas numerados, llamados «autosomas», y un par de cromosomas sexuales, x e y. Si tienes xx, eres mujer; y si tienes xy, hombre.

Cada niño recibe la mitad de sus cromosomas de su madre y la otra mitad de su padre.

Un genoma es el conjunto completo de ADN en una célula. Los 25.000 a 35.000 genes del genoma humano constituyen solo el 5 % del genoma completo. El resto consiste en interruptores y largos tramos de ADN no codificante (lo que significa que no producen proteínas). Estas regiones entre genes fueron descartadas durante mucho tiempo como «ADN basura». Los científicos han aprendido recientemente que las regiones entre los genes son los interruptores que juegan un papel vital en las funciones celulares. Las mutaciones en esas regiones del ADN pueden afectar gravemente a nuestra salud.

Robert Sapolsky, profesor de biología, neurociencia y neurocirugía en la Universidad de Stanford, al hablar sobre el genoma humano dice en su maravilloso libro *Por qué las cebras no tienen úlcera*: «Es como si tuvieras un libro de 100 páginas[5], y 95 fueran instrucciones sobre cómo leer las otras 5».

En su trascendental libro *El origen de las especies*, Darwin escribió que los cambios evolutivos tienen lugar a lo largo de muchas generaciones y millones de años de selección natural. Siguiendo los pasos de Darwin[6], los genetistas han tenido un éxito notable en la identificación de genes individuales con variaciones que conducen a rasgos y enfermedades mendelianos simples (véanse las notas finales) como la fenilcetonuria (PKU, *phenylketonurya* en sus siglas en inglés), la anemia de células falciformes, la enfermedad de Tay-Sachs y la fibrosis quística. Sin embargo, las enfermedades con patrones de herencia mendelianos simples son raras, mientras que la mayoría de las enfermedades humanas (como el cáncer, la diabetes, la esquizofrenia y la dependencia del alcohol) o los rasgos de personalidad y comportamiento son el resultado de una multitud de factores genéticos y de elementos psicosocioeconómicoculturales y, por lo tanto, considerados complejos y multifactoriales.

Las portadas de la revista *Time* a menudo reflejan un fenómeno cultural, político o científico dominante. La portada del 25 de octubre de 2004 mostraba a una mujer rezando con la inscripción «EL GEN DE DIOS». Se refiere a un artículo de ese número que plantea la hipótesis de la presencia de un «gen de Dios» en nuestro genoma. Por supuesto, nada podría estar más lejos de la verdad.

No existe el gen de Dios, ni el gen de la ira, ni el gen del egoísmo, ni el gen de la esquizofrenia. Se necesitan muchos genes para desarrollar una enfermedad o generar un rasgo de personalidad. Del mismo modo, una combinación diferente de los mismos genes puede crear una gran inteligencia, habilidades musicales, previsión, etc. Investigadores de la Universidad de Ginebra informan que la variación genética[7] en una sola posición genómica afecta a múltiples genes separados. Si un elemento cambia, todo el sistema cambia. Los genes nos enseñan una lección de vida crucial[8]: todo está conectado.

Un ejemplo de ello es el hallazgo de que los cambios de personalidad pueden influir en la forma y en los movimientos del cuerpo[9], al menos en el pez cebra (figura 1), como demostró recientemente un nuevo y poderoso estudio de la Universidad Estatal de Carolina del Norte. Los investigadores criaron un grupo de peces para que fueran más atrevidos y otro grupo para que fueran tímidos. El pez cebra que fue criado para ser audaz mostró una forma de cuerpo más elegante y la capacidad de moverse rápidamente por el agua cuando se asustaba que los criados para ser tímidos. Este estudio respalda la suposición de que rasgos como la personalidad o el temperamento pueden estar genéticamente correlacionados con otros rasgos, como la forma del cuerpo. El cuerpo es un ecosistema complejo en el que, si cambia incluso la parte más pequeña, todo cambia, como el proverbial efecto dominó.

El funcionamiento del genoma depende de su entorno intracelular (el entorno de la célula que rodea al núcleo) y su relación con el entorno extracelular, incluidas las hormonas y los neurotransmisores. El entorno extracelular, es decir, los tejidos y órganos del cuerpo fuera de la célula, a su vez se ve afectado por el entorno del individuo, por ejemplo, por la disponibilidad de alimentos o las interacciones sociales. En consecuencia, de manera inconsciente, ajustamos nuestras vidas a todo lo que sucede dentro y fuera de nosotros. Es maravilloso que nuestro cuerpo pueda hacer eso por sí mismo. Ni siquiera tenemos que pensar en ello la mayor parte del tiempo.

Con algunas excepciones, cada tipo de célula en un organismo multicelular lleva la misma dotación de instrucciones genéticas codificadas en su genoma de ADN. Sin embargo, cada tipo de célula expresa (activa) solo aquellos genes necesarios para el desempeño específico de su función. Las proteínas que empaquetan los genes en el núcleo celular se denominan histonas. Las histonas actúan como bobinas alrededor de las cuales se enrolla el ADN (figura 2). Las histonas juegan un papel importante en la regulación génica. Ahondaremos un poco más sobre esto en la siguiente sección.

La visión dominante de la herencia es que toda la información que se transmite de una generación a la siguiente se almacena en el ADN de un organismo. Muy recientemente, el biólogo celular Antony Jose ha propuesto un nuevo marco teórico, que podríamos llamar revolucionario, para la herencia [10]. Jose desafía la visión común de la herencia en la que toda la información transmitida de una generación a la siguiente se almacena en el ADN de un organismo y argumenta que el ADN es solo la lista de ingredientes, no el conjunto de instrucciones utilizadas para construir y mantener un organismo vivo. Las instrucciones, dice, son mucho más complicadas y se almacenan en las moléculas que regulan el ADN de una célula. El nuevo marco de Jose reformula la herencia como un complejo sistema de información en red en el que todas las moléculas reguladoras que ayudan a la célula a funcionar pueden constituir un depósito de información hereditaria.

El marco de Jose nos ayuda a entender cómo el almacenamiento de información ha evolucionado con complejidad a lo largo de los milenios y ahora incluye el citoplasma y la membrana celular, además del núcleo. Vuelve a enfatizar la necesidad de abandonar conceptos obsoletos de mecanismo de control central y, en su lugar, introducir conceptos de redes y bucles de retroalimentación. La visión de la herencia de los genetistas de principios del s. xx veía el desarrollo de un organismo como un flujo unidireccional de información desde el ADN nuclear hasta el ARN mensajero y la producción de proteínas. Este modelo, también conocido como el dogma central de la genética, ahora está siendo reemplazado por el reciente auge de la epigenética. Como veremos, la epigenética se basa en las formas en que los factores extranucleares interactúan con los genes para provocar los cambios en un individuo.

Epigenética

Otra portada de la revista *Time*, de principios de enero de 2010, también mostraba una doble hélice de ADN, esta vez como una cremallera gigante que colgaba a lo largo de la cubierta, con su deslizador dorado brillante abriéndose parcialmente, como si estuviera abriendo una hebra real de ADN. Esta vez, la historia de portada fue: «Por qué tu ADN no es tu destino: la nueva ciencia de la epigenética revela cómo las decisiones que tomas pueden cambiar tus genes y los de tus hijos». Esta vez, *Time* estaba en el camino correcto.

Mientras que el trabajo de Darwin definió la evolución como un proceso de mutación incidental y aleatoria entre generaciones y la supervivencia del más apto, la nueva ciencia de la epigenética está mucho más cerca de la teoría muy difamada del biólogo francés Jean-Baptiste Lamarck, quien sugirió que un organismo puede pasar a sus descendientes características adquiridas durante su vida.

La epigenética es el estudio de los cambios en la actividad de los genes que no alteran los genes en sí mismos, pero que aun así se transmiten al menos a una generación sucesiva. Estos patrones de expresión génica se rigen por el material celular, el epigenoma, que se encuentra en la parte superior del genoma, justo fuera de él (de ahí el prefijo *epi*, que significa «encima»). Un componente clave de la epigenética es la metilación, en la que un grupo químico (metilo) se une a partes del ADN, un proceso que actúa como un atenuador de la función de los genes en respuesta a factores físicos y psicosociales. Los «interruptores» epigenéticos activan o desactivan los genes y todos los puntos intermedios (figuras 3 y 4).

La metilación es un proceso dinámico, y los niveles de metilación pueden cambiar de un momento a otro y a lo largo de la vida de una persona, según sus experiencias, ya sean externas o internas. El proceso opuesto a la metilación es la acetilación. La metilación rechaza o silencia totalmente la función de un gen, mientras que la acetilación activa el gen, parcial o totalmente.

Es a través de cambios epigenéticos que los factores ambientales como la nutrición prenatal, el estrés y el comportamiento materno posnatal pueden afectar a la expresión génica que se transmite de padres a hijos. Los cambios epigenéticos representan una respuesta biológica a uno o más factores ambientales. Estos factores pueden ser positivos y afirmar la vida, o negativos y amenazar la vida. Los cambios epigenéticos cumplen una función muy importante durante el embarazo al preparar biológicamente a la descendencia para el entorno en el que nacerá. Piensa en la genética como en el hardware y en la epigenética como en el software de un ordenador.

Uno de los principales objetivos de la epigenética es estudiar la transferencia de datos de una generación a la siguiente por medios biológicos en lugar de psicológicos. La herencia biológica habla de la idea de que las células germinales (espermatozoides y óvulos) se ven afectadas por eventos ambientales significativos, y que estos cambios en el genoma se transmiten a los descendientes. La epigenética nos ofrece el conocimiento y los medios por los cuales podemos mejorar la salud física y mental, tanto en nuestra descendencia como en nosotros mismos.

La unión del espermatozoide y el óvulo en la concepción conduce a la formación de un cigoto (un óvulo fecundado). Esta pequeña célula llevará un conjunto de instrucciones completas para construir un ser humano completo. Al respecto, me pregunté: ¿la información se limita solo a planos arquitectónicos para construir un cuerpo, o también incluye datos que afectarán la mente? Antes de pasar a abordar esta pregunta, debemos mencionar otras tres formas biológicas mediante las cuales se puede intercambiar información entre personas que no involucran células germinales.

Recientemente se ha descubierto que algunas de las células transportadas en la sangre que pasan de madre a hijo durante el embarazo permanecen en sus cuerpos. Además, algunas células de embarazos anteriores persisten en las madres durante muchos años. Este proceso se llama microquimerismo[11]. Los estudios en humanos y animales han encontrado células de origen fetal en la piel, el torrente sanguíneo y todos los órganos principales de la madre, incluido el corazón. Lo que muestran estos estudios es que cada uno de nosotros lleva dos poblaciones celulares diferentes, la nuestra más una de nuestra madre. Las mujeres que han tenido un hijo albergan al menos tres poblaciones de células únicas en sus cuerpos: las propias, las de su madre y las de su hijo[12].

Del mismo modo, las donaciones de sangre y los trasplantes de órganos pueden transmitir información a nivel celular a un receptor. Si mi hipótesis de la memoria celular es correcta, entonces estas células donantes pueden, como en el caso del microquimerismo, influir en las mentes y en los cuerpos de sus receptores de maneras que apenas estamos comenzando a explorar.

Epigenética ambiental

En esta sección hablaremos de cómo los factores físicos como la comida, la nicotina o los olores afectan al genoma.

Un artículo de 1988 publicado por John Cairns[13] en *Nature*, una de las revistas científicas más distinguidas, inició un cambio tectónico en la genética. El documento describía un experimento en el que una cepa particular de bacterias *Escherichia coli*, que no podía metabolizar la lactosa (un azúcar que se encuentra en los productos lácteos), se colocó en un medio de lactosa (jerga científica para los alimentos en los que crecen las bacterias, generalmente en una placa de Petri). En lugar de morir de hambre, lo que según la teoría darwiniana clásica debería haber sucedido, las bacterias sufrieron cambios genéticos muy rápidamente, lo que les permitió digerir la lactosa y, por lo tanto, sobrevivir. Cairns informó que, al menos en algunos casos, las presiones selectivas podrían dirigir específicamente las mutaciones. Adiós a la ortodoxia darwinista.

Cairns, «descaradamente», como dijeron algunos críticos, planteó el espectro de posibles mecanismos hereditarios lamarckianos, y uno no podría haber sido más herético en 1988. En la misma edición de *Nature*, Franklin Stahl, profesor emérito de Biología en la Universidad de Oregón, respaldó las conclusiones de Cairns y presentó su propio modelo de cómo pueden tener lugar las mutaciones dirigidas[14].

Cairns es hoy profesor de Microbiología en la Radcliffe Infirmary de la Universidad de Oxford, y sigue siendo una reconocida autoridad líder en genética de mutaciones. Su artículo de 1988 es uno de los más citados en el campo y ha lanzado una nueva área de estudio.

Casi al mismo tiempo que Cairns llevaba a cabo sus experimentos, el Dr. Lars Olov Bygren, de la Universidad de Umeå, Suecia, se preguntó:

«¿Podrían las experiencias de los padres en los primeros años de sus vidas cambiar de alguna manera los rasgos que transmitieron a su descendencia?». Bygren y muchos otros científicos han acumulado abundante evidencia histórica que sugiere que las poderosas condiciones ambientales (estar cerca de la muerte por inanición, por ejemplo) pueden dejar una huella en el material genético de los óvulos y los espermatozoides. Estas huellas genéticas pueden provocar un cortocircuito en la evolución[15] y transmitir nuevos rasgos en una sola generación.

Una década después de la publicación del artículo de Cairns, el profesor de Biología de la Universidad de Indiana, P. L. Foster, escribió: «Muchas investigaciones posteriores han demostrado que las tasas de mutación pueden variar y que aumentan durante ciertas situaciones de estrés, como la privación nutricional. El fenómeno ha llegado a denominarse mutación adaptativa»[16]. Hoy, la mutación adaptativa se ha transformado en epigenética. Y, de repente, todos los laboratorios universitarios la persiguen.

Un animal que a los genetistas les encanta estudiar es la *C. elegans*. Entre octubre de 1994 y enero de 1995, aparecieron en revistas internacionales setenta y tres artículos científicos sobre la *C. elegans*[17]. La *C. elegans* es una lombriz muy primitiva de aproximadamente 1 mm de longitud que vive en el suelo (figura 5). La *C. elegans* es un organismo modelo atractivo y efectivo para la investigación porque es fácil trabajar con él en el laboratorio, requiere poca comida y produce una gran cantidad de descendientes por autofertilización en unos pocos días.

La lombriz se concibe como una sola célula que sufre un complejo proceso de morfogénesis.* Posee un sistema nervioso con un «cerebro» (el anillo nervioso circunfaríngeo). Exhibe comportamiento e incluso es capaz de un aprendizaje rudimentario. La *C. elegans* produce esperma y

---

* La formación de un organismo mediante procesos embriológicos de diferenciación de células, tejidos y órganos y el desarrollo de sistemas de órganos de acuerdo con el modelo genético del organismo potencial y las condiciones ambientales. https://www.britannica.com/science/morphogenesis.

óvulos, se aparea y se reproduce. Las 959 células somáticas de su cuerpo transparente son visibles con un microscopio, y su vida media es de dos o tres semanas. Es importante destacar que las lombrices y los humanos comparten hasta el 80 % de sus genes [18]. No es sorprendente que aproximadamente la mitad de todos los genes conocidos que están involucrados en enfermedades humanas también puedan encontrarse en la *C. elegans*. Los científicos disfrutan experimentando con esa criatura.

Por ejemplo, investigadores de la Universidad de Duke han realizado un nuevo estudio sobre los efectos del hambre. Lo que hicieron fue matar de hambre a un grupo de lombrices redondas *C. elegans* durante un día y a otro grupo durante ocho días en la primera etapa del desarrollo larvario después de la eclosión. Cuando se reanudó la alimentación, las lombrices que habían pasado hambre durante más tiempo crecieron más lentamente y terminaron siendo más pequeñas y menos fértiles. También demostraron ser más susceptibles a un segundo episodio de inanición. Su descendencia era más pequeña, más escasa y menos fértil. Sin embargo, estas hijas y nietas del hambre resultaron ser más resistentes al hambre, como si tuvieran un recuerdo al respecto [19].

El campo de la epigenética cobró impulso cuando, hace varias décadas, los científicos estudiaron a los niños nacidos de mujeres que estaban embarazadas durante un período de hambruna hacia el final de la Segunda Guerra Mundial [20] en los Países Bajos. Descubrieron que estos niños portaban una marca química particular, o firma epigenética, en uno de sus genes. Los investigadores vincularon ese hallazgo con diferencias en la salud de los niños más adelante en la vida. Los niños crecieron más pequeños que el promedio holandés y tenían una masa corporal superior al promedio. Sus hijos también eran más pequeños y más susceptibles a la diabetes, la obesidad y las enfermedades cardiovasculares. Estos cambios fueron detectables durante tres generaciones posteriores.

No es solo la comida lo que puede matar de hambre a la descendencia. En los humanos, también lo puede hacer la pobreza[21], como lo demuestra un estudio británico de la Universidad de Bristol. Los investigadores seleccionaron a cuarenta hombres de un grupo de tres mil nacidos en 1958, la mitad nacidos en hogares ricos y la otra mitad en hogares pobres. En el estudio, los sujetos se eligieron del 20 % superior e inferior según el nivel socioeconómico, para garantizar que tuvieran ejemplos de ambos extremos.

Centrándose en tramos de ADN llamados «regiones promotoras»[22], que se traducen en interruptores, el equipo examinó más de 20.000 zonas en todo el genoma. Los patrones fueron diferentes entre los dos grupos en casi un tercio de las zonas. Lo más revelador es que los niveles de metilación fueron drásticamente diferentes en 1.252 zonas de hombres que provenían de hogares pobres, pero solo en 545 zonas en hombres de familias ricas. Debido a que las muestras se tomaron en la mediana edad, los investigadores no pudieron decir exactamente cuándo se agregaron o restaron los grupos metiloepigenéticos. Si bien es posible que los genes se hayan alterado en la infancia, en la niñez o incluso en la edad adulta, los científicos que realizaron los experimentos opinaron que los cambios epigenéticos que observaron en el ADN adulto fueron en gran parte el resultado de la experiencia en la vida temprana.

Hoy en día, el procedimiento quirúrgico más común en mujeres fértiles es el parto por cesárea electiva. Por lo tanto, las mujeres embarazadas o aquellas que planean formar una familia deben estar al tanto de la investigación que ha arrojado luz sobre el hecho de que los niños nacidos por cesárea tienen un mayor riesgo de desarrollar asma, diabetes tipo 1, obesidad, enfermedad celíaca, cáncer y supresión de la respuesta inmune.

Al investigar este fenómeno, los biólogos de células moleculares del renombrado Instituto Karolinska de Suecia estudiaron las alteraciones epigenéticas en la sangre del cordón umbilical extraída de bebés nacidos a término por cesárea electiva y por parto vaginal. Las células madre sanguíneas de los bebés nacidos por cesárea tenían más ADN metilado que el ADN de los bebés nacidos por vía vaginal. Los investigadores encontraron diferencias epigenéticas específicas entre los grupos en 343 regiones de ADN, incluidos genes que se sabe que están involucrados en los procesos que controlan el metabolismo y las deficiencias inmunitarias. Estos estudios indican claramente que el epigenoma de un bebé es sensible[23] al ambiente prenatal y a la experiencia del nacimiento.

Durante la reciente pandemia de COVID-19, se observó que algunas personas enfermaron gravemente, mientras que otras dieron positivo en el virus pero permanecieron sin síntomas. El debilitamiento multigeneracional del sistema inmunológico descrito aquí puede ser un factor hasta ahora no reconocido, junto con los factores socioeconómicos que, por supuesto, causan estrés, físico y mental, lo que explica estas amplias variaciones.

Enfermedades complejas como el cáncer, la diabetes, la obesidad, el autismo y los defectos de nacimiento están aumentando en prevalencia a un ritmo que no puede explicarse solo mediante la genética clásica. Los estudios en humanos y animales sugieren que los mecanismos epigenéticos pueden ser los responsables.

Epigenética social

Mediante la utilización de ratones como modelo para investigar el cáncer de mama humano, los investigadores han demostrado que un entorno social negativo (en este caso, el aislamiento) provoca un mayor crecimiento del tumor. Los hallazgos también respaldan estudios epidemiológicos previos que sugieren que el aislamiento social[24] aumenta la mortalidad de pacientes que padecen enfermedades crónicas, así como estudios clínicos que revelan que el apoyo social mejora los resultados de los pacientes con cáncer. La presencia de personas compasivas y afectuosas[25] puede alterar el nivel de expresión génica en una amplia variedad de tejidos, incluido el cerebro. Por supuesto, nuestras experiencias recientes con la pandemia de COVID-19 nos enseñaron de primera mano la veracidad de la necesidad humana de interacción.

Uno de los experimentos más bellos e imaginativos con los que me he encontrado en mi vida profesional es el «Estudio de secuestro y adopción cruzada»[26] ideado por Gene Robinson, director del Instituto de Biología Genómica de la Universidad de Illinois. Lo que hizo Robinson fue extraer alrededor de 250 de las abejas jóvenes de dos colmenas africanas («abejas asesinas») y de dos colmenas europeas (una raza de abeja amable) y pintar marcas en sus espaldas para identificar sus orígenes. (No creo que Robinson haya pintado muchas abejas. Para eso están los posgrados). Luego, él y su equipo intercambiaron cada grupo de recién nacidas y las colocaron en las colmenas de las otras subespecies.* Las abejas europeas criadas entre abejas africanas más agresivas no solo se volvieron tan beligerantes como sus nuevas compañeras de colmena: llegaron a parecerse genéticamente a ellas. Y viceversa. Lo que este experimento demuestra de manera convincente es que en muy poco tiempo el entorno social puede cambiar radicalmente la expresión y el comportamiento de los genes.

David Clayton, neurobiólogo y colega de Gene Robinson en la Universidad de Illinois, descubrió que, si un pinzón cebra macho escuchaba a otro pinzón cebra macho[27] cantar cerca, se estimulaba un gen particular en el cerebro anterior del ave y lo hacía de manera diferente dependiendo de si el otro pinzón era extraño y amenazante o familiar y seguro. Los pájaros cantores demostraron cambios masivos y generalizados en la expresión génica en solo quince minutos.

---

* Por favor, no estoy tratando de ofender a nadie aquí. El estudio trata de abejas, no de personas.

Estamos aprendiendo que las respuestas cerebrales a los estímulos sociales pueden ser masivas, involucrando cientos, a veces miles de genes. Incluso hace tan solo veinte años, ningún genetista o neurocientífico que se precie habría pensado ni en sus sueños más descabellados que las experiencias sociales conducen a cambios en la expresión y el comportamiento de los genes cerebrales. Sin embargo, lo hacen.

Factores F1

El término epigenético F1 se refiere al efecto que los factores genéticos maternos o paternos ejercen sobre un niño. Los científicos los designan como factores F1.

Seguro que en algún momento todos nos hemos preguntado por qué algunas personas siempre están tranquilas, pase lo que pase, mientras que otras se ponen ansiosas en un abrir y cerrar de ojos. Investigaciones recientes en ratas proporcionan una pista. Las madres ratas parecen dividirse en dos grupos. Las que pasan mucho tiempo lamiendo, acicalando y amamantando a sus crías, y otras que simplemente las ignoran. Las crías de ratas muy alimentadas tienden a convertirse en individuos adultos tranquilos, mientras que las crías de ratas privadas de cuidados crecen ansiosas. El comportamiento de crianza de una rata madre durante la primera semana de vida da forma al epigenoma de sus crías. Y el patrón epigenético que establece la madre tiende a perdurar, incluso después de que las crías se vuelvan adultas. La diferencia entre una rata tranquila y una ansiosa[28] no es genética, es epigenética.

Estos datos indican que un mayor nivel de comportamiento de cuidado materno durante la primera semana de vida promueve un comportamiento adulto que se caracteriza por la resiliencia al estrés y un mayor cuidado materno en la descendencia. En este caso, lo que es cierto para las ratas también se aplica a los humanos. Futuros padres, por favor, tomad nota.

En 2011, un grupo de la Universidad de Delaware decidió estudiar si la adversidad en la vida temprana altera la expresión génica. Expusieron ratas bebés macho y hembra a cuidadoras «abusivas» estresadas durante treinta minutos al día durante los primeros siete días de vida. Indujeron el abuso en ratas madre colocándolas en un entorno desconocido con espacio limitado. Como resultado, las cuidadoras comenzaron a pisar, dejar caer, arrastrar, rechazar activamente y manipular bruscamente a sus crías. Este tratamiento, naturalmente, provocó respuestas de angustia en las crías[29].

El factor neurotrófico derivado del cerebro (Bdnf, *Brain-derived neurotrophic factor*, por sus siglas en inglés) regula la supervivencia y el crecimiento de las neuronas e influye en la plasticidad y la eficiencia sináptica. Se descubrió que las ratas lactantes maltratadas[30] tenían una disminución significativa en la expresión del gen Bdnf que estaba en línea con hallazgos anteriores, en los que se sabe que las experiencias tempranas de la vida tienen un impacto duradero en este gen, lo que lleva a cambios perjudiciales en la personalidad y en el comportamiento. Este gen Bdnf de bajo rendimiento persistió durante el desarrollo y hasta la edad adulta.

Se sabe que los cuidadores abusivos y negligentes provocan que los niños sean particularmente susceptibles a la disfunción cognitiva y emocional. De hecho, el maltrato infantil[31] se asocia significativamente con el diagnóstico posterior de depresión severa en adolescentes y adultos, esquizofrenia, trastorno límite de la personalidad y trastorno de estrés postraumático.

El cuidado sensible, por otro lado, es de inmenso valor para un niño. Por ejemplo, la neurobióloga Regina Sullivan, de la Facultad de Medicina de la Universidad de Nueva York, descubrió que las crías de rata que experimentaban dolor tenían varios cientos de genes más activos que las crías de rata sin dolor. Sin embargo, con sus madres presentes, menos de cien genes se expresaban (activaban) de manera similar. Sullivan ha demostrado con éxito que una madre que consuela a su bebé con dolor altera la actividad genética en una parte del cerebro involucrada en las emociones (la amígdala) y, por lo tanto, provoca una respuesta conductual positiva a corto plazo en su hijo[32].

Esto tiene implicaciones importantes para comprender la biología del apego y la vinculación en el período posnatal. Cada expresión de afecto de una madre cambia la actividad de los genes en el cerebro de su bebé, lo que lleva al bebé a desarrollar gradualmente apego a la madre. La respuesta del niño sonriente provoca cambios epigenéticos en la madre. La repetición de esta interacción a lo largo del tiempo contribuye finalmente al desarrollo del amor mutuo: el amor de la madre por su hijo (vínculo) y el amor del hijo por su madre (apego).

Factores F2 y F3

La epigenética F2 y F3 se utiliza aquí para referirse a la medición de los efectos del comportamiento, el estrés o el trauma de los padres en sus hijos, nietos y bisnietos; es decir, efectos de primera, segunda y tercera generación, F1, F2 y F3. Estos efectos son a menudo específicos del sexo.

Admiro el siguiente estudio de la Universidad de Emory. Es maravillosamente simple y directo. Los investigadores probaron una cierta experiencia olfativa distinta de los padres[33] sobre el comportamiento y el cerebro a lo largo de generaciones de su progenie. Los científicos aplicaron descargas eléctricas a ratones macho de laboratorio cada vez que estaban expuestos al olor de la acetofenona, una sustancia química utilizada en los perfumes. Como resultado de esta técnica clásica de condicionamiento, los ratones se pusieron ansiosos ante el mero olor de la acetofenona. Sus hijos también llegaron a temer el olor, aunque nunca habían estado expuestos a él.

Los ratones no mostraron ninguna reacción a otros olores y no respondieron con miedo a los sonidos o a diferentes tipos de advertencias.

Para confirmar esto, los científicos incluso tomaron esperma del primer grupo de ratones y luego usaron técnicas de fertilización in vitro (FIV) para implantar el esperma en hembras de otro laboratorio. Los ratones preñados fueron criados en aislamiento, lejos de cualquier contacto con otros ratones y, sin embargo, sus hijos aún demostraron una mayor sensibilidad al olor original.

Investigadores australianos lograron resultados similares al estudiar ratones infectados con el parásito toxoplasma. Descubrieron que el esperma de los padres infectados portaba una firma epigenética alterada que afectaba los cerebros de la descendencia resultante. Las moléculas en el esperma llamadas microARN [34] (miARN) parecían influir en el desarrollo y en el comportamiento del cerebro de las crías. La herencia transgeneracional de modificaciones epigenéticas similares se ha asociado a disfunciones neuropsiquiátricas en los hijos y en los nietos de estos ratones.

Otros investigadores estudiaron el efecto del estrés en cuatro generaciones de ratas [35]. Descubrieron que una sola exposición al estrés prenatal en las madres aumentaba el riesgo de parto prematuro y afectaba negativamente a su descendencia en muchas áreas. Los científicos involucrados en el estudio enfatizaron que las causas de muchas enfermedades complejas probablemente estén enraizadas en las experiencias de nuestros antepasados.

La exposición de las madres a la nicotina y otros componentes del humo del cigarrillo se reconoce como un factor de riesgo significativo para los trastornos del comportamiento, incluido el trastorno por déficit de atención con hiperactividad (o TDAH) en muchas generaciones de descendientes. Para estudiar si lo mismo se aplica a los padres, los investigadores de la Universidad Estatal de Florida en Tallahassee expusieron a ratones macho a dosis bajas de nicotina [36] en el agua potable durante la etapa de la vida en la que los ratones producen esperma.

Luego, cruzaron estos ratones con hembras que nunca habían estado expuestas a la nicotina. Si bien los padres tenían un comportamiento normal, ambos sexos de la descendencia mostraron hiperactividad, déficit de atención e inflexibilidad cognitiva. Cuando los ratones hembra (pero no los macho) de esta generación se cruzaron con machos que nunca habían estado expuestos a la nicotina, la descendencia macho mostró menos, pero aún significativas, deficiencias en la flexibilidad cognitiva.* El análisis de los espermatozoides de los machos originales expuestos a la nicotina indicó que múltiples genes habían sido modificados epigenéticamente, incluido el gen de la dopamina D2, crítico para el desarrollo y el aprendizaje del cerebro, lo que sugiere que estas modificaciones probablemente contribuyeron a los déficits cognitivos en los descendientes. Estos hallazgos subrayan la necesidad de más investigación sobre los efectos del tabaquismo por parte del padre, en lugar de solo la madre, en la salud de sus hijos.

¿Qué hay de los abuelos que fuman? Bueno, también tenemos un estudio sobre eso. Después de analizar datos de más de 14.500 niños nacidos en el Reino Unido durante la década de 1990, epidemiólogos de la Universidad de Bristol descubrieron que las personas con una abuela materna que fumó durante el embarazo tenían un riesgo 53 % mayor de desarrollar autismo. El estudio también reveló que las niñas cuya abuela materna fumó [37] durante el embarazo tenían un 67 % más de probabilidades de tener rasgos relacionados con el autismo. Para dos de los rasgos (comunicación social y comportamiento repetitivo), los investigadores demostraron que las nietas resultaban mucho más afectadas que los nietos.

Hoy, en la mayor parte del mundo, la marihuana se percibe como benigna y menos dañina que el alcohol. Los investigadores de la Universidad de Duke han demostrado que esta creencia es infundada.

---

* La flexibilidad cognitiva se refiere a la capacidad de cambiar la atención entre conjuntos de tareas, atributos de un estímulo, respuestas, perspectivas o estrategias. Perone, S., Almy, B., y Zelazo, P. D.: «Toward an understanding of the neural basis of executive function development», *The Neurobiology of Brain and Behavioral Development* (291–314), Academic Press, 2018, Cambridge, Mass.

Analizaron las diferencias entre el esperma de los hombres que fumaban o ingerían marihuana[38] en comparación con un grupo de control sin tales experiencias. Identificaron una hipometilación significativa en el esperma de los hombres que consumían marihuana, en comparación con los controles, en un gen fuertemente implicado en el autismo, la esquizofrenia y el trastorno de estrés postraumático. Este estado hipometilado también se detectó en la región del cerebro anterior de ratas nacidas de padres expuestos al THC (tetrahidrocannabinol), lo que dio lugar a déficits cognitivos.

Investigadores de la Escuela de Medicina Mount Sinai[39] de Nueva York decidieron estudiar más problemas psicológicos con resultados de gran alcance. Sometieron a ratones macho adultos a estrés crónico por exclusión social. Luego cruzaron los ratones estresados y un grupo de control de ratones macho con ratones hembra normales. Una vez que nació su descendencia, fueron evaluados mediante una variedad de pruebas estándar para síntomas depresivos y similares a la ansiedad. También se midieron los niveles plasmáticos de corticosterona y el factor de crecimiento endotelial vascular en los dos grupos de ratones lactantes.

Tanto los hijos masculinos como femeninos de los padres derrotados demostraron comportamientos pronunciados depresivos y similares a la ansiedad. La descendencia de padres excluidos socialmente también mostró niveles basales elevados de corticosterona en plasma y niveles reducidos del factor de crecimiento endotelial vascular, los cuales están implicados en la depresión. Estos y otros hallazgos relacionados en ratones muestran que parte del riesgo de depresión clínica u otros trastornos relacionados con el estrés de un individuo puede estar determinada por la exposición al estrés de su padre durante la vida.

Los estudios seleccionados de muchas instituciones de investigación líderes confirman que las experiencias intensas encontradas en la vida de los padres pueden, mediante un mecanismo de herencia transgeneracional, afectar la salud física y mental de sus hijos durante innumerables generaciones. Aunque es difícil de probar en este momento, una ola creciente de investigaciones de apoyo parece estar llevando adelante la hipótesis del corolario; es decir, que la herencia transgeneracional también es responsable de muchos casos de fobias, ansiedades, trastornos del estado de ánimo o rasgos de personalidad inexplicables.

Trauma

Pasemos ahora a un tema muy presente en las noticias de hoy en día; a saber, el trauma. El trauma generalmente se define como un evento que induce miedo severo, impotencia u horror. El trastorno de estrés postraumático (TEPT) es un tipo particular de trauma. Esencialmente, el TEPT se produce cuando una persona se siente abrumada e indefensa en una situación que amenaza su vida. Como han comprobado muchos veteranos de guerra, el TEPT tiene efectos duraderos y a menudo debilitantes.

En los últimos cincuenta años, la transmisión transgeneracional del trauma ha sido explorada en más de quinientos artículos. Muchos estudios cuestionan el concepto, otros lo apoyan. La psicoanalista infantil Anna Freud describió por primera vez el trauma transgeneracional[40] en 1942. Ese mismo año, Dorothy Burlingham, una psicoanalista infantil estadounidense, educadora, compañera y amiga de toda la vida de Anna Freud, se refirió a los mensajes inconscientes que se transmitieron entre madres e hijos durante los bombardeos alemanes de Londres en la Segunda Guerra Mundial.

Margaret Mahler, psicoanalista infantil de los Estados Unidos, observó en 1968 que, en la primera infancia, una madre y su hijo funcionan casi como una unidad psicológica. Sostenía que hay fluidez entre las fronteras psíquicas de una madre y de un niño[41]. Dos décadas después, una profesora lakota de trabajo social llamada María Yellow

Horse Brave Heart acuñó el término «trauma histórico»[42]. Con ello se refería a «la herida emocional y psicológica acumulada a lo largo de la vida y entre generaciones».

Como demuestra la breve retrospectiva histórica anterior, en el pasado, los psicólogos y psiquiatras pensaban en la transmisión transgeneracional del trauma en términos de un fenómeno puramente psicológico. De acuerdo con esta teoría, a partir de la concepción, la ansiedad, las fantasías inconscientes, las percepciones y las expectativas de la madre se transmiten a la mente y al cuerpo del niño mediante señales verbales y no verbales. Los padres que han experimentado un trauma pueden hablar constantemente de ello o, como suele ser el caso, no hablar nunca de ello. El simple hecho de vivir con una persona (superviviente o veterana) que sufre de TEPT puede ser traumatizante. Los niños de tales familias experimentan su propio TEPT «caminando sobre cáscaras de huevo» alrededor del padre con PTSD[43] y preguntándose qué esconden.

La idea de que una experiencia traumática de los padres podría transmitirse a las generaciones posteriores ganó aceptación en los círculos científicos a finales de los 70 y principios de los 80. Desde mediados de la década de 1980, los estudios controlados sobre los hijos de los supervivientes del Holocausto[44] (en realidad, adultos) mostraron una mayor vulnerabilidad al trastorno de estrés postraumático, desconfianza en el mundo, función parental deteriorada, dolor crónico, incapacidad para comunicar sentimientos, un miedo siempre presente al peligro, ansiedad por separación, problemas de límites y otros trastornos psiquiátricos.

Hoy en día, estamos aprendiendo que los mensajes hablados o no hablados de los padres con TEPT pueden afectar al niño tanto a nivel biológico como psicológico. De la misma manera que los padres transmiten características genéticas a sus hijos, también transmiten todo tipo de «adquiridos»; es decir, características epigenéticas, especialmente si estas se originaron a partir de experiencias poderosas cargadas emocionalmente, como la exposición al hambre, la violencia o la trágica pérdida de seres queridos. Tales eventos traumáticos dejan una huella en el material genético en las células germinales de los individuos y pueden ser transferidos a sus hijos y a los hijos de sus hijos.

Rachel Yehuda, profesora de Psiquiatría y Neurociencia en la Escuela de Medicina Mount Sinai, se comprometió a estudiar a los hijos de los supervivientes del Holocausto. Descubrió que tenían tres veces más probabilidades de desarrollar un trastorno de estrés postraumático cuando estaban expuestos a un evento traumático que los sujetos de control de padres e hijos demográficamente comparables. Además, estos niños exhibieron las mismas anomalías neuroendocrinas (hormonales)[45] que se observaron en los supervivientes del Holocausto y en las personas con trastorno de estrés postraumático[46].

Después de los ataques terroristas del 11 de septiembre de 2001, Yehuda y sus colegas realizaron un estudio longitudinal con treinta y ocho mujeres que estaban embarazadas el 11 de septiembre[47] y estaban en el World Trade Center o cerca de él en el momento del ataque. Los hijos de mujeres que quedaron traumatizadas como resultado del 11 de septiembre manifestaron posteriormente una mayor respuesta de angustia cuando se les mostraban nuevos estímulos. Los niños con la mayor respuesta de angustia fueron los nacidos de madres que estaban en su segundo o tercer trimestre[48] cuando se expusieron a los ataques del World Trade Center.

Neurocientíficos de la Universidad de Zúrich exploraron el efecto del trauma temprano separando artificialmente a ratones macho de sus madres[49] en momentos impredecibles durante las dos primeras semanas de vida. Cuando estos ratones jóvenes se convirtieron en adultos, dudaban más al entrar en espacios abiertos y áreas muy iluminadas que los ratones que no habían sido separados de sus madres. Si fueran personas, los diagnosticaríamos como neuróticos. Estos cambios de comportamiento estaban presentes en la descendencia de los ratones, que también mostraban alteraciones en el metabolismo, y en la descendencia de sus crías. Este estudio demostró con éxito por primera vez que las experiencias traumáticas afectan al metabolismo y que estos cambios son hereditarios.

Múltiples estudios con roedores y primates no humanos[50] también han demostrado que el trauma temprano produce cambios duraderos en la función y en el comportamiento[51] neuronal. Un mediador de este proceso puede ser la proteína Bdn antes mencionada, que produce cambios en el gen Bdnf.

Cómo se transmiten los cambios epigenéticos

La mayor parte de la investigación en el campo de la epigenética se ha centrado en los mecanismos epigenéticos que implican al ADN y a ciertas moléculas (grupos metilo y grupos acetilo) que se unen al ADN. Hay mucha discusión entre los genetistas sobre cómo se transmiten los cambios epigenéticos a través de los espermatozoides y los óvulos. Los científicos han descubierto que el código genético clásico no es el único código involucrado en la regulación de la diferenciación celular y del comportamiento en organismos multicelulares. Existe un segundo nivel de control que contribuye a la regulación de la actividad génica. Uno de ellos se basa en modificaciones químicas de las proteínas histonas. He mencionado brevemente las histonas al comienzo de este capítulo. Las histonas han atraído relativamente poca atención hasta ahora. Son distintas del ADN, aunque se combinan con él durante la formación celular, y actúan un poco como un carrete alrededor del cual se enrolla el ADN (figura 2).

Un nuevo estudio colaborativo de la Universidad McGill e investigadores suizos descubrió que las histonas son parte del contenido de los espermatozoides transmitidos en la fertilización. Los investigadores crearon ratones en los que alteraron ligeramente la información bioquímica de las histonas durante la formación de los espermatozoides.

La descendencia de dos generaciones sucesivas[52] se vio afectada negativamente tanto en términos de su desarrollo como de su supervivencia. Estos hallazgos son notables porque indican que la información, además del ADN, está involucrada en la heredabilidad. El estudio destaca el papel crítico que juegan los padres[53] en la salud de sus hijos e incluso nietos.

Otro mecanismo propuesto para la regulación génica involucra pequeños ARN no codificantes llamados microARN (miARN)[54] que se encuentran en muchos tipos de células de mamíferos, incluido el esperma. Alrededor del 60% de los genes de los humanos y otros mamíferos parecen ser el objetivo de los miARN. Los miARN constituyen un tipo de regulador de genes recientemente descubierto[55], por el que cada miARN controla un conjunto distinto de genes. Los miARN están demostrando ser reguladores maestros de prácticamente todos los procesos celulares con amplios controles que se extienden al ciclo celular, la transducción de señales y las vías del metabolismo energético, entre otros.

En un estudio de la Facultad de Medicina de la Universidad de Tufts[56], ratones macho expuestos a estrés por inestabilidad social crónica durante la adolescencia transmitieron comportamientos asociados con el estrés a sus descendientes hembra durante al menos tres generaciones, aunque nunca hubieran experimentado un estrés significativo o interactuado con sus padres a través del linaje masculino. Se descubrió que un mecanismo para este efecto es el miARN de los espermatozoides.

Se sabe que la expresión de miARN de esperma en humanos se ve afectada por factores ambientales, como el tabaquismo y la obesidad. Sin embargo, un grupo de la Universidad de Delaware fue el primero en demostrar los cambios en el miARN de los espermatozoides en respuesta al estrés en humanos, y planteó la posibilidad de que los miARN de los espermatozoides pudieran ser un biomarcador del abuso temprano, así como de una mayor susceptibilidad de la descendencia a los trastornos psiquiátricos.

Los miARN juegan un papel importante en la defensa del cuerpo de las invasiones de virus[57], como se nos recordó trágicamente cuando estalló la crisis de la COVID-19. Lo hacen adhiriéndose y cortando el material de ARN del virus. Una de las razones por las que el virus COVID-19 ha tenido un efecto tan devastador en las personas mayores y en aquellas con afecciones subyacentes es porque, a medida que envejecemos y desarrollamos enfermedades médicas crónicas, nuestro número de miARN disminuye, lo que reduce nuestra capacidad para destruir los virus invasores.

Los neurobiólogos de la Universidad de Maryland han descubierto con éxito nuevos detalles sobre los miARN que estudian las vesículas extracelulares. El tracto reproductivo masculino, el epidídimo caput, la estructura donde madura el esperma, es donde se originan estas diminutas vesículas llenas de miARN. Las vesículas se fusionan con los espermatozoides para cambiar su carga útil entregada al óvulo.

El epidídimo caput responde al estrés del padre alterando el contenido de estas vesículas.

Las vesículas extracelulares han surgido como importantes mediadores de la comunicación intercelular, involucradas en la transmisión de señales biológicas entre células. Se ha identificado que regulan una amplia gama de procesos biológicos, efectos del estrés y que contribuyen al desarrollo de enfermedades infecciosas, cánceres y trastornos neurodegenerativos. Las vesículas extracelulares ayudan a pasar información entre las células y hacia la descendencia. En un importante alejamiento de las suposiciones anteriores, los científicos que lideran el estudio de Maryland han aceptado ahora la idea de que los espermatozoides pueden ser vulnerables a los factores ambientales[58].

Del mismo modo, se está acumulando evidencia[59] de que la exposición previa a la concepción a ciertos factores del estilo de vida, como la dieta, la actividad física y el tabaquismo, afecta al desarrollo de la próxima generación a través de alteraciones del epigenoma de los espermatozoides.

Un estudio relacionado en la Facultad de Medicina de la Universidad de Massachusetts[60] mostró que los embriones fertilizados con esperma de la parte distante del epidídimo, donde el esperma aún no ha obtenido una carga útil completa de ARN regulador, exhiben una desregulación genética al principio del desarrollo y luego no logran implantarse en el útero de manera eficiente. Claramente, las pequeñas moléculas de ARN en los espermatozoides son esenciales para un embarazo saludable.

En la última década, los científicos han establecido que las pequeñas moléculas de ARN pueden encontrarse fuera de las células en la sangre, la orina, las lágrimas, el líquido cefalorraquídeo, la leche materna, el líquido amniótico, el líquido seminal y otros. Además, los científicos han descubierto que pequeños fragmentos de ARN circulante pueden reflejar condiciones particulares, como la presencia de un tumor canceroso o trastornos relacionados con el embarazo.

Si bien algunos científicos se muestran escépticos de que el ARN y el ADN extracelulares sean algo más que desechos, un equipo combinado de neurogenetistas de la Universidad de Oxford y del Hospital General de Massachusetts los consideran una forma de comunicación entre células recién descubierta[61] que desempeña un papel importante en la salud humana. Por ejemplo, varios estudios sugieren que las células pequeñas de ARN actúan como instrucciones que ayudan a coordinar una respuesta inmunitaria.

Estoy totalmente de acuerdo con Marcus Pembrey, profesor emérito de Genética Pediátrica del University College de Londres, quien ha defendido la idea de la herencia epigenética durante más de una década. Pembrey ha dicho: «Ya es hora de que los investigadores de salud pública[62] se tomen en serio las respuestas transgeneracionales humanas. Sospecho que no entenderemos el aumento de los trastornos neuropsiquiátricos o la obesidad, la diabetes y las alteraciones metabólicas en general sin adoptar un enfoque multigeneracional».

Epigenética personal

Desde hace mucho tiempo sabemos que la mente afecta al cuerpo, y que el cuerpo afecta a la mente. Por ejemplo, las personas bajo estrés tienen más probabilidades de enfermar, y las personas que sufren de gripe u otros problemas de salud a menudo se sienten tristes o incluso deprimidas. Por otro lado, realizar actividades que te comprometan plenamente, buscar significado fuera de ti mismo, tener amigos, estar casado y tener intimidad están fuertemente asociados con la felicidad, que a su vez está asociada con la buena salud. En el lenguaje médico, este proceso recíproco se conoce como «medicina psicosomática» o «medicina cuerpo-mente».

Otra forma en que la mente puede afectar al cuerpo es a través de la práctica generalizada de la meditación. Según un estudio realizado en Wisconsin, meditar durante ocho horas sobre atención plena, amor altruista y compasión induce importantes modificaciones epigenéticas. En comparación con un grupo de control cuyos miembros no meditaban, pero participaban en actividades de ocio en el mismo ambiente, los investigadores encontraron que los meditadores eran más resistentes a las infecciones y enfermedades en general que el grupo de control. Los meditadores lograban una transformación epigenética positiva y altamente beneficiosa a través de la autorregulación[63]. Creo que todos nos beneficiaríamos si adoptáramos los resultados de este estudio en nuestras propias vidas.

Veamos otro estudio sobre la autorregulación. Los investigadores dividieron a ochenta y cuatro camareras de hotel en Nueva York en dos grupos[64]. A un grupo se le dijo que la labor que realizaban en su trabajo era un buen ejercicio y satisfacía las recomendaciones del cirujano general para un estilo de vida activo. Esta información era el equivalente a un placebo. Al otro grupo (control) no se le proporcionó esta información. Aunque el comportamiento real no cambió, cuatro semanas después del inicio del experimento el grupo informado percibió que hacía mucho más ejercicio que antes. En comparación con el grupo de control, mostraron una disminución en el peso, en la presión arterial, la grasa corporal, la relación cintura-cadera y el índice de masa corporal. Las mujeres del grupo experimental no trabajaron más que las del grupo control, pero su sistema de creencias en realidad cambió la manera en que funcionaban sus cuerpos.

Si examinamos estos estudios en conjunto, vemos que ilustran claramente que nuestros pensamientos y sentimientos son mucho más poderosos de lo que creemos. Un pensamiento es un conjunto de neuronas que, a través de un cableado cerebral complejo, activará múltiples vías de intersección, centros emocionales y de dolor, recuerdos, el sistema nervioso autónomo, el genoma y otras partes de la mente encarnada. El genoma responde por igual a ambos: externos (es decir, estímulos ambientales) y estímulos internos (pensamientos, sentimientos, estados de ánimo) con modificaciones epigenéticas.

Las buenas noticias

Según un nuevo estudio de la Universidad de Helsinki, se descubrió que los fanáticos de la música clásica, al escuchar el concierto para violín n.° 3 en sol mayor de Mozart[65], aumentaban la actividad de sus genes involucrados en la secreción y el transporte de dopamina, la neurotransmisión sináptica, el aprendizaje y la memoria, y regulaban a la baja los genes que median en la destrucción de las neuronas, lo cual es todo para bien. Lo que esto significa es que, si encuentras algo placentero, puedes cambiar tu expresión genética. No Mozart *per se*.

La manera en que vivimos nuestras vidas puede tener efectos significativos en la forma en que envejecemos y desarrollamos enfermedades, incluido el cáncer. En el lado físico de la ecuación, si observamos el cáncer de colon, los investigadores de la Universidad de Basilea descubrieron que la aspirina y la terapia de reemplazo hormonal[66] reducen la tasa de metilación de los genes relacionados con el cáncer de colon, mientras que fumar y el índice de masa corporal (IMC) alto lo aumentan.

Steve Cole, profesor de Medicina, Psiquiatría y Ciencias Bioconductuales de la Facultad de Medicina de la UCLA, ha escrito mucho sobre el tema de la autorregulación. Sostiene, y estoy totalmente de acuerdo con él, que somos arquitectos de nuestras propias vidas[67], más de lo que nos damos cuenta. Nuestra experiencia subjetiva tiene más poder que nuestra situación objetiva. Si nos sentimos bien con nosotros mismos, no solo mejorará nuestra salud, sino también nuestras relaciones. A los demás les gustaremos más y nos respetarán más, lo que a su vez nos hará sentir aún mejor con nosotros mismos. Por lo tanto, creamos un sistema de recompensas que se refuerza a sí mismo basado en la epigenética.

Ser optimista también ayuda. Una revisión exhaustiva de la literatura médica para determinar la fuerza de la asociación entre el optimismo[68] y la salud física reveló que el optimismo era un predictor significativo de los resultados de salud en las enfermedades cardiovasculares, incluida la función inmunológica, el cáncer, las complicaciones relacionadas con el embarazo y los síntomas físicos como el dolor. Las personas que se sienten entusiastas, esperanzadas y alegres[69] (lo que los psicólogos llaman «afecto positivo») tienen menos probabilidades de experimentar un deterioro de la memoria a medida que envejecen. No significa necesariamente que nunca enfermarán (mental o físicamente), pero los optimistas diagnosticados con enfermedad bipolar[70], por ejemplo, pueden manejar la enfermedad mejor que los pesimistas. Lo mismo se aplica a las personas que sufren de depresión[71]. Todos estos y muchos más estudios se suman a un creciente cuerpo de investigación sobre la contribución que una perspectiva optimista hace a la salud.

Por supuesto, no estoy sugiriendo una actitud de «finge hasta que lo logres». Cultivar la creatividad, la imaginación, la autorreflexión y vivir una vida significativa y comprometida requiere trabajo, pero es una inversión en nuestro bienestar general y, potencialmente, en el bienestar de nuestros hijos.

Resumen

En la década de 1850, cuando Darwin presentó por primera vez su teoría de la selección natural y de la supervivencia del más apto, se desconocían los mecanismos moleculares subyacentes de la genética. Sin embargo, durante los últimos cincuenta años, los avances en genética y biología molecular han llevado a una teoría neodarwiniana de la evolución basada en la epigenética. Nuestra encuesta de descubrimientos recientes en epigenética ha dejado muy claro cómo la naturaleza (los genes) y la crianza (el medioambiente) funcionan en conjunto. No es uno u otro el responsable de una enfermedad o de un rasgo de la personalidad. Lo único que sabemos con certeza es que somos el producto de una interacción dinámica entre estas fuerzas y que nada sobre nosotros está grabado en piedra. Por lo tanto, mientras respiramos somos un trabajo en progreso, en constante cambio. Las modificaciones epigenéticas son procesos dinámicos y potencialmente reversibles que tienen lugar durante toda nuestra vida.

En vista de la investigación citada anteriormente, que no pretende ser exhaustiva sino más bien representativa del campo, existe una sólida evidencia biológica de la transmisión transgeneracional del trauma a la descendencia tanto por parte de los padres como de las madres. Los factores familiares probables son los miARN y los lncARN (ARN largo no codificante), así como cambios epigenéticos en las células germinales maternas y paternas. En el caso de los padres, las vesículas extracelulares juegan un papel importante. En las madres existe la proteína similar a la insulina y la programación del eje HPA de su bebé durante el embarazo.*

La hipótesis epigenética de las contribuciones ambientales[72] a la salud física y emocional continúa ganando terreno. Aún más significativo, la evidencia clara y convincente de la investigación básica y clínica en las principales universidades indica que un organismo se adapta a los cambios en su entorno a través de alteraciones en su expresión génica. En consecuencia, incluso antes de que su descendencia sea concebida[73], las experiencias de vida de los padres y las exposiciones ambientales modifican sus células germinales y, a su vez, afectan al desarrollo y a la salud no solo de sus hijos, sino también de sus nietos[74] y bisnietos. De manera similar, los miedos de los niños y los miedos, ansiedades y atributos de personalidad de sus hijos pueden verse afectados por la manera de pensar de sus padres. Además, datos científicos convincentes muestran que nuestra vida social, las interacciones de los demás y de nosotros mismos, pueden cambiar la expresión de nuestros genes con una rapidez, amplitud y profundidad previamente desconocidas. Los genes no nos hacen quienes somos. La expresión génica sí. Y la expresión génica varía según la vida que llevamos. En otras palabras, los alimentos que comemos, el agua que bebemos, el aire que respiramos, nuestras relaciones interpersonales y nuestra relación con nosotros mismos, todo ello nos afecta a un nivel biológico profundo, que a su vez afecta a nuestras mentes.

¿Importan los genes? Absolutamente. Pero también lo hace el entorno físico, psicológico y social, no solo desde el nacimiento, sino que se remonta a los nueve meses de vida en el útero, la concepción y, en muchos sentidos, a varias generaciones más atrás[75]. El avance de la epigenética ha hecho añicos el viejo paradigma darwiniano de la genética.

---

* El eje hipotalámico-pituitario-adrenal (HPA) es nuestro sistema central de respuesta al estrés. El eje HPA une el sistema nervioso central y el sistema endocrino en un bucle que se refuerza a sí mismo.

CONCLUSIONES CLAVE

◆ La salud física y mental adulta de un individuo está fuertemente influenciada por su entorno prenatal temprano.

◆ El feto se adaptará lo mejor que pueda al entorno externo que encontrará al nacer a través de cambios epigenéticos prenatales.

◆ En términos generales, las experiencias de vida de los padres pueden afectar al desarrollo y a la salud de sus descendientes.

◆ En particular, se ha demostrado que el consumo de nicotina, cannabis y alcohol por parte de los padres está asociado con resultados adversos en el desarrollo neurológico de la descendencia.

◆ Las experiencias traumáticas de los padres conducen a una mayor sensibilidad a los eventos traumáticos en la descendencia, y esto puede persistir durante varias generaciones.

◆ La actividad de los genes aumenta o disminuye en respuesta a los cambios en nuestro entorno.

◆ Nuestras interacciones con los demás y con nosotros mismos conducen rápidamente a cambios en la expresión y en el comportamiento de los genes del cerebro.

◆ Los genes no nos hacen quienes somos. La expresión génica sí. Y la expresión génica varía, dependiendo de la vida que llevemos.

2

EL CEREBRO: CÓMO RECUERDA
LO QUE RECUERDA

Introducción

El aprendizaje y la memoria son dos de las facultades más notables de nuestra mente. El aprendizaje es el proceso biológico por el que se adquieren nuevos conocimientos sobre el mundo, y la memoria es el proceso por el cual se retiene, reconstruye y accede a ese conocimiento a lo largo del tiempo.

Uno de los problemas más desafiantes de la neurociencia es: ¿cómo los cambios químicos a corto plazo conducen a algo a largo plazo, como la memoria?

Pregunta a la mayoría de las personas en qué parte de su cuerpo reside la memoria y lo más probable es que te miren como si dijeran: «¡Qué pregunta tan tonta! En el cerebro, por supuesto». Bueno, pues tal vez no. De hecho, hay casos en los que el cerebro no puede explicar lo que sabemos y cómo funcionamos en el mundo.

En este capítulo y en los siguientes ofreceré una extensa investigación que cuestiona la hipótesis corticocéntrica ampliamente sostenida de la memoria y la mente. En su lugar, avanzaré una explicación cuerpo-mente más holística, la teoría de la mente encarnada.

Neurociencia en pocas palabras

El cerebro adulto promedio pesa entre 1.000 y 1.300 gramos. Se compone de alrededor de un 75 % de agua. El cerebro consta de aproximadamente 100 mil millones de neuronas, tantas como las estrellas de nuestra galaxia, insertadas en un andamiaje de 100 mil millones de células gliales. Cada neurona puede tener de 1.000 a 10.000 sinapsis (conexiones con otras neuronas). El período más activo de proliferación neuronal tiene lugar a mediados del segundo trimestre de vida, cuando se crean 250.000 neuronas por minuto.

No hay receptores del dolor en el cerebro, por lo que el cerebro no siente dolor. Hay 260.000 kilómetros de vasos sanguíneos. Mientras que en el pasado se sostenía que nacemos con todas las neuronas que tendremos para el resto de nuestras vidas, ahora sabemos que cada día se crean nuevas neuronas.

Las experiencias tempranas tienen un impacto decisivo en la arquitectura del cerebro y en la naturaleza y extensión de las capacidades adultas. El desarrollo del cerebro no es lineal: existen momentos óptimos para adquirir diferentes tipos de conocimientos y habilidades. Cuando los niños alcanzan los tres años, sus cerebros son el doble de activos que los de su pediatra. Sin embargo, si tienes niños pequeños, ten cuidado: sus niveles de actividad cerebral disminuirán durante la adolescencia.

El sistema nervioso de nuestro cuerpo consta del sistema nervioso central (SNC) y el sistema nervioso periférico (SNP), que a su vez da lugar al sistema nervioso autónomo[76] (SNA), que se divide en los sistemas simpático y parasimpático. El sistema nervioso autónomo es un sistema de control que actúa en gran medida inconscientemente y regula funciones corporales como el ritmo cardíaco, la digestión, la frecuencia respiratoria, la respuesta pupilar, la micción y la excitación sexual.

El sistema nervioso simpático es el sistema de lucha o huida que controla nuestra respuesta al estrés y se origina en la columna torácica. (La columna torácica conecta la columna cervical arriba con la columna lumbar abajo). El sistema parasimpático es el sistema de «descanso y recuperación» o «alimentación y reproducción». Regula la contracción del músculo liso y se origina en la cabeza y en la región sacra de la columna vertebral (un hueso triangular en la parte inferior de la espalda formado por vértebras fusionadas y situado entre los dos huesos de la cadera).

La unidad básica del sistema nervioso central es la neurona o célula nerviosa. Cada neurona (figura 1.2) tiene varios miles de dendritas (hasta diez mil), diminutas hebras de tejido parecidas a cabellos que reciben señales, y un axón, una estructura más robusta a través de la cual la neurona envía señales a otras células. Las neuronas en realidad no se tocan. Cada axón produce alrededor de 160 neurotransmisores diferentes que cruzan un espacio minúsculo, la sinapsis (figura 3.2), para insertarse en los receptores de las dendritas que están estructuradas para recibir un neurotransmisor en particular y ningún otro. Algo así como un transbordador espacial acoplado a una estación espacial.

Estoy seguro de que has oído hablar del Prozac, el primer antidepresivo de una nueva clase de medicamentos llamados inhibidores selectivos de la recaptación de serotonina (ISRS). Lo que hacen el Prozac y los otros ISRS es que ocupan algunos sitios receptores de serotonina en las dendritas. Cuando el axón produce serotonina, no tiene adónde ir porque otra cápsula espacial, el Prozac, ha ocupado su estación de acoplamiento. En consecuencia, la concentración de serotonina aumenta en el cerebro. Muchos científicos creen que la depresión se debe a los bajos niveles de serotonina, aunque nadie sabe cuál es la causa. No soy un gran admirador de las drogas psicotrópicas (medicamentos para la depresión, la ansiedad y otros problemas emocionales), pero diré que he visto mejoras sorprendentes en algunos pacientes como resultado de tomar estos medicamentos.

Las neuronas se diferencian de otras células del cuerpo por su capacidad para transportar señales eléctricas y señales químicas a otras neuronas. Las neuronas funcionan en redes. Y esta red increíblemente complicada, compuesta por miles de millones de conexiones, se llama conectoma (figura 2.2).

Las capacidades cognitivas avanzadas del cerebro humano se atribuyen a nuestra neocorteza recientemente evolucionada (los últimos cien mil años). La comparación de cerebros humanos y de roedores muestra que la corteza humana es más gruesa, contiene más materia blanca, tiene neuronas más grandes y sus abundantes células piramidales (las células que se ocupan de la mayor parte de nuestro pensamiento) tienen más conexiones sinápticas por célula en comparación con los roedores. Un equipo de investigadores[77] dirigido por el profesor Idan Segev de la Universidad Hebrea de Jerusalén tomó medidas directas de la capacitancia de la membrana en las neuronas piramidales humanas. Segev demostró en su trabajo que las neuronas corticales humanas son como eficientes microchips eléctricos, que compensan el cerebro más grande y las células más grandes en los humanos y procesan la información sensorial de manera más eficaz. El concepto de células como microchips es central para la hipótesis de la mente encarnada y será explorado más a fondo en el siguiente capítulo.

Existe buena evidencia de que neurotransmisores específicos como la epinefrina, la dopamina, la serotonina, el glutamato y la acetilcolina están implicados en la formación de la memoria. Aunque todavía no sabemos qué papel juega cada neurotransmisor en la memoria, sabemos que la comunicación entre las neuronas a través de los neurotransmisores es fundamental para desarrollar nuevos recuerdos.

También se cree que las emociones fuertes desencadenan la formación de recuerdos duraderos y que las experiencias emocionales más débiles forman recuerdos más débiles. Esto se llama teoría de la excitación.

Las neuronas comprenden solo el 15 % del cerebro. El otro 85 % está formado por células gliales[78]. Las células gliales continúan creciendo en número hasta unos años después del nacimiento. Guían el desarrollo temprano del cerebro y mantienen las neuronas sanas durante toda la vida. Las células gliales proporcionan el andamiaje para las neuronas y, como implica el origen de su nombre (en griego, pegamento), ayudan a mantener las neuronas unidas. Las células gliales pueden afectar al funcionamiento de las neuronas[79] aunque no puedan descargar impulsos eléctricos por sí mismas.

Las neuronas humanas son muy similares a las de otros animales, hasta el punto de usar los mismos neurotransmisores. Pero, cuando se comparan los cerebros de los animales que ascienden en el árbol evolutivo, se ve que, cuanto más se sube, más células gliales no neuronales contienen los cerebros de estos animales en proporción al número de neuronas. Durante años, las células gliales se descartaron como mera masilla, al igual que el ADN no codificante se consideró basura. En realidad, las células gliales controlan la comunicación entre las neuronas[80] y juegan un papel esencial en el aprendizaje. Las células gliales forman tres subgrupos: oligodendrocitos, microglía y astrocitos.

¿Dónde guardamos nuestros recuerdos?

En las siguientes páginas, primero describiré la hipótesis científica aceptada con respecto a la memoria y luego citaré investigaciones que destruyen el viejo paradigma que llamo «la teoría fundamental del aprendizaje y la memoria».

Según esta teoría, las señales entrantes de nuestros órganos de los sentidos inician la producción de proteínas específicas en las neuronas que fortalecen las sinapsis (figura 3.2). Estas proteínas no solo moldean y dan forma a la sinapsis, sino que también codifican recuerdos. Al igual que el ejercicio físico conduce a una mayor masa muscular a través de la producción de nuevas proteínas, la experiencia crea recuerdos en las sinapsis[81], redes neuronales potencialmente completas y regiones del cerebro. La idea general de que el aprendizaje induce la modificación de las sinapsis[82], que dan como resultado el almacenamiento de recuerdos en un cerebro plástico en constante cambio[83], se ha convertido en uno de los dogmas de la neurociencia moderna y suele presentarse en la literatura científica, así como en la prensa popular, como un argumento establecido y «generalmente aceptado»[84].

De acuerdo con esta visión neurocientífica reinante[85], la memoria a corto plazo está relacionada con cambios funcionales en las sinapsis existentes, mientras que la memoria a largo plazo está asociada con un cambio en la cantidad de conexiones sinápticas y el fortalecimiento de los circuitos cerebrales existentes. Como veremos, esta es una noción muy problemática[86].

La corteza frontal (figura 4.2) puede aprovechar la información sensorial inmediatamente para utilizarla como memoria de trabajo o a corto plazo. El hipocampo y las áreas de los lóbulos temporales mediales comienzan a codificar esta nueva información en una memoria a largo plazo mediante el desarrollo de nuevas conexiones neuronales y el fortalecimiento de los circuitos cerebrales existentes. La recuperación de recuerdos cargados de emociones[87] ocurre a través de la amígdala, el hipocampo y el sistema de la corteza prefrontal.

Los recuerdos a corto y largo plazo residen en diferentes partes del cerebro. Si se tuviera que estimular un área del cerebro, como la corteza occipital en la parte posterior del cerebro con una pequeña sonda eléctrica, desencadenaría recuerdos visuales; el área temporal izquierda puede producir sonidos del habla, palabras, frases, etc. Los recuerdos relacionados se almacenan en regiones contiguas. La estimulación de campos más grandes conducirá a la aparición de recuerdos más completos. Para recordar experiencias y hechos, varias partes del cerebro tienen que trabajar juntas. Gran parte de esta interdependencia aún no se ha determinado. Sin embargo, se cree ampliamente que los recuerdos se almacenan sobre todo en la corteza cerebral y que el centro de control que genera el contenido de la memoria y también lo recupera se encuentra en el eje medio del cerebro.

Eric Kandel es profesor de Bioquímica y Biofísica en la Universidad de Columbia y compartió el Premio Nobel en el año 2000 con Arvid Carlsson y Paul Greengard por «sus descubrimientos sobre la transducción de señales en el sistema nervioso». Kandel realizó sus estudios sobre la babosa marina *aplysia* (figura 5.2), una babosa que tiene solo unas veinte mil células nerviosas en comparación con los cien mil millones del cerebro humano. La babosa tiene un reflejo simple por el cual protege sus branquias y Kandel utilizó ese reflejo para estudiar cómo aprendía y recordaba los estímulos. Demostró que la memoria a corto plazo implica niveles elevados de neurotransmisores en las sinapsis (los sitios de comunicación entre las células nerviosas), y que la memoria a largo plazo requiere cambios en los niveles de proteínas en la sinapsis. Después de aprender cómo funcionaban estos animales simples, experimentó con ratones. Este trabajo le ayudó a comprender cómo los mismos procesos que ocurrían en las células nerviosas de las babosas marinas podían verse en los mamíferos, incluidos los humanos.

Kandel concluyó que el componente básico de la memoria es la sinapsis[88], donde tanto los elementos presinápticos como postsinápticos, junto con los procesos gliales asociados, forman una unidad integral con una identidad individual y un «vecindario» distinto. El aumento en la fuerza de la conectividad dentro de un grupo difuso de células en un circuito de alimentación más complejo da como resultado la aparición de un engrama (los engramas son memorias almacenadas complejas, figura 6.2) dentro de un conjunto celular.

Aplaudo a Eric Kandel, a quien respeto y con quien concuerdo sinceramente, por su afirmación en 2006 de que «en el estudio del almacenamiento de la memoria, ahora estamos en las estribaciones de una gran cadena montañosa… Para cruzar el umbral desde donde estamos hasta donde queremos estar, deben ocurrir cambios conceptuales importantes»[89]. Sin embargo, me opongo a su teoría de que las sinapsis almacenan recuerdos. En 2007, Stefano Fusi y Larry Abbott pidieron una «modificación radical del modelo estándar de almacenamiento de memoria»[90], y en 2012 Stuart Firestein se hizo eco de esto en su libro *Ignorance: How It Drives Science*, en el que también pedía una desviación de la hipótesis de Kandel.

Descubrimientos recientes

Curiosamente, es un trabajo reciente en este mismo campo el que ha puesto en duda la idea de la conductancia sináptica como el mecanismo básico de la memoria. El grupo de David Glanzman de la Universidad de California, Los Ángeles, expuso a las *aplysias* a descargas eléctricas leves, creando un recuerdo del evento expresado como nuevas sinapsis en el cerebro. Luego, transfirieron las neuronas del molusco a una placa de Petri y activaron químicamente el recuerdo de las descargas en ellas. Después agregaron propranolol a las neuronas. El fármaco eliminó las sinapsis del molusco formadas durante el aprendizaje. Cuando los neurocientíficos examinaron las células cerebrales, encontraron que, incluso cuando se borraron las sinapsis, los cambios moleculares y químicos indicaron que se conservó el engrama, o rastro de la memoria. Estos estudios sugieren que los recuerdos se almacenan dentro de las neuronas en la *aplysia* y, muy probablemente, en todos los animales[91].

Del mismo modo, investigadores de la Universidad de Pensilvania[92] descubrieron en el cerebro de ratones que una enzima metabólica clave, llamada acetilCoA sintetasa 2, o ACSS2, trabaja directamente dentro del núcleo de las neuronas[93] para activar o desactivar genes cuando se establecen nuevos recuerdos[94].

Utilizando modelos de ratón, los investigadores del laboratorio de Carlos Lois[95] en Caltech determinaron que los recuerdos fuertes y estables no se codifican, como se ha postulado recientemente, mediante el fortalecimiento de las conexiones a una neurona individual, sino más bien mediante equipos de neuronas que se disparan en sincronía.

Finalmente, Patrick Trettenbrein, de la Unidad de Desarrollo del Lenguaje y Ciencias Cognitivas de la Universidad de Graz, Austria, en un artículo de 2016 titulado «The Demise of the Synapse as the Locus of Memory: A Looming Paradigm Shift?», revisó la evidencia y concluyó que la sinapsis no encaja[96] cuando se busca el mecanismo de memoria básico del cerebro. Se ha demostrado repetidamente que la memoria persiste a pesar de la destrucción de las sinapsis y que estas se renuevan a un ritmo muy elevado, incluso cuando no se aprende nada. Teniendo en cuenta todo lo anterior, el caso contra la plasticidad sináptica es convincente.

Para permitir la cognición y el almacenamiento de recuerdos[97], la opinión científica actual, más basada en la evidencia, es que las interacciones entre tres partes móviles (una proteína de unión, una proteína estructural y el calcio) son necesarias para que las señales eléctricas entren en las células neuronales y remodelen el citoesqueleto. El citoesqueleto es una red densa de varias proteínas filamentosas en todas las células con núcleo, como las que tienen los humanos y otros animales, que son esenciales para la forma celular, la división celular y la migración celular. Los filamentos de actina, los microtúbulos y los filamentos intermedios forman los principales componentes del citoesqueleto. Es en estos citoesqueletos dentro de las neuronas donde algunos de los principales científicos del mundo creen que se almacenan los recuerdos. Todas las células del cuerpo contienen citoesqueletos, como veremos en el capítulo sobre la célula.

Hace varios años, los biólogos se dieron cuenta de que una sola neurona podía funcionar como una puerta lógica, similar a las de los circuitos digitales. Recientemente, investigadores en Alemania[98] descubrieron que las dendritas individuales pueden procesar las señales que reciben de las neuronas adyacentes antes de pasarlas como entradas a la respuesta global de la célula. Parece que los pequeños compartimentos en los brazos dendríticos de las neuronas corticales pueden realizar operaciones complicadas en lógica matemática. En teoría, casi cualquier cálculo imaginable podría ser realizado por una neurona con suficientes dendritas, cada una capaz de efectuar su propia operación no lineal.

Una neurona que se comporta como una red multicapa tiene mucho más poder de procesamiento y, por lo tanto, puede aprender o almacenar más datos. «Muy pocas personas se han tomado en serio la idea de que una sola neurona podría ser un dispositivo computacional complejo»[99], dijo Gary Marcus, científico cognitivo de la Universidad de Nueva York. Este descubrimiento también puede llevar a algunos científicos informáticos a reevaluar las estrategias para las redes neuronales artificiales, que tradicionalmente se han construido sobre la base de una visión de las neuronas como simples interruptores no inteligentes.

La investigación adicional sobre cómo las neuronas realizan sus tareas[100] por parte del neurocientífico Jeffrey Macklis, de la Escuela de Medicina de Harvard, ha desafiado el dogma de que el núcleo y el cuerpo celular son los centros de control de la neurona. Lo que sugieren los resultados de Macklis es que los conos de crecimiento, las puntas más externas de las hebras axonales, son capaces de recibir información del entorno, tomar decisiones de señalización localmente y funcionar de manera semiautónoma sin el cuerpo celular. Los conos de crecimiento contienen gran parte de la maquinaria molecular de una célula independiente, incluidas las proteínas involucradas en el crecimiento, el metabolismo, la señalización y más. En cierto sentido, nuestros cuerpos no son estados jerárquicamente gobernados de arriba hacia abajo, sino sociedades democráticas de abajo hacia arriba donde cada célula y cada parte de la célula contribuyen al bien común.

Tal como escribe Douglas R. Fields en *Scientific American*, «las neuronas son células elegantes[101], especialistas en información del cerebro. Pero ¿los caballos de batalla? Esos son las glías». Curiosamente, la hija del Dr. Fields, Kelly, produjo la tinción inmunocitoquímica y la microfotografía tal como aparece en la figura 7.2 cuando estaba en la escuela primaria y el Dr. Fields la llevó a su laboratorio para visitarla el día de «Trae a tu hija al trabajo». (En la actualidad tiene veintiséis años y es guía de escalada en roca a tiempo completo, descubierta a través de una comunicación personal).

Los astrocitos (figura 7.2), que son las células gliales más grandes, se consideraron durante mucho tiempo de poca importancia[102], jugadores secundarios en el cerebro. Ya no. Aunque los astrocitos no pueden generar impulsos eléctricos, se comunican entre sí y con las neuronas mediante el aumento y la disminución de las concentraciones de calcio. También liberan gliotransmisores, sustancias químicamente similares a los neurotransmisores. Los astrocitos no solo detectan la comunicación entre las neuronas en las sinapsis, sino que también pueden controlar la comunicación neuronal.

En 2014, el profesor Terrence Sejnowski, director del Laboratorio de Neurobiología Computacional del Instituto Salk, y sus colegas demostraron que desactivar la liberación de gliotransmisores[103] en los astrocitos reducía un tipo de ritmo eléctrico conocido como oscilación gamma, importante para las habilidades cognitivas. En ese estudio, cuando los investigadores probaron las habilidades de aprendizaje y memoria de ratones con astrocitos discapacitados, los encontraron deficientes en su capacidad para discriminar la novedad.

Los astrocitos humanos son veinte veces más grandes en volumen que los astrocitos de roedores. Esto es mucho mayor que el aumento proporcional en el tamaño de las neuronas humanas en relación con las neuronas de los roedores. El aumento en el número y la complejidad de los astrocitos en el cerebro humano contribuye más que las neuronas al gran aumento del volumen cerebral en humanos y primates. El hecho de que los astrocitos humanos sean más grandes y complejos que los de otros animales sugiere que su papel en el procesamiento neuronal se ha ampliado con la evolución.

Los astrocitos humanos, en lugar de comunicarse como neuronas mediante señales eléctricas, se comunican con otros astrocitos y con neuronas mediante neurotransmisores[104]. Esto les permite pasar señales tres veces más rápido que las neuronas.

Un equipo de neurocientíficos injertó células cerebrales humanas en cerebros de ratones y descubrió que la tasa de aprendizaje y memoria de los roedores superaba con creces a la de los ratones comunes. Sorprendentemente, las células trasplantadas no eran neuronas, sino células gliales que son incapaces de emitir señales eléctricas. Los nuevos hallazgos sugieren que el procesamiento de información en el cerebro se extiende más allá del mecanismo de señalización eléctrica entre neuronas.

Debido a su tamaño, los astrocitos abarcan un gran número de neuronas y millones de sinapsis y parecen contribuir a otro nivel de funcionamiento de las redes neuronales. Por lo tanto, no sorprende que el neuroanatomista argentino Jorge Colombo haya hablado de las «redes de astroglía»[105] como una potencial dimensión no neuronal del procesamiento de la información, en la que la glía acopla neuronas y sinapsis en conjuntos funcionales.

Un estudio internacional dirigido por investigadores de la Universidad Nacional de Irlanda, en Galway[106], demostró que la relación entre la estructura del cerebro y la inteligencia no solo involucra la materia gris sino también la materia blanca del cerebro; en otras palabras, el sistema de cableado en su conjunto. Como dijo acertadamente el profesor de Psiquiatría de la Universidad de Stanford, Robert Malenka: «Al considerar cómo funciona el cerebro[107], debemos analizar y comprender todos los diferentes tipos de células que hay en el cerebro y cómo interactúan».

La médula espinal, que al igual que el cerebro es parte del SNC, consta de neuronas y células gliales de apoyo. Investigadores de la Universidad de Montreal, utilizando un nuevo tipo de máquina de resonancia magnética, pudieron demostrar por primera vez que la médula espinal retiene los movimientos motores aprendidos independientemente del cerebro. No solo eso, sino que los científicos demostraron que la médula espinal podría aprender habilidades motoras[108] independientemente del cerebro. Por supuesto, este estudio también demuestra, de manera bastante persuasiva, que las neuronas fuera del cerebro retienen recuerdos.

En 1998, el «padre de la gastroneurología», Michael D. Gershon, que enseña en la Universidad de Columbia, impulsó el interés por la investigación en el sistema nervioso del intestino, el sistema nervioso entérico[109] (SNE), al escribir el libro *The Second Brain*[110]. Desde entonces, otros científicos han encontrado apoyo para las hipótesis de Gershon. Más recientemente, los biólogos del Departamento de Biología Humana de la Universidad Técnica de Múnich revisaron la evidencia de la «inteligencia» del SNE[111]. Proporcionaron ejemplos de habituación, sensibilización, aprendizaje condicionado y facilitación a largo plazo. En su artículo lo expresan de esta manera: «A pesar de algunos desafíos experimentales restantes, estamos convencidos de que el intestino es capaz de aprender y estamos tentados a responder a la pregunta "¿Es el intestino inteligente?" con: "Sí, el intestino es inteligente"».

Rompiendo con el modelo de Kandel, concluyo que la creencia generalizada de que la memoria se almacena en las sinapsis necesita urgentemente una actualización[112]. Los hallazgos de Glanzman, Lois, Trettenbrein y los otros neurocientíficos a los que me he referido indican que las sinapsis proporcionan puntos de acceso a las neuronas. La información fluye a través de las sinapsis hacia las neuronas. Cuanta más información de un tipo particular entre en un conjunto de neuronas, más fuertes se vuelven sus sinapsis y más memoria se almacenará en las neuronas y en las células gliales. Y ahora te propongo un pequeño experimento mental. Imagina por un momento dos pueblos separados por un denso bosque. Algunas personas caminan por el bosque entre los pueblos y, al hacerlo, crean un camino estrecho. Con el tiempo, la población crece y más gente recorre ese camino. El camino se ensancha. Luego los hombres a caballo, eventualmente incluso los carruajes, comienzan a viajar de esta manera. El camino angosto se convierte ahora en un camino ancho. Las personas que han viajado por el camino recordarán sus experiencias y podrán compartirlas con otras. En una inspección más cercana, el camino puede revelar huellas o marcas de carretas, pero ningún recuerdo de las personas y animales que lo atravesaron. Es solo un camino.

Ofrezco esta pequeña historia como una analogía de la relación de las sinapsis con las neuronas. Sin duda, las sinapsis se volverán más gruesas a medida que pase más información a través de ellas, pero la información terminará en las neuronas y en las células gliales y, como veremos, en el resto del cuerpo y no en las sinapsis.

Ahora está bien establecido que, además de las neuronas corticales, las células gliales, las neuronas de la médula espinal y el intestino participan activamente en la regulación de nuestros cuerpos y mentes.

Cuando las neuronas desaparecen

En el reino animal, los amplios rangos en el tamaño del cerebro no se correlacionan con el poder cognitivo aparente. Los cuervos y las cornejas[113], por ejemplo, tienen cerebros de menos del 1 % del tamaño de un cerebro humano, pero aun así realizan hazañas cognitivas comparables a las de los chimpancés y los gorilas. También son capaces de ponerse en el lugar de los demás, reconocer causalidades y sacar conclusiones. Las palomas pueden aprender a deletrear en inglés hasta el nivel de los niños de seis años. Los estudios de comportamiento han demostrado que estas aves pueden fabricar y usar herramientas, y reconocer a las personas en la calle, cosas que incluso muchos primates no logran.

Se ha documentado que algunas especies de pulpos excavan y usan conchas marinas y cáscaras de coco como herramientas y protección, mientras que otras especies recolectan rocas y las colocan frente a las madrigueras como una manera de protegerlas. Hay muchas historias anecdóticas de pulpos que escapan de tanques en acuarios y disparan chorros de agua a personas y equipos en particular. Esto puede parecer más entretenido que indicativo de inteligencia, pero las historias también demuestran que los animales pueden reconocer a humanos individuales y mostrar un elemento de planificación y evaluación de su entorno.

Los pulpos carecen de un cerebro central[114]. Cada uno de los ocho brazos de un pulpo tiene una gran cantidad de neuronas, lo que equivale a tener un «cerebro» en cada apéndice que es capaz de recibir y procesar información sobre el medioambiente. En lugar de un sistema nervioso central, su cerebro es su cuerpo y su cuerpo es su cerebro. Estos hallazgos cuestionan un vínculo claro entre el tamaño del cerebro y las habilidades cognitivas. Esto nos lleva al siguiente tema. En los seres humanos, ¿qué sucede cuando el cerebro está gravemente dañado o falta en gran parte? La extirpación radical de la mitad del cerebro[115] a veces se realiza como tratamiento para la epilepsia en los niños[116]. Al comentar sobre una cohorte de más de cincuenta pacientes que se sometieron a este procedimiento, un equipo de la Universidad Johns Hopkins de Baltimore[117] escribió que estaban «sorprendidos por la aparente retención de la memoria[118] después de la extirpación de la mitad del cerebro, cualquiera de las dos, y por la retención de la personalidad y el sentido del humor de los niños».

Ahora considera el siguiente caso ocurrido en China[119] de una mujer de veinticuatro años ingresada en el Hospital General PLA en la provincia de Shandong, que se quejaba de mareos y náuseas. Les dijo a los médicos que su habla solo se volvió inteligible a la edad de seis años y que no había caminado hasta los siete.

Una tomografía computarizada, que utiliza la tomografía axial computarizada para producir imágenes transversales del cuerpo, identificó de inmediato la fuente del problema: le faltaba todo el cerebelo.* El espacio donde debería haber estado estaba vacío de tejido. En cambio, estaba

---

* Además de los hemisferios cerebrales, nuestros cráneos también contienen una pequeña estructura llamada «cerebelo» que se encuentra en la parte posterior del cerebro, debajo de los dos hemisferios. Se ve diferente del resto del cerebro porque consiste en pliegues de tejido mucho más pequeños y compactos. Representa alrededor del 10% del volumen total del cerebro, pero contiene el 50% de sus neuronas. En el pasado, se vio que el cerebelo controlaba principalmente el equilibrio postural y motor. Ahora parece que el cerebelo es un neuromodulador fundamental también del intelecto y del estado de ánimo, optimizando estas funciones que están representadas con precisión topográfica en distintas regiones del cerebelo. Lo que es más importante, el cerebelo sirve como control de calidad del movimiento; también revisa nuestros pensamientos, suavizándolos, corrigiéndolos, perfeccionando las cosas. En los últimos años se ha acumulado evidencia que indica una disfunción cerebelosa prominente dentro de las redes cerebelo-tálamo-corticales en la esquizofrenia. Stoodley, C. y Schmahmann, J. (2009): «Functional Topography in the Human Cerebellum: A Meta-analysis of Neuroimaging Studies». *NeuroImage*, 44(2), 489–501. doi:10.1016/j.neuroimage.2008.08.039; Demirtas-Tatlidede, Asli, Freitas, Catarina, Cromer, Jennifer R., *et al.* (2010): «Safety and Proof of Principle Study of Cerebellar Vermal Theta Burst Stimulation in Refractory Schizophrenia», *Schizophrenia Research*. 124(1–3): 91–100.

lleno de líquido cefalorraquídeo. Los médicos de la paciente sugirieron que la función cerebelosa normal podría haber sido asumida por la corteza, pero ¿era así? Revisaremos esta «explicación» en breve.

La literatura médica contiene una cantidad sorprendente de casos conocidos de personas a las que les falta una parte sustancial de la corteza cerebral, la capa más externa del tejido cerebral, considerada la sede de nuestro cerebro pensante. Una niña alemana de diez años[120], que actualmente vive y está sana, es una de ellas. Nació sin el hemisferio derecho de su corteza, aunque esto no se descubrió hasta que tenía tres años. Según Lars Muckli de la Universidad de Glasgow, quien dirigió el estudio a pesar de que a su paciente le faltaba un hemisferio, demostró un funcionamiento psicológico normal y una vida perfectamente regular y plena. Él la describió como «ingeniosa, encantadora e inteligente».

En un artículo titulado «Is Your Brain Really Necessary» (¿Es tu cerebro realmente necesario?), el escritor científico Roger Lewin revisó una serie de seiscientos casos[121] del pediatra inglés John Lorber de niños con hidrocefalia, un exceso de líquido cefalorraquídeo, comúnmente conocido como agua en el cerebro. En sesenta de esos casos, el líquido ocupaba el 95 % del cráneo y, sin embargo, la mitad de ellos tenían un coeficiente intelectual superior al promedio. Entre ellos se encontraba un estudiante con un coeficiente intelectual de 126 que recibió matrícula de honor en matemáticas y se consideraba socialmente normal. En este caso, Lorber se fijó que, en lugar del grosor típico de 4,5 cm de tejido cerebral[122] entre los ventrículos y la superficie cortical, solo había una capa delgada de manto que medía aproximadamente un milímetro. El cráneo estaba lleno principalmente de líquido cefalorraquídeo.

En julio de 2007, un francés de cuarenta y cuatro años[123] acudió a un hospital quejándose de una leve debilidad en la pierna izquierda. Cuando los médicos se enteraron de que al hombre le habían quitado una derivación espinal cuando tenía catorce años, le realizaron una tomografía computarizada (TC) y una resonancia magnética nuclear

(RMN).* Lo que descubrieron fue una enorme cámara llena de líquido que ocupaba la mayor parte del espacio de su cráneo, dejando poco más que una delgada lámina de tejido cerebral real (como la figura 9). Si bien el cerebro estaba virtualmente ausente, las pruebas de inteligencia mostraron que el paciente tenía un coeficiente intelectual de 75 (la puntuación promedio es 100). Hoy en día, esto se consideraría funcionamiento intelectual limítrofe.**

El paciente era un padre casado y con dos hijos que trabajaba como funcionario y aparentemente llevaba una vida normal, a pesar de tener ventrículos enormemente agrandados con un volumen reducido de tejido cerebral. «Lo que encuentro sorprendente hasta el día de hoy[124] es cómo el cerebro puede lidiar con algo que crees que no debería ser compatible con la vida», comentó el Dr. Max Muenke, especialista pediátrico en defectos cerebrales del Instituto Nacional de Investigación del Genoma Humano.

Los neurocientíficos explican el comportamiento casi normal[125] de las personas con hidrocefalia sobre la base de la neuroplasticidad. Los mecanismos propuestos incluyen la neurogénesis (creación de nuevas neuronas), la muerte celular programada (una premisa cuestionable) y la formación sináptica dependiente de la experiencia.

El argumento a favor de este punto de vista contrario a la intuición se basa precariamente en la proposición de que solo la presencia de niveles inimaginablemente altos de «redundancia» o «plasticidad», obviamente ausentes, podría compensar la drástica reducción de la masa cerebral en ciertos casos hidrocefálicos clínicamente normales o en personas a las que se les ha extirpado una gran parte del cerebro.

---

* La exploración por RMN es un examen médico que utiliza un campo magnético y ondas de radio para crear una imagen detallada de los órganos y otras estructuras internas del cuerpo. MRI significa imagen por resonancia magnética.

** La gran mayoría de los estadounidenses tienen un cociente intelectual entre 80 y 120, con un CI de 100 considerado promedio. Para ser diagnosticado como retraso mental, una persona debe tener un cociente intelectual por debajo de 70-75, es decir, significativamente por debajo del promedio.

Otra explicación común se basa en el hallazgo de que, si bien el daño a los hemisferios suele ser extenso, los tallos cerebrales de los niños o, más tarde, de los adultos, generalmente (pero no siempre) no se ven afectados y asumen las funciones del tejido cerebral faltante.

No creo que estas hipótesis expliquen satisfactoriamente cómo puede funcionar una capa muy delgada de corteza cerebral en ausencia de grandes partes del cerebro. ¿Cómo puede funcionar un número muy reducido de neuronas y células gliales tan bien como el complemento completo de células en un cerebro normal? Imagina, por ejemplo, que te has roto la pierna derecha. Incluso con una buena cicatrización, ninguna cantidad de estimulación, fisioterapia o ejercicio devolverá a tu pierna su antiguo esplendor. Me parece que palabras como neuroplasticidad o la hipótesis de que el tronco encefálico asume funciones extra son una cortina de humo por falta de conocimiento. La lógica dicta que debe de haber un límite[126] respecto a cuánto puede compensar la pérdida de tejido una zona no afectada del cerebro o una tibia (uno de los dos huesos de la pierna) rota.

Y en lo que respecta a las partes sanas o no afectadas del cerebro, que se supone que adquieren la función de las partes perdidas, me pregunto: ¿cómo podría haber áreas en el cerebro que no se vean afectadas por la pérdida del tejido circundante y la presión ejercida sobre ellas por el líquido cefalorraquídeo? Así es como los tumores cerebrales destruyen gradualmente el tejido y la función del cerebro.

Sugiero que las personas a las que les falta materia cerebral y que parecen actuar con bastante normalidad se desempeñan tan bien porque no lo hacen debido a la «neuroplasticidad» o al «reclutamiento» de áreas no afectadas en el cerebro, aunque sin duda algo de eso se aplica, sino porque el cerebro nunca trabaja solo. Su función está indisolublemente ligada al cuerpo y al mundo exterior. En el individuo que carece de gran parte de su corteza, las neuronas de los nervios craneales, de la médula espinal y de otras células del organismo (células somáticas, células inmunitarias, células del corazón, etc.) forman una red que se comunica constantemente con el cerebro, o lo que queda de él, y actúa casi como un disco duro de respaldo en un ordenador, que contiene fragmentos de memoria y funcionalidad que contribuyen colectivamente a una cognición y comportamiento casi normales.

Una abundancia de neuronas

Pasemos ahora a un tema que es casi diametralmente opuesto a la falta de tejido cerebral; a saber, el síndrome del sabio. Justo antes de medianoche, en 2002, cuando Jason Padgett[127] salía de un bar de karaoke en Tacoma, dos tipos lo asaltaron por detrás. En la sala de urgencias, los médicos le dijeron a Jason que había sufrido una conmoción cerebral grave y que le sangraba un riñón. El personal de atención le dio analgésicos y lo envió a casa. En mi opinión, una respuesta bastante arrogante de los médicos a una condición potencialmente mortal. Pero prosigamos. Poco después del atraco, Jason comenzó a experimentar el mundo de manera diferente.

Veía los objetos cotidianos como patrones geométricos y hablaba incesantemente sobre matemáticas, pi e infinito. Jason también tenía ganas de dibujar. Comenzó a dibujar figuras complejas y fascinantes usando solo un lápiz y una regla. Dijo que no tenía ni idea de lo que estaba dibujando.

Eventualmente, Jason consultó a la autoridad más importante del mundo sobre el síndrome del sabio, Darold Treffert. El síndrome del sabio generalmente se describe como islas de genio y habilidad en personas que claramente «saben cosas que nunca aprendieron». Algunos nacen sabios como Mozart; otros se hacen, como Jason. Las habilidades existen con mayor frecuencia en el arte, la música, el cálculo y las habilidades mecánicas o espaciales. Cualquiera que sea la habilidad especial, siempre está asociada con una memoria masiva, extremadamente profunda pero muy limitada dentro del área de la habilidad especial.

Treffert, un psiquiatra de Wisconsin, había estudiado el síndrome del sabio durante más de cincuenta años. Es de la opinión de que el cerebro de una persona que ha sufrido un traumatismo craneoencefálico grave es capaz de «reclutar» otra parte del cerebro [128] para compensar la parte dañada. En el caso de Jason, sugirió que se reclutó la parte capaz de hacer matemáticas de alto nivel. Palabra elegante: reclutamiento. ¿Explica realmente un proceso que implica una transformación intelectual épica?

Dado que la mayoría de los sabios nacen con dones especiales —y, a menudo, con desafíos cognitivos como el autismo—, mientras que unos pocos desarrollan una experiencia excepcional después de algún traumatismo físico en la cabeza, se debe suponer que el síndrome del sabio es genético. En algunas personas, ese talento excepcional se manifiesta temprano en la vida, en otras permanece latente hasta que se desencadena por un evento ambiental, como un golpe en la cabeza.

Michael S. Gazzaniga es profesor de Psicología en la Universidad de California. En su libro *El pasado de la mente* escribe: «Tan pronto como se construye el cerebro, comienza a expresar lo que sabe, lo que viene de fábrica. Y el cerebro viene cargado» [129]. Los sabios son ejemplos del hecho de que no comenzamos la vida con una pizarra en blanco. (Freud lo llamó *tabula rasa*). Todo lo contrario.

Sin embargo, hay un problema al aceptar la transmisión genética de dones intelectuales especiales como una explicación completa del síndrome del sabio. Sería adecuado si pudiéramos probar que todos los sabios tuvieron padres o abuelos o bisabuelos brillantes, y no hay prueba de eso. Entonces, ¿de dónde vienen estos «genes geniales»? La respuesta parece ser: o fueron creados por una mutación espontánea (tampoco hay evidencia de eso) o todos nosotros tenemos estos genes inactivos pero solo se activan mediante mecanismos epigenéticos. El desafío es cómo liberar esta capacidad latente de manera no violenta, sin una lesión cerebral o un evento traumático similar.

Seguramente, la proclividad, la habilidad extraordinaria siempre debe haber estado presente pero en un estado inactivo. Se podría decir que estaba bajo llave y que la herida, en el caso de Jason, la abrió. Creo que la explicación más simple, lógica y científicamente sólida para el síndrome del sabio se basa en la epigenética. Los genes que controlan estos talentos especiales musicales, matemáticos u otros talentos excepcionales se expresaron en los sabios natos, mientras que en los tardíos estos mismos genes fueron activados por eventos ambientales como un golpe en la cabeza. Por supuesto, debido a que todavía no tenemos ratones o ratas sabios, pasará algún tiempo antes de que esta hipótesis pueda probarse en el laboratorio.

Las buenas noticias

Hace tiempo que sabemos que los ácidos grasos omega-3 y omega-6 promueven el envejecimiento saludable del cerebro. Sin embargo, los hallazgos de dos nuevos estudios respaldan el papel fundamental de los ácidos grasos poliinsaturados[130] en el mantenimiento de la inteligencia y la memoria. Estos dos estudios enfatizan la importancia de investigar los efectos de una clase de nutrientes en forma conjunta en lugar de uno solo cada vez. Al reducir la inflamación, el estrés oxidativo y la acumulación de plaquetas, además de mejorar la presión arterial, los ácidos grasos como grupo tienen efectos fisiológicos que pueden mejorar la salud del cerebro. Los alimentos ricos en estos ácidos son el pescado, los frutos secos, las semillas y los aceites, fundamentalmente la llamada dieta mediterránea.*

---

* La dieta mediterránea no es una dieta *per se*. Es una mezcla de los hábitos alimentarios tradicionales de las personas que viven en España, Italia, Francia, Grecia y Oriente Medio. ¿Cómo iniciar la dieta mediterránea? Come alimentos naturales, sin procesar, como frutas, verduras, cereales integrales y frutos secos. Haz del aceite de oliva tu principal fuente de grasa dietética. Reduce el consumo de carnes rojas (mensualmente). Come cantidades bajas a moderadas de pescado (semanalmente). Bebe una cantidad moderada de vino (hasta una o dos copas al día para los hombres y hasta una copa al día para las mujeres).

Y aquí vienen más elogios para la dieta mediterránea. Domenico Praticò, de la Universidad de Temple, ha demostrado que el consumo de aceite de oliva virgen extra [131] protege la memoria y la capacidad de aprendizaje y reduce la formación de placas de beta amiloide y ovillos neurofibrilares en el cerebro, marcadores clásicos de la enfermedad de Alzheimer. «Descubrimos que, cuando el cerebro lo detecta, el aceite de oliva reduce la inflamación de este, pero lo más importante es que activa un proceso conocido como autofagia». La autofagia es el medio por el cual las células se descomponen y eliminan los desechos y las toxinas intracelulares, como las placas amiloides y los ovillos de tau.

Hoy en día, la preocupación por la pérdida de memoria con el envejecimiento parece estar en la mente de todos, jóvenes y mayores. Un estudio publicado recientemente por Jason Steffener [132], científico de la Universidad de Concordia de Montreal, ha arrojado nueva luz sobre este tema al mostrar que, cuantos más tramos de escaleras sube una persona y cuantos más años de escuela completa, más joven aparece su cerebro físicamente. Los investigadores encontraron que la edad del cerebro disminuye en 0,58 años por cada tramo diario de escaleras que se suben entre dos pisos consecutivos en un edificio y en 0,95 años por cada año de educación.

Probablemente lo has sabido siempre, pero ahora hay pruebas científicas: los espacios verdes son buenos para la materia gris [133]. Un estudio de las universidades de Edimburgo y York tuvo como objetivo comprender cómo las personas mayores experimentan diferentes entornos urbanos utilizando electroencefalografías (EEG), medidas autoinformadas y entrevistas. Como parte del experimento, ocho voluntarios de sesenta y cinco años o más usaron un auricular EEG móvil, que registró su actividad cerebral al caminar entre espacios urbanos verdes y concurridos. El equipo de investigación también publicó un video de las rutas que recorrieron las personas, y les pidió a los participantes que describieran «instantáneas» de cómo se sentían. Los voluntarios también fueron entrevistados antes y después de sus caminatas.

Los participantes mayores experimentaron los efectos beneficiosos de los jardines, el césped y los árboles mientras caminaban en entornos urbanos concurridos. La presencia de espacios verdes promovió recuerdos personales y culturales, y conexiones sociales.

Resumen

Los descubrimientos más recientes en el campo de la neurociencia al menos cuestionan y al menos refutan la teoría de largo recorrido de que la memoria se almacena en las sinapsis del cerebro. La hipótesis del cerebro encarnado postula que la información y las experiencias nuevas desencadenan la formación de engramas con cambios físicos o químicos duraderos en las neuronas y en cada célula del cuerpo. Las neuronas constituyen solo el 15 % de nuestras células cerebrales. Las células gliales, descartadas durante años como mero tejido conectivo y de poca importancia, en realidad controlan hasta cierto punto la comunicación entre las neuronas y juegan un papel fundamental en el aprendizaje. Los astrocitos, en particular, afectan significativamente a la manera en que se transmite y almacena la información en el cerebro. Además, como señaló Jorge Colombo, las redes de astrocitos pueden servir como canales no neuronales[134] de procesamiento de información, en los que las células gliales acoplan neuronas y sinapsis en ensamblajes funcionales[135].

Los científicos han demostrado que las neuronas de la médula espinal pueden aprender habilidades motoras independientemente del cerebro. De manera similar, el sistema nervioso entérico puede actuar con independencia del cerebro, pero al mismo tiempo está íntimamente conectado con él. Es evidente que las neuronas fuera del cerebro, no solo en el cerebro, retienen recuerdos.

Las personas a las que se les extirpó quirúrgicamente parte de su tejido cerebral o que nacieron hidrocefálicos se desempeñan tan bien como las demás, no debido a la neuroplasticidad o al reclutamiento de áreas no afectadas en el cerebro, sino porque el cerebro, o lo que queda de él, es parte de una red de comunicación mucho más grande en el cuerpo.

Este cerebro extendido, el cerebro encarnado, actúa como un sistema de almacenamiento de memoria de respaldo para el cerebro enmascarado, y, cuando detecta que faltan datos «arriba», envía la información requerida allí.

En los próximos capítulos descubriremos cómo otras células del cuerpo (células inmunitarias, células somáticas y células de órganos como el corazón) contribuyen al sistema dinámico que es el cerebro encarnado.

CONCLUSIONES CLAVE

◆ Investigaciones recientes subvierten la hegemonía de la sinapsis.

◆ La sinapsis actúa como un conducto para las neuronas, no como un depósito de recuerdos.

◆ Aunque se acepta que las neuronas de la corteza cerebral almacenan recuerdos, otras células —como las células gliales y las neuronas de la médula espinal y del intestino— también contribuyen al procesamiento y almacenamiento de la información.

◆ Es hora de que los neurocientíficos responsables consideren seriamente modificar o abandonar la hipótesis cortico-central de la memoria.

◆ Los casos de hidrocefalia brindan un apoyo convincente al argumento de que el tamaño del cerebro humano no está relacionado con su contenido de información, inteligencia o capacidades.

◆ Los sabios nacen con habilidades extraordinarias. Los genes que controlan estos talentos excepcionales estaban activos en los sabios en la primera infancia, mientras que en los tardíos estos mismos genes se activan por eventos ambientales, como un golpe en la cabeza.

◆ Muchos factores, incluida la dotación genética y la actividad física y mental, influyen en la cognición y el envejecimiento del cerebro, pero la nutrición juega un papel fundamental.

3

EL SISTEMA INMUNITARIO: ESTE MÉDICO HACE VISITAS A DOMICILIO

Introducción

Nuestros cuerpos son patrullados las 24 horas del día, los 7 días de la semana, por un ejército silencioso de policías vigilantes, inspectores de salud, médicos y ambulancias. Nos protegen de visitas no invitadas, incluidas bacterias, virus y hongos, así como de sustancias intrusivas, como una astilla o una uña infectada. Básicamente, cualquier cosa que no pertenezca a nuestros cuerpos atrae su atención. Reparan lesiones y eliminan desechos. Y mantienen registros de los facinerosos que encuentran para futuras referencias. Nuestro sistema inmunológico hace todo esto y más para mantenernos sanos.

Cómo funciona

El sistema inmunitario ha evolucionado para reconocer y responder a las amenazas a la salud y para proporcionar una memoria de por vida diseñada para prevenir enfermedades recurrentes. El sistema inmunitario está compuesto por una gran variedad de glóbulos blancos, algunos de los cuales circulan por nuestras arterias y venas, mientras que otros residen en varios tejidos del cuerpo, incluidos los ganglios linfáticos y la piel (figura 1.3).

El sistema inmunitario protege al organismo mediante la producción de anticuerpos, que son proteínas que ayudan a evitar que los intrusos, llamados antígenos, causen mucho daño. Después de una infección con un patógeno, generalmente se pone en marcha una cascada de reacciones. El sistema inmunitario comenzará a producir el tipo específico de anticuerpo diseñado para proteger contra ese patógeno en particular, entre otros. El cuerpo es capaz de crear literalmente miles de millones de anticuerpos que son expertos en combatir miles de millones de posibles invasores.* Y nuestras células inmunitarias son muy inteligentes. Pueden aprender en el trabajo, recordar lo que han aprendido y aplicar esta educación en respuesta a los desafíos futuros.

Entre los actores clave del sistema inmunitario se encuentran dos tipos de glóbulos blancos, conocidos como células T (figura 2.3) y células B. Las células B producen anticuerpos específicos para patógenos particulares. Las células T cambian su propia forma para rodear, engullir y destruir al invasor. Luego, después de que se elimina la enfermedad, algunas células T y células B se convierten en células T de memoria y células B de memoria.**

---

* El sistema inmunitario produce anticuerpos en respuesta a la presencia de un antígeno. Los antígenos son moléculas grandes, generalmente proteínas, en la superficie de las células, virus, hongos, bacterias y algunas sustancias no vivas, como toxinas, productos químicos y partículas extrañas. Cualquier sustancia capaz de desencadenar una respuesta inmune se llama antígeno.

** figura 4. Distribución de células T. Crédito: L. Tadman.

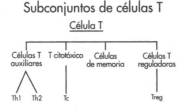

Subconjuntos de células T

Célula T

Células T auxiliares   T citotóxico   Células de memoria   Células T reguladoras

Th1   Th2   Tc   Treg

La vacunación (inmunización) se basa en esta premisa. Cuando una persona es inmunizada (contra la poliomielitis, el sarampión, etc.) se le administra una pequeña dosis del antígeno apropiado, como bacterias debilitadas o muertas, para activar la memoria del sistema inmunitario, que luego permite que el cuerpo reaccione rápida y eficientemente a exposiciones futuras. Esta es también la razón por la que, en términos generales, una vez que has tenido varicela o alguna otra enfermedad infantil, no vuelves a contraerla, porque los anticuerpos que se activaron cuando la contrajiste la primera vez todavía están en tu sistema inmunológico.

Un corolario interesante de este tipo de inmunidad aprendida es algo llamado efecto Hoskins* (figura 3.3), que se refiere al hecho de que el sistema inmunitario responde con mayor fuerza cuando se vuelve a encontrar exactamente con la misma infección a la que estuvo expuesto previamente, y con menor fuerza a una cepa o versión ligeramente diferente de la misma. Esto explica por qué la vacuna anual contra la gripe puede funcionar mejor unos años que otros o ser más eficaz contra una cepa de gripe que contra otra.

Las células normalmente obtienen la mayor parte de su energía de la glucosa y otros azúcares. Cuando estos combustibles se agotan y todavía hay oxígeno disponible, las células T de memoria pueden mejorar su propia supervivencia al llenarse de mitocondrias, que son los generadores de energía de una célula. Hablaré de las mitocondrias con mayor detalle en el próximo capítulo. Las mitocondrias permiten que las células produzcan energía de manera eficiente a partir de fuentes alternativas de combustible, como las grasas y los aminoácidos. En consecuencia, estas células pueden vivir mucho tiempo, lo que significa que sus recuerdos perduran durante mucho tiempo.

---

* El efecto Hoskins se refiere a la propensión del sistema inmunitario del organismo a utilizar preferentemente la memoria inmunológica en función de una infección anterior cuando se encuentra una segunda versión ligeramente diferente de esa entidad extraña (p. ej., un virus o una bacteria).

Peter Cockerill, de la Universidad de Birmingham[136], demostró que un solo ciclo de activación de células T primitivas conduce a cambios epigenéticos a largo plazo. Cockerill propuso que esto forma la base de una memoria a largo plazo que permite una respuesta inmediata cuando el cuerpo encuentra una infección y las células T se activan por segunda vez. Thomas Dörner, de la Universidad de Berlín[137], al escribir sobre el tema de los anticuerpos, habla de células plasmáticas de larga vida* que secretan anticuerpos específicos incluso en ausencia de un virus y sugiere que así es como protegen contra la reinfección. En su opinión, estos anticuerpos protectores de la memoria humoral secretados constituyen una eficaz línea de defensa frente a la reinfección y están respaldados por células de memoria B y T específicas de la memoria reactiva.

Y hay noticias más fascinantes sobre el sistema inmunológico procedentes de la Universidad de Viena sobre las células NK en el hígado[138], el órgano que generalmente se supone que es un gran reservorio de células NK. Las células NK son células asesinas citotóxicas naturales en la sangre humana y son un tipo de linfocito, un subgrupo de glóbulos blancos. Hasta ahora, se consideraba que las células NK no tenían función de memoria, lo que significa que no pueden matar en una base «específica de antígeno», sino que solo pueden reaccionar de nuevo cada vez a los virus y a las fuentes de infección de una manera no específica.

Además de las células de memoria que patrullan la circulación, los científicos australianos han descubierto[139] que el sistema inmunitario

---

* Las células plasmáticas, también llamadas «células B plasmáticas» o «células B efectoras», son glóbulos blancos que secretan grandes cantidades de anticuerpos. Son transportadas por el plasma sanguíneo y el sistema linfático. Las células plasmáticas se originan en la médula ósea; los linfocitos B se diferencian de las células plasmáticas en que producen moléculas de anticuerpos estrechamente modeladas a partir de los receptores del linfocito B precursor. Una vez liberadas en la sangre y en la linfa, estas moléculas de anticuerpos se unen al antígeno objetivo (sustancia extraña) e inician su neutralización o destrucción. En Wikipedia. Obtenido de: https://en.wikipedia.org/w/index.php?title=Plasma_cell&oldid=788883461).

también deja atrás una guarnición de células de memoria, células T de memoria folicular estratégicamente ubicadas en la entrada de los ganglios linfáticos, particularmente en aquellos que son sitios potenciales de reinvasión de microbios, como en el cuello, debajo de las axilas y en el área de la ingle, para detectar el retorno de antígenos que han encontrado antes. Este es un hallazgo importante[140] porque, hasta ahora, los inmunólogos habían pensado que la memoria era proporcionada únicamente por las células circulantes.

Y, hablando de ganglios linfáticos, Jochen Hühn[141], del Centro Helmholtz para la Investigación de Infecciones de Alemania, ha señalado que los ganglios linfáticos son básicamente los puntos de encuentro del sistema inmunitario. Su equipo también descubrió que la ubicación de los ganglios linfáticos dirigía el desarrollo de las células inmunitarias que contenían. Lo hicieron recolectando ganglios linfáticos de varias partes del cuerpo de ratas y trasplantándolos a diferentes lugares. Parece que las células trasplantadas conservaron sus capacidades originales durante semanas. Dado que todas las células dentro del ganglio linfático, incluidas las células inmunitarias, se regeneran constantemente, los investigadores concluyeron además que esta memoria se codificaba y transmitía de una generación a la siguiente.

Ahora, una investigación dirigida por un equipo de la Facultad de Medicina Veterinaria de la Universidad de Pensilvania encontró que, después de la infección con la enfermedad parasitaria leishmaniasis[142], una población de células T con memoria para el parásito permaneció en la piel. En realidad, esta fue la primera vez que se descubrió que las células T de memoria residen en la piel, y el descubrimiento es muy prometedor para la inmunización contra enfermedades específicas de tejidos basadas en un proceso de raspado de la piel llamado escarificación que anteriormente se usaba para la viruela. Se ha demostrado que la escarificación genera eficazmente células de memoria residentes en los tejidos y puede usarse en el futuro para proteger a las personas de la leishmaniasis.

Volviendo ahora al cerebro, se ha establecido bien que, en condiciones saludables, las células inmunitarias residen en el sistema nervioso central. Estas incluyen microglías, células dendríticas y mastocitos, junto con células T y células B. Los astrocitos se derivan de las células madre neurales, pero también secretan y responden a mediadores inflamatorios, por lo que los astrocitos también se incluyen en este sistema. Cuando es activada por un patógeno [143] o por las hormonas del estrés, la microglía secreta tanto citocinas como quimiocinas proinflamatorias para reclutar a otras células inmunitarias en los sitios dañados, y citocinas antiinflamatorias y factores de crecimiento para estimular el nuevo crecimiento y la reparación dentro del sistema nervioso central. La microglía es capaz de orquestar una potente respuesta inflamatoria. También participan en la organización sináptica, en el apoyo neuronal trófico durante el desarrollo, en la fagocitosis de células muertas en el cerebro en desarrollo, en el recambio de mielina, en el control de la excitabilidad neuronal, en la eliminación de desechos fagocíticos, así como en la protección y reparación del cerebro. Te preguntarás: ¿hay algo que la microglía no haga?

Jonathan Kipnis, director del Centro de Inmunología Cerebral y Glía de la Universidad de Virginia, creó un gran avance científico en 2014 con su descubrimiento de los vasos linfáticos meníngeos [144]. Las meninges son membranas que envuelven el cerebro y la médula espinal. Los vasos linfáticos son tubos delgados, construidos como vasos sanguíneos que transportan la linfa (un líquido transparente que transporta los glóbulos blancos que combaten las infecciones) por todo el cuerpo. Los vasos linfáticos meníngeos conectan directamente el sistema nervioso central (SNC), incluido el cerebro, con el sistema linfático, y su descubrimiento anuló décadas de libros de texto que enseñaban que el cerebro es «privilegiadamente inmune» o, en otras palabras, que carece de una conexión directa con el sistema inmunológico, e impulsó al mundo científico a investigar seriamente cómo la compleja comunicación bidireccional entre el sistema inmunitario y el cerebro afecta a la salud y a la enfermedad. Múltiples nuevas líneas de evidencia respaldan la idea de que las células inmunitarias son realmente necesarias en el cerebro para una supervivencia neuronal óptima después de una lesión del SNC.

La exposición a la inflamación causada por una infección viral durante el embarazo[145] se ha relacionado con una mayor probabilidad de afecciones con desarrollo neuronal alterado, como el autismo y la esquizofrenia. Investigaciones recientes en el King's College de Londres nos han proporcionado ahora nuevas explicaciones de este fenómeno. Parece que durante una infección viral se producen citoquinas inflamatorias como parte de la respuesta inmune y son estas proteínas las que desencadenan síntomas como fiebre, dolor de cabeza, etc. La investigación se centró en el impacto que tiene el interferón gamma (de una de estas proteínas) en las células progenitoras neuronales, que son las células presentes en el cerebro en desarrollo que finalmente se convierten en células o neuronas del cerebro adulto. Los investigadores demostraron que la memoria celular del interferón gamma permanece intacta a medida que las células progenitoras neuronales maduran y se convierten en células cerebrales, lo que produce una serie de cambios moleculares y genéticos que se cree que contribuyen a los trastornos del desarrollo del cerebro, como el autismo o la esquizofrenia.

Deepak Srivastava, coautor principal de la investigación, afirmó: «Nuestro estudio ha identificado una posible forma en que esta memoria celular de un componente de una infección viral materna está incrustada a nivel molecular y genético en el cerebro en desarrollo». Este estudio nos dice que el sistema inmunológico hace mucho más que combatir infecciones. En realidad, afecta a cómo se desarrollan las neuronas.

En la última década existe abundante evidencia en la literatura médica de que un sistema inmunitario saludable apoya la función cerebral normal, mientras que uno alterado resulta en deterioro cognitivo. Además, sin las funciones homeostáticas normales de la microglía cerebral, es probable que se vea obstaculizada la capacidad de hacer frente a la patología. Un sistema inmunitario que falla y una enfermedad en curso que aumenta la demanda de células inmunitarias alimenta aún más la patología. Neurocientíficos de la Universidad de Virginia, en Charlottesville, han sugerido que una disminución en el número o un mal funcionamiento de las células T durante la gestación conduce a una desregulación de las sinapsis, de los circuitos neuronales y, en última instancia, contribuye al desarrollo del trastorno del espectro autista[146].

Robert H. Yolken y su equipo de la Facultad de Medicina de la Universidad Johns Hopkins se centraron en la investigación de los trastornos maníacos[147]. Observaron que, durante los episodios maníacos, muchos pacientes registran niveles elevados de citocinas, moléculas secretadas por las células inmunitarias. Recetó a treinta y tres pacientes con manía, que previamente habían sido diagnosticados con un episodio maníaco, un probiótico profilácticamente. Estos pacientes demostraron ser un 75 % menos propensos a desarrollar otro ataque maníaco en comparación con los pacientes que no tomaron el probiótico. El estudio es preliminar, pero sugiere que enfocarse en la función inmunológica puede mejorar los resultados de salud mental y que apoyar el microbioma (hablaremos del microbioma con más detalle en el próximo capítulo) podría ser una forma práctica y rentable de hacerlo.

En los Estados Unidos, al menos medio millón de mujeres sufren cada año de depresión posparto[148], y probablemente sea una estimación baja. Es sorprendente lo poco que sabemos sobre esta enfermedad tan grave. La investigación anterior se ha centrado principalmente en la posible etiología hormonal, aunque se han realizado algunos trabajos anteriores sobre el sistema inmunitario. En esos estudios, los científicos observaron signos de inflamación en la sangre y encontraron resultados mixtos. Un estudio en la Universidad Estatal de Ohio adoptó un enfoque diferente. Estresaron a las ratas durante el embarazo. Los animales estresados exhibieron comportamientos similares a los exhibidos por las madres que sufren de depresión posparto; es decir, disminución de la atención a sus cachorros, depresión y ansiedad. A diferencia de los animales de comparación sin estrés, las ratas estresadas tenían niveles más altos de marcadores inflamatorios en el tejido cerebral. Además, los investigadores encontraron evidencia de que el estrés conduce a cambios en el funcionamiento de la microglía.

De manera muy significativa, los investigadores no pudieron observar evidencia de aumento de la inflamación en la sangre, pero detectaron signos de inflamación en la corteza prefrontal medial, una región del cerebro relacionada con el estado de ánimo previamente implicada en la depresión posparto. La coautora del estudio, Kathryn Lenz, dijo que los resultados podrían mejorar al tratar la inflamación cerebral y la reacción del sistema inmunitario a la inflamación, además del énfasis actual en la medicación, la dieta y la reducción del estrés.

¿Qué papel juega el sistema inmunológico en la forma en que respondemos al estrés? Sabemos que el estrés aumenta la producción de cortisona a través del eje HPA. El aumento de los niveles de cortisona inhibe el sistema inmunológico. Por eso, cuando las personas están estresadas o se sienten ansiosas o deprimidas, es más probable que sufran un resfriado o gripe o que tengan mayores índices de infecciones. Por otro lado, cuando las glándulas suprarrenales se agotan y ya no pueden producir cantidades adecuadas de cortisona, el sistema inmunitario se acelera y puede volverse contra el propio cuerpo. Idealmente, lo que se desea es una condición «Ricitos de oro» (*Goldilocks*),* ni demasiada ni muy poca cortisona, la cantidad justa. Los biólogos se refieren a un sistema que está en equilibrio como en un estado de homeostasis.

---

* *Ricitos de oro y los tres osos* es un cuento de hadas del siglo XIX. Una niña llamada Ricitos de Oro sale a caminar por el bosque y llega a una casa donde entra y encuentra, para su deleite, tres tazones de avena. El primero que prueba está demasiado caliente, el siguiente demasiado frío, pero el tercero está perfecto, así que se lo come entero. En Wikipedia. Obtenido de https://en.wikipedia.org/w/index.php?title=Goldilocks_and_the_Three_Bears&oldid=786195942).

Las buenas noticias

¿Cómo contrarrestamos los efectos del estrés en nuestra existencia a nivel molecular? ¿Cuáles son las cosas concretas que podemos hacer para promover activamente una expresión génica más favorable, en particular en el sistema inmunológico? Una respuesta es a través de prácticas de mente y cuerpo como la meditación[149], que, según Steven Cole (a quien nos hemos referido antes), ha demostrado que cultiva células inmunitarias positivas y felices. La investigación ha relacionado la meditación con una mayor producción de anticuerpos[150], una actividad inflamatoria negativa reducida[151], una respuesta antiviral positiva[152] aumentada y una función mejorada de cepas específicas de células inmunitarias[153].

En los últimos años, ha surgido un nuevo campo de estudio conocido como «genómica mente-cuerpo». A través de una serie de estudios, la premio nobel Elizabeth Blackburn, bioquímica de la Universidad de California en San Francisco, y su colega, la psiquiatra Elissa Epel, descubrieron que la meditación podría afectar los extremos del ADN conocidos como telómeros[154], que actúan como tapas protectoras para genes. Una vez que el ADN de una célula pierde su telómero, ya no puede dividirse y muere. La muerte celular masiva provoca el envejecimiento. Los telómeros, como las células inmunitarias, responden a las emociones. Las emociones negativas acortan los telómeros, mientras que los sentimientos felices ayudan a mantener su estructura.

Hace más de un siglo, los científicos demostraron que el sueño favorece la retención de recuerdos de hechos y eventos. Estudios recientes han demostrado que el sueño de ondas lentas, a menudo denominado «sueño profundo», es importante para transformar recuerdos frescos y frágiles en recuerdos estables a largo plazo. Ahora, los investigadores proponen que el sueño profundo también puede fortalecer los recuerdos inmunológicos[155] de los patógenos encontrados anteriormente.

Por lo tanto, dormir profundamente contribuye de manera muy significativa a una buena salud en general.

El zinc juega un papel importante en la inmunidad[156]. Los niveles bajos o deficientes de zinc afectan profundamente a la cantidad de células inmunitarias que están disponibles para combatir a un invasor. Después de examinar trece estudios aleatorios controlados con placebo entre el zinc y el resfriado común, los investigadores descubrieron que tomar zinc dentro de las veinticuatro horas posteriores a los primeros signos de un resfriado podría acortar su duración y hacer que los síntomas sean menos graves.

El ajo[157] ha sido utilizado por muchas culturas diferentes para combatir enfermedades infecciosas, ya que tiene propiedades antimicrobianas, antifúngicas y antivirales. Los estudios modernos han demostrado que incorporar ajo en la dieta puede activar los genes de inmunidad y reducir la gravedad y la incidencia de un resfriado.

Resumen

Las células B de memoria, las células T de memoria y las células T de memoria folicular del sistema inmunológico juegan un papel crucial en la protección de nuestros cuerpos de invasores potencialmente dañinos. Las células inmunitarias residentes en el cerebro, en particular la microglía, desempeñan un papel clave en la protección del funcionamiento saludable del sistema nervioso central. Además, los ganglios linfáticos tienen una memoria específica de ubicación que se supone codificada en su estroma; es decir, en su membrana celular. Estas células del sistema inmunitario se convierten en una «población de memoria» de larga duración[158] que protegerá al cuerpo contra futuras infecciones. Toda la evidencia apunta a la existencia de un circuito de retroalimentación complejo entre el sistema inmunológico y el cerebro.

Todo esto es ciencia académica directa, totalmente indiscutible y universalmente aceptada. Sin embargo, los neurocientíficos de la vieja escuela aún se aferran a la creencia de que solo las neuronas corticales (cerebrales) y sus sinapsis almacenan recuerdos. La manera en que opera el sistema inmunológico contradice esa opinión. Además de las neuronas, los cuatro tipos de células inmunitarias a las que se hace referencia aquí también son capaces de almacenar y compartir información/memoria entre sí.

El sistema inmunológico, con su sobreabundancia de células de memoria y ganglios linfáticos de memoria geográfica, es un microcosmos del cerebro encarnado: invisible, silencioso, pero que afecta constantemente a la mente encarnada mientras provoca un cortocircuito en la conciencia. Al igual que las neuronas de las que hablamos en el capítulo anterior, las células inmunitarias son capaces de almacenar y compartir información/memoria entre sí y con el resto del cerebro encarnado. Es como una cena con un grupo de personas. Todo lo que dice una persona es escuchado por todos los presentes, que reaccionan.

Las células de memoria del sistema inmunitario recopilan un tesoro de información sobre los depredadores que encuentran a lo largo de su vida. ¿No tiene sentido al menos considerar la posibilidad de que células tan inteligentes como estas células inmunitarias no puedan, como las neuronas, contener también fragmentos de recuerdos de vida? Espero que el próximo capítulo sobre la célula arroje más luz sobre esta cuestión.

CONCLUSIONES CLAVE

◆ Al primer indicio de organismos invasores, el sistema inmunitario lanza un ataque orquestado, generalmente destruyéndolos y eliminándolos.

◆ Nuestro sistema inmunológico memorizará el patógeno después de una infección; y, después de una reinfección, reconocerá y destruirá al mismo patógeno.

◆ Un total de tres células diferentes en el sistema inmunológico conservan la memoria. Son las células B de memoria, las células T de memoria y las células T de memoria folicular.

◆ Las células inmunes responden a las emociones.

◆ El sueño profundo mejora la formación de la memoria en el cerebro y en las células de memoria del sistema inmunitario.

◆ Un sistema inmunitario bien regulado es necesario para el funcionamiento normal del cerebro.

4

MISTERIOS DE LA CÉLULA HUMANA

Introducción

Un cuerpo humano adulto contiene alrededor de 50 a 100 billones de células. (¡Eso son 100.000.000.000.000.000!). Estas células están constantemente en un estado de flujo: algunas se crean mientras que otras se destruyen. ¡Alrededor de 300 millones de células mueren cada minuto en nuestro cuerpo! La única célula visible para nosotros sin el uso de un microscopio es el óvulo. A pesar de su minúsculo tamaño, estas diminutas máquinas biológicas son sorprendentemente inteligentes.

En general, no pensamos en las células somáticas como inteligentes o que almacenen datos que no sean los relevantes para su función. Sin embargo, cuando estas células forman redes, como lo hacen en nuestros cuerpos, emerge su inteligencia colectiva. Esas capacidades están codificadas genéticamente en cada célula viva. En ese sentido, nuestras células son comparables a ordenadores programados con un software denominado «inteligencia artificial». Y del mismo modo en que los ordenadores equipados con IA cambian y aprenden del *feedback*, también lo hacen nuestras células.

Algunos biólogos han comenzado a aplicar los conceptos de ingeniería eléctrica a las células vivas, programándolas literalmente para el almacenamiento y el cálculo de datos. Los hallazgos de estos estudios verdaderamente revolucionarios están contribuyendo a nuestra comprensión de cómo las células biológicas archivan información, funcionan en ensamblajes similares a las redes neuronales y cómo se conectan a estas últimas.

El universo celular

Hay más de doscientos tipos diferentes de células en nuestro cuerpo, que muestran una variedad de tamaños, desde pequeños glóbulos rojos que miden 0,00076 mm hasta células hepáticas que pueden ser diez veces más grandes. Diferentes células sirven para diferentes propósitos. Unas diez mil células humanas de tamaño medio pueden caber en la cabeza de un alfiler. En las células de los mamíferos, se deben empaquetar aproximadamente dos micras de ADN lineal en un núcleo de aproximadamente diez μm de diámetro (diez μm = el ancho de la fibra de algodón).

En realidad, hay dos tipos de ADN: el llamado ADN nuclear, que heredamos de ambos padres, y el ADN mitocondrial (una pequeña cantidad de ADN que llevamos en las mitocondrias; ver más adelante), que heredamos solo de nuestras madres. La razón de ello es que, durante la fecundación, el esperma del padre destruye su propio ADN mitocondrial. Los mismos procesos fisiológicos llevado a cabo en nuestro cuerpo por órganos como los pulmones, el corazón, los riñones, etc., son realizados en nuestras células por treinta y siete diminutos sistemas de órganos llamados orgánulos.

Dos de los orgánulos más importantes son la mitocondria y el citoesqueleto. Las mitocondrias regulan la supervivencia celular y el metabolismo. A menudo se les llama el «centro neurálgico» de la célula porque absorben oxígeno y nutrientes, los descomponen y crean moléculas ricas en energía para la célula. Esto es esencial para que las células y los tejidos funcionen correctamente; los defectos en las funciones y el número de mitocondrias están relacionados con el envejecimiento y las enfermedades crónicas como el cáncer, la obesidad, la diabetes tipo II y los trastornos neurológicos. Además de suministrar energía celular, las mitocondrias controlan la diferenciación celular, el ciclo celular y el crecimiento celular. Últimamente, se reconoce cada vez más que las mitocondrias desempeñan un papel importante en el proceso de envejecimiento. Investigadores de la Universidad de Boston han identificado una proteína, el supresor de la ruta de la proteína G 2 (GPS2)[159], que se mueve desde la mitocondria de una célula hasta su núcleo en respuesta al estrés y durante la diferenciación de las células grasas. Este hallazgo demuestra que existe comunicación desde al menos un orgánulo hacia el núcleo, y no, como se creía en el pasado, solo desde el núcleo hacia el resto de la célula. Así, hay mucha comunicación dentro de la célula y, como veremos en breve, también entre células.

El citoesqueleto consiste en un andamiaje celular o esqueleto dentro del citoplasma de una célula. Está formado por microtúbulos, ensamblados a partir de la proteína tubulina en redes en forma de tubo. Algunos estudios apoyan la opinión de que son los microtúbulos dentro del citoesqueleto los que almacenan los recuerdos. Nancy Woolf de la Universidad de California, Los Ángeles[160], concluyó en el libro *The Emerging Physics of Consciousness* que existen vínculos entre los microtúbulos, la memoria y la conciencia. Esto será revisado en el último capítulo.

El citoesqueleto es uno de los mejores candidatos para los mecanismos subyacentes al procesamiento de la información a nivel unicelular. El citoesqueleto tiene todas las propiedades necesarias: es un orgánulo grande y complejo que se modifica fácilmente por una variedad de vías moleculares (datos de escritura), es interpretado por numerosas proteínas motoras y otra maquinaria (datos de lectura) e implementa un conjunto rico de estados de transición discretos que podrían implementar operaciones computacionales.

Otros orgánulos son los lisosomas —que son centros críticos de eliminación y reciclaje de desechos—, el flagelo, un apéndice con forma de látigo que sobresale del cuerpo celular (todos los espermatozoides de mamíferos se impulsan a sí mismos usando su flagelo), y muchos otros. Prácticamente todos los genes de la célula están contenidos dentro del orgánulo más grande de la célula, el núcleo.

Además de los orgánulos, las células contienen proteínas. Las proteínas, que son productos de los genes, son los caballos de batalla de las células. Cuando la célula recibe una señal, como crecer, dividirse o cambiar de forma, se fabrican nuevas proteínas o se mueven las viejas dentro de la célula para realizar esta tarea. El Centro Donnelly de la Universidad de Toronto ha construido mapas de unas tres mil proteínas en células de levadura[161]. Las células humanas realizan tareas similares a las células de levadura, excepto que tienen cuatro veces más proteínas que las células de levadura. Eso significa que una célula humana contiene doce mil proteínas que equivalen a cuarenta y dos millones de moléculas de proteína[162] en un espacio tan pequeño que es invisible a simple vista.

¿Cómo es posible que tantas «cosas» estén dentro de algo no más grande que un grano de arena? La siguiente analogía puede resultar útil a este respecto. Para un observador desde muy lejos en el universo, nuestro planeta aparecería como una pequeña mota de polvo en una galaxia rodeada por otras galaxias que se extienden hasta el infinito. Ese astrónomo no podría concebir los millones de plantas, animales y formas de vida inteligentes que existen en un espacio tan minúsculo. Sin embargo, de la evidencia presentada aquí se desprende que hay al menos tanto espacio, diversidad de elementos y capacidad para el almacenamiento de memoria dentro de una célula biológica como en nuestro mundo. Lo que uno ve depende en gran medida del punto de vista y de la agudeza de la visión.

Y ahora, llevemos esta idea del punto de vista un poco más lejos. Consideremos por un momento el átomo. Un átomo es la unidad constituyente más pequeña de la materia ordinaria que tiene las propiedades de un elemento químico. Los átomos miden alrededor de cien picómetros[163], lo que equivale a la diez mil millonésima parte de un metro. Dentro del átomo están los viejos recursos: protones, neutrones y electrones, y la nueva generación de partículas subatómicas con nombres extraños como muon —un primo gordo y efímero del electrón—, quarks, gluones y los recién llegados llamados piones, kaons, taus, lambdas, sigmas y xis. Hay partículas de materia y partículas de fuerza[164] con masas que van desde cero (fotones y gluones) y casi cero (neutrinos) hasta el quark top, que es tan pesado como un átomo entero de tungsteno, un elemento cuyo nombre, en sueco, significa piedra pesada. En comparación con los átomos, las células biológicas son enormes.

El lenguaje de las células

Durante mucho tiempo, los científicos se han preguntado cómo las células perciben la luz, el calor, propagan las señales nerviosas o reaccionan a los cambios en el medioambiente. Físicos de la Universidad Estatal de Oregón y de la Universidad Purdue han demostrado que, cuando las células se encuentran, generalmente se forma un pequeño canal entre ellas llamado unión gap.

A nivel individual, una célula en respuesta al trifosfato de adenosina* comienza a oscilar, fruto de la llamada a la acción. Con las comunicaciones mediadas por uniones gap, la mayoría de las células finalmente deciden cuál es la entrada sensorial correcta, y la señal que se transmite es bastante precisa. «La cuestión es que las células individuales no siempre reciben el

---

* Es un nucleótido, que es una molécula pequeña empleada en las células como coenzima. A menudo se le conoce como la unidad monetaria molecular de la transferencia de energía intracelular. Knowles, JR (1980): «Enzyme-catalysed phosphoryl transfer reactions». *Annual Review of Biochemistry*, 49(1): 877–919.

mensaje correcto, su proceso sensorial puede ser ruidoso, confuso y cometen errores», dijo Bo Sun, profesor asistente de Física en la Universidad Estatal de Oregón. «Pero hay fuerza en los números, y la capacidad sensorial colectiva de muchas células que trabajan juntas suele dar la respuesta correcta. Esta comunicación colectiva es esencial para la vida»[165].

Hay muchas ocasiones en las que nuestras células necesitan moverse[166]. Las células inmunes buscan intrusos no deseados. Y las células curativas (fibroblastos) migran para curar heridas. Por supuesto, no todos los movimientos son deseables: cuando las células cancerosas hacen metástasis, surgen problemas. Al moverse, la célula convierte la energía química en fuerza mecánica. Esta fuerza ahora se puede medir.

En un estudio del Sanford Burnham Prebys Medical Discovery Institute y del equipo de biosensores de la Universidad de Carolina del Norte en Chapel Hill, los científicos utilizaron el microscopio crioelectrónico, la inteligencia artificial y enfoques computacionales y de imágenes celulares hechos a medida para comparar imágenes a nanoescala de fibroblastos de ratones con imágenes de luz con marca de tiempo de Rac1 fluorescente, una proteína que regula el movimiento celular, la respuesta a la fuerza o la tensión y la invasión de patógenos. Este flujo de trabajo técnicamente complejo, que unió cinco órdenes de magnitud en escala (de decenas de micras a nanómetros), tardó años en desarrollarse hasta su nivel actual de solidez y precisión. Los investigadores concluyeron que, cuando las células no están viajando, no solo trabajan codo a codo con sus vecinas sin «hablarse» con ellas. Más bien, forman contactos entre sí[167]: conexiones de diferente tamaño, fuerza y duración.

Uno de los medios por los cuales las células se comunican entre sí es mediante el tráfico de vesículas, «vainas de transporte» que brotan de un compartimento celular y se fusionan con otro. Estas vesículas mueven moléculas entre diferentes compartimentos dentro de una célula y entre células. Llevan material al aparato de Golgi y al retículo endoplásmico.*

La comunicación de célula a célula también se ve facilitada por la formación de poros, denominados «uniones comunicantes», entre células unidas físicamente, así como por la secreción de moléculas de señalización. Estas consisten en gran parte en ARN extracelular (exARN). Se pensaba que las moléculas de ARN solo existían dentro de las células, pero ahora se ha descubierto que también están fuera de ellas y participan en un sistema de comunicación de célula a célula que envía mensajes por todo el cuerpo.

Recientemente, además de estas moléculas de señalización, se descubrió un mecanismo novedoso: los nanotubos de membrana o nanotubos de túnel[168] (TNT). Los TNT son filamentos translúcidos largos y delgados de unos 50 nanómetros de ancho y de 150 a 200 micrones de largo, que se extienden entre las células. Actúan como conductos para compartir miARN, ARN mensajero, proteínas, virus e incluso orgánulos completos, como lisosomas y mitocondrias.

Las células adultas sanas no suelen producir TNT, a menos que estén estresadas o enfermas. Las células con problemas envían señales químicas de SOS a las células sanas vecinas. En respuesta, las células sanas extienden los TNT a través de los cuales transfieren sustancias curativas, proteínas y miARN a su vecina enferma (figura 2.4). ¿Quién hubiera pensado en las células humanas como buenas samaritanas? Sin embargo, este es el caso y es una evidencia más clara de la inteligencia de las células.

Hace unos diez años, los científicos comenzaron a descubrir un nuevo sistema de comunicación[169] entre células mediado por ARN extracelular (exARN). Investigadores del Baylor College of Medicine

---

* Es una región de la célula donde se elaboran y modifican las proteínas en preparación para el transporte a la superficie celular. Dodonova, S. O., Diestelkoetter-Bachert, P., Beck, R., Beck, M., *et al. (2015):* «A structure of the COPI coat and the role of coat proteins in membrane vesicle assembly». *Science;* 349 (6244): 195.

detectaron seis tipos principales de carga de exARN en fluidos corporales, incluidos suero, plasma, líquido cefalorraquídeo, saliva y orina. El sistema parece funcionar tanto en estados normales como enfermos.

Siguiendo con el tema de la comunicación de célula a célula, los investigadores del Instituto Riken de Tokio han analizado sistemáticamente la relación entre los ligandos, sustancias como la insulina y el interferón que transportan mensajes entre las células, y los receptores, las proteínas de la superficie celular que reciben estos mensajes. Así, lograron dilucidar y cuantificar el repertorio de rutas de señalización entre diferentes tipos de células. Basándose en el análisis, los autores obtuvieron nuevos conocimientos sobre cómo se comunican las células[170]. Según Jordan Ramilowski, el primer autor del estudio, «una conclusión intrigante es que las señales entre células del mismo tipo son sorprendentemente comunes».

Las células de nuestro cuerpo pueden dividirse hasta una vez cada veinticuatro horas, creando nuevas copias idénticas de sí mismas. Las proteínas de unión al ADN llamadas factores de transcripción (grupos etilo y metilo que llamamos simplemente «interruptores» en el capítulo 1) son necesarias para mantener la identidad celular. Se aseguran de que las células hijas tengan la misma función que su célula madre, de modo que, por ejemplo, las células hepáticas puedan producir enzimas hepáticas o las células tiroideas puedan producir hormona tiroidea. Cada tipo de célula se puede distinguir en función de su epigenoma. Durante cada división celular, los factores de transcripción se eliminan del ADN y deben regresar al lugar correcto en la célula recién nacida. Jussi Taipale, profesor del Instituto Karolinska y de la Universidad de Helsinki, y su equipo de investigación han descubierto un posible mecanismo por el cual los factores de transcripción encuentran sus lugares correctos[171]. Parece que un gran complejo de proteínas llamado cohesina rodea la cadena de ADN como un anillo rodea un dedo, lo que ayuda a los factores de transcripción a encontrar su región de unión original en ambas cadenas de ADN.

«Ahora hemos encontrado un posible mecanismo de cómo funciona esta memoria celular y cómo ayuda a la célula a recordar el orden que existía antes de que la célula se dividiera», explicó Jussi Taipale. Son sus palabras, no las mías.

Utilizando un ensayo de frecuencia de adhesión de micropipeta, los científicos de Georgia Tech y de la Universidad Emory han observado que las interacciones moleculares en las superficies celulares pueden tener una memoria que afecta a sus futuras interacciones. Hasta ahora, los investigadores que utilizaban pruebas repetidas de manera secuencial para obtener muestras estadísticas de propiedades moleculares generalmente asumían que cada prueba es idéntica e independiente de cualquier otra prueba en la secuencia. Cheng Zhu, el investigador principal, reveló ejemplos en los que una interacción observada en una prueba afectó al resultado de la siguiente prueba. Según el sistema biológico, el efecto podría aumentar o disminuir la probabilidad de una interacción futura.

Con el apoyo de los Institutos Nacionales de Salud, la investigación demuestra que ciertas células pueden recordar sus encuentros anteriores[172] a través de interacciones específicas entre el receptor y el ligando. Zhu dijo: «Esto puede representar una forma para que las células regulen su adhesión y señalización. Para las células T, la capacidad de "recordar" incluso una breve interacción con un patógeno puede estar relacionada con su capacidad para distinguir a un intruso de las moléculas "propias", lo cual es crucial para la defensa del cuerpo en el sistema inmunológico».

Amit Pathak, profesor asistente de Ingeniería Mecánica y Ciencia de los Materiales en la Universidad de Washington en San Luis, creó un dispositivo que puede medir cuánto dura la memoria de una célula[173] cuando se transfiere de un entorno a otro. Descubrió que las células recuerdan las propiedades que tenían en su primer entorno durante varios días después de pasar a otro en un proceso llamado memoria mecánica.

El descubrimiento de Ramesh Shivdasani, del Instituto de Células Madre de Harvard, se remonta aún más atrás en el tiempo. Descubrió que los tejidos adultos conservan un recuerdo, inscrito en su ADN, de las células embrionarias de las que surgieron. El estudio condujo a un hallazgo aún más intrigante: que la memoria es totalmente recuperable[174]. Las células pueden reproducir la historia de su desarrollo al revés para activar genes que estaban activos en el estado fetal. En palabras de Shivdasani: «Más allá de la mera existencia de este archivo, nos sorprendió descubrir que no permanece cerrado permanentemente, sino que se puede acceder a él mediante células bajo ciertas condiciones. Las implicaciones de este descubrimiento sobre cómo pensamos sobre las capacidades de las células y para el tratamiento futuro de enfermedades degenerativas y de otro tipo son potencialmente profundas». En otras palabras, cuando las células crecen, recuerdan su infancia. Esto representa una aplicación futura muy práctica de mi propuesta de memoria celular.

Las células madre son células indiferenciadas que pueden convertirse en células específicas, a medida que el cuerpo las necesita. Las células madre se originan a partir de dos fuentes principales: tejidos corporales adultos y embriones. La mayoría de los tejidos tienen pequeños reservorios de células madre que pueden reponer las células a medida que envejecen o mueren. A diferencia de otras células del cuerpo, las células madre pueden convertirse en casi cualquier célula que se requiera. Por lo tanto, ayudan a que nuestros tejidos se recuperen de las lesiones.

Tradicionalmente, las células madre se han considerado pizarras en blanco del desarrollo. Un trabajo reciente sugiere, en cambio, que pueden almacenar recuerdos de heridas o inflamaciones pasadas para promover una curación más efectiva en situaciones similares en el futuro. Nuevos estudios en la piel[175], el intestino y las vías respiratorias sugieren que las células madre, a menudo en asociación con el sistema inmunitario, pueden usar estos recuerdos para mejorar las respuestas de los tejidos a lesiones y ataques patógenos posteriores. Por ejemplo, se descubrió que la piel inflamada de los ratones[176] a los que se les permitió sanar se curaba 2,5 veces más rápido la siguiente vez en el mismo lugar.

Shruti Naik[177], inmunóloga de la Universidad de Nueva York que ha estudiado este efecto de memoria en la piel y en otros tejidos, ha comentado la excelente capacidad de las células madre para detectar su entorno y responder a él. Las células madre también parecen comunicarse con el sistema inmunitario para trabajar en equipo. Y, lo más importante, estas células madre transfieren sus recuerdos a futuras generaciones de células.

Yo pensaba que esto era lo más atrás que podemos rastrear la historia de las células en nuestra vida. Pero un nuevo estudio de la Universidad Rockefeller ha demostrado que estoy equivocado. Lo hace llevándonos de vuelta al momento en que todos comenzamos como un grupo de células idénticas. A medida que estas células se dividen y multiplican, se diferencian gradualmente y se convierten en precursores de células musculares, células óseas, neuronas, etc. Previamente, se demostró que una red de proteínas señalizadoras, incluida una llamada WNT, activa las células madre embrionarias humanas para formar el racimo inicial. Luego, otra proteína señalizadora llamada activina les dice a las células que se especialicen para formar las dos capas germinales internas.

En experimentos que aplicaron solo la señal de la activina, el grupo de células embrionarias siguió dividiéndose, produciendo más células madre en lugar de diferenciarse. Los científicos repitieron los experimentos en células que habían estado expuestas previamente a proteínas de señalización WNT. Las células se comportaron de la manera habitual, especializándose y formando las dos capas germinales internas. Esto sugiere que las células recordaron de alguna manera la señal de la proteína WNT[178], y este recuerdo cambió la manera en que respondieron a la activina. El siguiente paso es comprender cómo las células almacenan la memoria de la señal de la WNT.

Como ya hemos visto al estudiar el sistema inmunológico, cada vez está más claro que las redes neuronales no tienen el monopolio[179] de funciones tales como «resta, suma, control de ganancia, saturación, amplificación, multiplicación y umbralización». Las células somáticas individuales pueden realizar las mismas funciones o funciones muy similares. Además, se han observado computación, toma de decisiones y memoria de tipo neuronal en una amplia gama de sistemas mucho más allá del SNC tradicional, incluidos el esperma[180], las amebas[181], la levadura[182], las plantas[183], los huesos[184] y el corazón[185], temas en los que ahondaremos en los siguientes capítulos.

Todos los principales mecanismos por los que funcionan los nervios —canales iónicos, neurotransmisores y señalización eléctrica— existen en las células somáticas. El emocionante trabajo sobre la bioelectricidad en las células somáticas[186] ha llevado a Michael (Mike) Levin, profesor de Biología en la Universidad Tufts, a sugerir que la memoria podría estar distribuida por todo el cuerpo[187] con células somáticas comunicándose bioeléctricamente entre sí a través de uniones gap (sinapsis) formando así una red similar a las redes neuronales capaces de codificar información y dirigir la actividad celular.

Yendo un paso más allá, durante mucho tiempo se creyó que el cerebro gobierna todos los aspectos del sueño. Sin embargo, un nuevo estudio realizado por Joseph S. Takahashi, presidente de neurociencia del Centro Médico Southwestern de la Universidad de Texas, demuestra que esta suposición es incorrecta. Su investigación se centró en una proteína del reloj circadiano que se encuentra en los músculos de los ratones: la BMAL1. Se descubrió que los ratones con niveles más altos de BMAL1 en sus músculos se recuperaban de la privación del sueño más rápidamente que un grupo de control de ratones. Igualmente revelador, la eliminación de la BMAL1 del tejido muscular interrumpía gravemente el sueño normal, lo que reducía la capacidad de recuperación. «Este hallazgo es completamente inesperado y cambia la manera en que pensamos que se controla el sueño»[188], dijo Takahashi. Al demostrar que los factores en los músculos pueden llegar al cerebro y, por lo tanto, influir en el sueño, esta investigación aporta una prueba más sólida de la interacción de las células del cuerpo y del cerebro. En otras palabras, el cerebro no es el único jugador en la partida.

El ADN, nuestro iCloud personal

La investigación genética muestra que las reacciones químicas en el caldo primigenio crearon moléculas de ARN cada vez más complejas a partir de las cuales evolucionaron los virus. Los virus no solo fueron los probables precursores de las primeras células, sino también un factor importante en la evolución[189]. Mientras miramos por el espejo retrovisor los primeros comienzos de la humanidad, podemos aplicar esta misma técnica a asuntos más cercanos a nuestras propias vidas. Ahora mismo estoy pensando en el aumento de las pruebas de ADN realizadas directamente al consumidor.

Considera esta historia que apareció sobre AncestryDNA, una empresa comercial que analiza tu ADN por el pago de una tarifa. Un día, un hombre llamado Barry asistió a una sesión en AncestryDNA y descubrió que su ADN coincidía con el de una mujer joven. Estaba anonadado por la noticia de que tenía una hija. Finalmente, organizó una cena de Acción de Gracias con ella y la conoció. Además de estar muy felices por su reencuentro, se enteraron de una sorpresa más: ambos resultaron ser genealogistas.

El ADN es una puerta de entrada a la larga línea de antepasados que hicieron posible nuestra existencia hoy. Creo con todo mi corazón que, cuanto más sepamos sobre nosotros mismos y cuanto más entendamos los muchos elementos que han afectado a nuestras vidas, mejor podremos vivir una existencia con motivos, alegría y cariño. Aunque puede haber sorpresas en el camino, la mayoría de las personas encontrarán el viaje gratificante.

El ADN, como ya hemos visto, reside en el núcleo celular. Durante mucho tiempo, el núcleo de la célula, que está encerrado en una membrana, se consideró el centro de mando de la célula y se consideró el equivalente celular del cerebro. Sin embargo, esta hipótesis ahora está siendo cuestionada por varios científicos que creen que es la membrana celular de toda la célula la que representa el cerebro de la célula, y no el núcleo.

Según el biólogo celular Bruce Lipton, uno de los principales miembros de esta valiente nueva generación de científicos, la membrana celular contiene proteínas receptoras y efectoras[190]. Los receptores funcionan como nanoantenas moleculares («nano» se refiere a elementos muy pequeños) que monitorizan los estados internos y externos. Los receptores de la membrana funcionan como nervios sensoriales y las proteínas efectoras como nervios motores generadores de acción. Por lo tanto, es bastante razonable comparar, como han hecho Lipton y otros, la membrana de la célula con sus puertas y canales con un transistor de procesamiento de información y un chip o microchip orgánico de ordenador[191]. Por lo tanto, la membrana de todas las células puede ser otro lugar donde se almacenen recuerdos y datos.

En los últimos treinta años, el nanomicroscopio[192] (microscopio de fuerza atómica o AFM) ha revelado cómo las proteínas extraen energía del medioambiente y realizan las tareas necesarias para mantener el funcionamiento de un organismo. Con la ayuda de estos y otros microscopios más avanzados es como nació la ciencia de la nanotecnología. La nanotecnología explora el mundo a nanoescala de las moléculas individuales. Los nanotecnólogos trabajan en la producción de dispositivos bioinorgánicos híbridos que imitan procesos biológicos destinados a ser utilizados en nuevos ordenadores y dispositivos electrónicos, particularmente microchips.

Un microchip, como la mayoría de la gente sabe, es un conjunto de circuitos electrónicos en una pequeña placa («chip») de material semiconductor, normalmente silicio. Los circuitos integrados se utilizan en prácticamente todos los equipos electrónicos de hoy en día y han revolucionado el mundo de la electrónica. Los ordenadores, los teléfonos móviles y otros electrodomésticos digitales ahora son partes inseparables de la estructura de las sociedades modernas, lo que es posible gracias al bajo coste de producir circuitos integrados. Los microchips pueden contener varios miles de millones de transistores y otros componentes electrónicos en un área del tamaño de una uña. El ancho de cada línea conductora en un circuito se hace cada vez más pequeño a medida que avanza la tecnología.

En 1997, un consorcio de investigación australiano encabezado por B. A. Cornell de la Universidad Nacional de Australia, en Canberra, publicó un artículo en *Nature* que mostraba que la membrana celular no solo parece un chip de ordenador, sino que en realidad actúa como tal. Cornell y sus asociados convirtieron con éxito una membrana celular biológica en un chip de ordenador de lectura digital[193].

Otro estudio australiano, esta vez del Grupo de Investigación de Microsistemas y Materiales Funcionales, de Melbourne, logró construir la primera célula de memoria electrónica a largo plazo del mundo utilizando un material de óxido funcional en forma de una película ultrafina: diez mil veces más delgada que un cabello humano. Se cita al líder del proyecto, Sharath Sriram, diciendo: «La capacidad de crear células de memoria analógicas altamente densas y ultrarrápidas allana el camino para imitar redes neuronales biológicas altamente sofisticadas»[194]. En otras palabras, las redes neuronales biológicas son aún más pequeñas y rápidas que cualquier dispositivo que los mejores científicos del mundo puedan construir hoy en día.

En 2010, científicos taiwaneses dieron a conocer un nuevo microchip de ordenador, que en ese momento era el dispositivo más pequeño de su tipo jamás fabricado, que medía solo nueve nanómetros de ancho (un nanómetro equivale a solo una milmillonésima parte de un metro). El director del laboratorio, Yang Fu-Liang, dijo que, al utilizar esa tecnología, un chip de un centímetro cuadrado podría almacenar un millón de imágenes o cien horas de películas en 3D[195].

En 2015, un equipo de la Universidad de Michigan construyó no solo un microchip muy pequeño, sino también el ordenador funcional más pequeño del mundo, de menos de un milímetro cúbico. Casi 150 de estos ordenadores caben dentro de un solo dedal. Llamado Michigan Micro Mote[196], o M3, este nanoordenador presenta procesamiento, almacenamiento de datos y comunicación inalámbrica. Los chips están diseñados para funcionar con otros chips, denominados colectivamente «polvo inteligente»[197].

Hacia finales de 2020, ingenieros de la Universidad de Texas crearon el dispositivo de memoria más pequeño hasta el momento[198]. Redujeron la sección transversal del área de un microchip a solo un nanómetro cuadrado. El santo grial científico para escalar está cayendo hasta un nivel donde un solo átomo ahora controla la función de memoria. Al crear chips cada vez más pequeños, los ingenieros pretenden disminuir las demandas de energía de estos chips y aumentar su capacidad, lo que significa dispositivos más rápidos e inteligentes que requieren menos energía para funcionar.

¿Por qué es esto relevante? Porque estos descubrimientos muestran la increíble cantidad de información que se puede empaquetar en un espacio diminuto y, por analogía, permite que el mismo proceso opere en las células vivas.

En el Instituto Tecnológico de Massachusetts (MIT), Timothy Lu, miembro del Grupo de Biología Sintética, y otros están diseñando circuitos en células bacterianas[199], literalmente programándolas para el almacenamiento y el cálculo de datos. Y, dado que cada posición del ADN puede codificar cuatro piezas diferentes de información —citosina (C), guanina (G), adenina (A) y timina (T)— en lugar de solo dos, como ocurre con los sistemas de silicio binarios clásicos, el ADN podría algún día, en principio, almacenar más datos en menos espacio. Las mismas propiedades que hacen del ADN un excelente código genético para los organismos vivos también lo convierten en un sustrato deseable para el almacenamiento de datos en los ordenadores.

En 2013 Nick Goldman y su grupo del Instituto Europeo de Bioinformática ya lograron codificar todos los sonetos de Shakespeare en ADN[200]. Como si eso no fuera suficiente, en 2017, investigadores de la Escuela de Medicina de Harvard galvanizaron el mundo científico al codificar en los genomas de bacterias vivas cinco fotogramas de una clásica secuencia de fotos de caballos de carreras en movimiento de la década de 1870, un precursor temprano de las películas (figura 3.4). «Este trabajo demuestra que ese sistema puede capturar y almacenar de manera estable cantidades prácticas de datos reales dentro de los genomas de poblaciones de células vivas»[201], escribió el autor principal del estudio, Seth L. Shipman.

George Church, genetista de la Universidad de Harvard[202] y uno de los autores del nuevo estudio, codificó recientemente su propio libro, *Regenesis*, en ADN bacteriano e hizo noventa mil millones de copias del mismo. «Una publicación récord», dijo con ironía en una entrevista. El ADN, como medio de almacenamiento de información compacto y estable, es un nuevo concepto transformador en biología y tecnología informática.

Obviamente, el ADN tiene el potencial de almacenar cantidades masivas de información. En la actualidad, sabemos cuál es parte de esa información, pero otra gran parte de ella sigue siendo *terra incognita*. Es como el lado oscuro de la luna. Puede que no sea visible, pero sabemos que existe. Presumo que los recuerdos sobre nuestra vida y la vida de nuestros antepasados se almacenan en esta área inexplorada del ADN, la membrana celular y el citoesqueleto.

Resumen

La célula humana es una entidad biológica asombrosa. Es difícil apreciar verdaderamente cómo algo tan pequeño puede contener tanto y servir para tantas funciones. Me recuerda a una *matrioska*, también conocida como muñeca rusa (figura 4.4), un conjunto de muñecas de madera de tamaño decreciente colocadas unas dentro de otras. Imagina que la muñeca más externa representa todo el universo, dentro del cual se inserta nuestra galaxia, luego la tierra, después los humanos, luego las células, después los átomos, luego las partículas subatómicas. Pero, a diferencia de las muñecas rusas, todos estos sistemas, seamos conscientes de ello o no, están conectados y se afectan mutuamente todo el tiempo.

Vivimos en una época en la que la mayoría de nosotros entendemos los microchips y los ordenadores mejor que la biología de las células. Durante el último medio siglo, observamos cómo los ordenadores que ocupaban espacios enormes en los laboratorios universitarios y funcionaban con muy poca memoria se reducían de tamaño (algunos ahora tan pequeños como 1/16 mm) mientras aumentaban su memoria exponencialmente. Ahora vemos microchips que almacenan enormes cantidades de memoria en un espacio muy pequeño.

La membrana celular, que posee todas las características de los microchips, además de cumplir otras funciones, también dirige la producción de proteínas que cifran los recuerdos. Esto se aplicaría a todas las células del cuerpo; en otras palabras, tanto a las células corticales como a las células somáticas (células del cuerpo). Mientras que la visión científica arraigada sostiene que los recuerdos en el cerebro están ubicados en las sinapsis, la evidencia en el capítulo sobre el cerebro ha demostrado de manera convincente que los engramas se almacenan en las células neuronales.

Hoy en día, la inteligencia se define generalmente como la capacidad de comprender y adaptarse al entorno mediante el uso de habilidades heredadas y conocimientos adquiridos. Para aplicar el conocimiento aprendido, es necesario tener memoria. Hemos visto que este es, de hecho, el caso. Hay al menos tres lugares en una célula donde se ubican los recuerdos: la membrana celular, el citoesqueleto con sus nanotúbulos y el núcleo celular con su ADN y su ARN. Este es el caso de todas las células, incluidas las células madre.

Las células se comunican con las células vecinas y les brindan ayuda en caso de que sufran estrés o enfermedad. Los tejidos adultos conservan un recuerdo, inscrito en su ADN, de las células embrionarias de las que surgieron. No nos olvidemos de los axones y de las dendritas de las neuronas del capítulo sobre el cerebro.

Aprendimos que los conos de crecimiento de los axones contenían gran parte de la maquinaria molecular de una célula independiente (incluidas las proteínas involucradas en el crecimiento, el metabolismo, la señalización y más) y que los diminutos compartimentos en los brazos dendríticos de las neuronas corticales pueden realizar operaciones complejas de lógica matemática.

Basándonos en la evidencia, por contradictoria que pueda parecer, podemos concluir que las células de nuestro cuerpo son verdaderamente inteligentes y, como tales, forman un sustrato esencial y necesario de la mente encarnada.

CONCLUSIONES CLAVE

◆ Las membranas celulares de las células corticales y somáticas almacenan información/memoria.

◆ La información/memoria también se almacena dentro de la célula.

◆ El ADN es el equivalente celular del iCloud.

◆ Cada célula tiene una enorme capacidad de almacenamiento de información.

◆ Los principales mecanismos por los que funcionan los nervios (canales iónicos, neurotransmisores y sinapsis eléctricas) existen en todo el cuerpo.

◆ Los ensamblajes de las células biológicas funcionan en conjunto con las redes neuronales.

◆ Las células recuerdan sus orígenes, todo el camino de regreso hasta la concepción.

5

LA INTELIGENCIA DE LOS
ORGANISMOS UNICELULARES

Introducción

Se cree que los organismos unicelulares son la forma de vida más antigua, posiblemente con una antigüedad de 3.800 millones de años. Estudiar organismos unicelulares es un territorio traicionero para un científico. Es un campo minado de preguntas sin explotar y sin respuesta. Una de las dificultades es definir la vida, o diferenciar entre plantas, organismos y animales.*, [203] Los expertos no están de acuerdo sobre si los virus están vivos o, lo que es mucho más controvertido, si los priones están vivos. Sin embargo, existe un acuerdo generalizado de que las bacterias son indiscutiblemente los seres vivos más pequeños del planeta.

Hemos hablado en el capítulo anterior de lo que constituye la inteligencia [204]. Sobre la base de esa definición, los científicos ahora comienzan a reconocer la inteligencia en varios animales unicelulares y

---

* En el uso científico, «organismo» es un ser vivo discreto y completo, como animal, planta, hongo, o microorganismo, mientras que «animal» es un organismo multicelular que suele ser móvil, cuyas células no están encerradas en una pared celular rígida (lo que lo distingue de las plantas y los hongos) y que obtiene energía únicamente del consumo de otros organismos (lo que lo distingue de las plantas).

multicelulares. Estos organismos o animales, porque eso es lo que son, no tienen cerebro, ni siquiera neuronas. Sin embargo, parecen capaces de aprender, tomar decisiones, tener un comportamiento dirigido a objetivos y memoria[205], al menos cuando se trata de virus que los atacan. Sienten y exploran su entorno[206], se comunican con sus vecinos y se remodelan de manera adaptativa.

Los grandes avances en medicina molecular en los últimos años han llevado al descubrimiento de una inmensa cantidad de microorganismos en el intestino denominada microbioma intestinal. Paralelamente al aprendizaje sobre las bacterias en general y las bacterias en el intestino en particular, también exploraremos el concepto del eje cerebro-intestino que vincula el sistema nervioso central y el entérico, el sistema nervioso del canal alimentario. A lo largo de esta ruta, el intercambio de información tiene lugar en ambas direcciones.

Bacterias

Por lo general, las bacterias tienen forma de esferas, bastones (figura 1.5) o espirales. La *Escherichia coli*, la bacteria responsable de la contaminación fecal en los alimentos, mide aproximadamente 7 µm (7 micrones) de largo y 1,8 µm de diámetro. En promedio, hay 40 millones de células bacterianas en un gramo de tierra del suelo y un millón de células bacterianas en un mililitro de agua dulce. Hay aproximadamente 5×1030 bacterias en la tierra, formando una biomasa que excede la de todas las plantas y animales combinados[207].

Una vez descritas como meras bolsas de enzimas, durante mucho tiempo se pensó que las células bacterianas tenían poca o ninguna estructura interna. Las bacterias, a diferencia de los organismos unicelulares como el hongo mucilaginoso del que hablaremos en breve, no tienen un núcleo delimitado por una membrana y su material genético suele ser un único cromosoma de ADN circular con sus proteínas y

ARN asociados ubicados en el citoplasma en un cuerpo de forma irregular llamado nucleoide (figura 2). Muy recientemente, investigadores de la Universidad McGill descubrieron organelos bacterianos[208] involucrados en la expresión génica, lo que sugiere que las bacterias pueden no ser tan simples como se pensaba. En la *Escherichia coli*, la bacteria que fue objeto del estudio de McGill, los orgánulos se mantienen unidos por proteínas «pegajosas» en lugar de una membrana. Los científicos se refieren a este sistema como separación de fases. Puede ser un proceso universal en todos los tipos de células, y puede haber estado involucrado en el origen mismo de la vida en el planeta.

Las bacterias se enfrentan a una batalla interminable con los virus y las hebras invasoras de ácido nucleico conocidas como plásmidos. Para sobrevivir a este ataque, las bacterias y las arqueas* despliegan una variedad de mecanismos de defensa, incluido un sistema inmunitario de tipo adaptativo que gira en torno a una unidad de ADN conocida como CRISPR, siglas de *Clustered Regularly Interspaced Short Palindromic Repeats* (repeticiones palindrómicas cortas, agrupadas y regularmente interespaciadas).

El sistema inmunitario bacteriano también se basa en una enzima llamada Cas9[209] que utiliza memorias inmunológicas para guiar los cortes en el código genético viral. Parece que la Cas9 dirige la formación de estos recuerdos entre ciertas bacterias. Investigadores del Departamento de Biología Molecular y Celular de Berkeley han observado por primera vez que, a través de la combinación de CRISPR y escuadrones de proteínas Cas asociadas a las CRISPR, las bacterias

---

* Son microorganismos unicelulares que se parecen a las bacterias pero se diferencian de ellas en ciertos aspectos de su estructura química, como la composición de sus paredes celulares. Las arqueas suelen vivir en ambientes extremos, a menudo muy calientes o salados. A pesar de su similitud morfológica con las bacterias, las arqueas poseen genes y varias vías metabólicas que están más estrechamente relacionadas con las de los eucariotas (el grupo de organismos que incluye plantas, animales y hongos), y enzimas que participan notablemente en la transcripción y traducción. También forman parte de la microbiota humana, que se encuentra en el colon, la cavidad bucal y la piel.

pueden utilizar pequeñas moléculas de ARN personalizadas para silenciar porciones críticas de un extraño mensaje genético del invasor y adquirir inmunidad frente a invasiones similares en el futuro al recordar infecciones previas[210]. Funciona alterando el genoma de la bacteria, agregando secuencias virales cortas llamadas espaciadores entre las secuencias de ADN repetidas. Estos espaciadores forman los recuerdos de invasores pasados. Sirven como guías para las enzimas codificadas por genes asociados a las CRISPR (Cas), que buscan y destruyen esos mismos virus en caso de que intenten infectar a la bacteria de nuevo.

Otros investigadores de Berkeley[211] estudiaron la capacidad de una cepa de *Bacillus subtilis* para recordar diez historias celulares distintas antes de someterlas a un factor estresante común. El análisis, demasiado complicado para describirlo aquí, sugirió que la *Bacillus subtilis* recuerda, durante un tiempo relativamente largo, aspectos de su historia celular. Aunque incapaces de explicar los mecanismos biológicos subyacentes, los científicos han generado un marco conceptual basado en la teoría de la información para medir tanto la persistencia de la memoria en los microbios como la cantidad de información sobre el pasado codificada en sus organismos[212].

Tomas el extremófilo *Deinococcus radiodurans*, un organismo que prospera en condiciones físicas o geoquímicas extremas, perjudiciales para la mayoría de la vida en la tierra, lo sumerges en ácido y sobrevive. Lo expulsas al espacio exterior y prospera. Si lo desecas, puedes guardarlo durante un millón de años, luego sacarlo y vuelve a la vida. El *Deinococcus radiodurans* sufre pocas mutaciones, si es que sufre alguna, incluso cuando recibe radiación ionizante. Ha sido apodado *Conan la Bacteria* por la NASA. Como esta bacteria sobrevivirá a cualquier pandemia, calentamiento o enfriamiento global o guerra atómica, el científico informático Pak Chung Wong del Laboratorio Nacional del Noroeste del Pacífico[213] insertó la letra de la canción «Después de todo, es un mundo pequeño» codificada en ADN en el genoma de esta bacteria. Luego permitió que se multiplicara por cien generaciones. La canción incrustada sobrevivió sin mutaciones. En otras palabras, la memoria sobrevivió cien generaciones. Aquí vemos bacterias que sirven como cápsulas de tiempo de información.

Las bacterias en nuestro cuerpo tienen una opción: pueden permanecer solteras y separadas de sus familias y amigos y exponerse al ataque del sistema inmunológico de su anfitrión, y tal vez a los antibióticos, o unirse con sus compañeros de viaje y formar una biopelícula, mejorando así enormemente sus posibilidades de supervivencia. Las biopelículas son estructuras tridimensionales formadas por polisacáridos secretados por las bacterias, ADN reciclado y materiales de bacterias muertas o moribundas. Pero las biopelículas no son solo acumulaciones densas de células bacterianas. Tienen estructuras funcionales complejas, por dentro y por fuera, que sirven a la vida colectiva de las células.

Con el tiempo, las células bacterianas en regiones específicas de la biopelícula comenzarán a interactuar con sus vecinas de diferentes maneras. Las bacterias se comunican a través de un proceso químico llamado detección de quórum[214], en el que liberan moléculas que sirven como mensajes detectados por bacterias cercanas a través de los nanotubos de los que hemos hablado anteriormente. También se ha detectado que estos nanotubos funcionan de manera interespecies[215], entre la *Bacillus subtilis*, el *Staphylococcus aureus* y la *Escherichia coli*.

La detección de quórum puede ocurrir dentro de una sola especie bacteriana, así como entre diversas especies. Las bacterias utilizan la detección de quórum para coordinar ciertos comportamientos, como la virulencia, la resistencia a los antibióticos y la formación de biopelículas.

Gürol M. Süel y su equipo de la Universidad de California en San Diego han estudiado la comunicación de largo alcance en biopelículas durante muchos años. Informaron haber observado ondas de iones cargados que se propagan a través de la biopelícula para coordinar la actividad metabólica de las bacterias en las regiones internas y externas de la biopelícula. «Del mismo modo que las neuronas en nuestro cerebro... las bacterias utilizan canales de iones para comunicarse[216] entre sí a través de señales eléctricas», dijo Süel.

Las bacterias en las biopelículas son responsables de muchas enfermedades crónicas. Naturalmente, son muy resistentes a todas las formas de medicación. Científicos del MIT[217] han observado por primera vez dos cepas de bacterias resistentes a un antibiótico que se protegen mutuamente en un entorno que contiene el fármaco. Los hallazgos profundizan nuestra comprensión del mutualismo, un fenómeno más común en animales más grandes, en los que diferentes especies se benefician de sus interacciones entre sí. Esta protección cruzada puede ayudar a las bacterias a formar comunidades resistentes a los medicamentos.

Según un grupo colaborativo de químicos, biólogos, físicos e ingenieros que trabajan juntos en el Consorcio de Investigación e Innovación de Flinders Biofilm de Australia, las bacterias están equipadas con sistemas sensoriales[218] que se conectan con circuitos cognitivo-conductuales y muestran muchas otras características neuronales.

Desde 1983, Roberto Kolter[219], profesor de Microbiología e Inmunobiología en la Escuela de Medicina de Harvard, dirige un laboratorio que ha estudiado estos fenómenos. Kolter ha declarado que, bajo el microscopio, la increíble inteligencia colectiva de las bacterias se revela con una belleza espectacular. Las imágenes del laboratorio, *World in a Drop*, se exhibieron en una exposición en el Museo de Historia Natural de Harvard.

En vista de lo anterior y de otros estudios relacionados, muchos científicos cognitivos líderes en su campo han llegado a la conclusión de que las comunidades de bacterias dentro de la biopelícula parecen actuar como una especie de cerebro microbiano[220].

Otro punto sobre las bacterias. Quizá recuerdes lo que aparecía sobre las mitocondrias en el capítulo sobre la célula. Este orgánulo es el antiguo remanente de bacterias simbióticas[221] que invadieron las células huésped hace unos dos mil millones de años y se especializaron en la producción de energía. Las mitocondrias todavía llevan una pequeña cantidad de ADN propio, aunque con solo treinta y siete genes tienen menos material genético que cualquier bacteria viva. Al igual que las bacterias, estas mitocondrias estrechamente empaquetadas cambian de tamaño y forma y algunas de ellas también establecen vínculos, de manera similar a las bacterias, para compartir información. Recientemente, varios estudios han revelado que las mitocondrias podrían ser esenciales no solo para nuestro bienestar físico general, sino que, de manera específica, pueden desempeñar un papel sorprendentemente fundamental en la mediación de la ansiedad y la depresión. Este es otro ejemplo de cómo los orgánulos en las células del cuerpo no neuronales afectan a nuestro pensamiento y sentimientos.

Microbioma

El tracto gastrointestinal humano está poblado por hasta cien billones de células bacterianas. Su peso colectivo puede superar los 2,2 kilogramos. Recientemente ha habido una oleada de investigaciones sobre cómo estas bacterias intestinales influyen en aspectos críticos de nuestra fisiología. Estamos aprendiendo que la miríada de microbios intestinales residentes son críticos para el desarrollo y la función del sistema inmunológico[222]. Aún más importante, los microbios intestinales afectan al cerebro complejo y distante. Este concepto aparentemente improbable ha sido bien establecido en la última década. Los hallazgos de estudios en animales han demostrado que la microbiota (la suma de todas las bacterias, hongos y virus que habitan en nuestro intestino) puede afectar a los metabolitos cerebrales[223], al comportamiento[224] y a la neurogénesis[225], es decir, a la formación de nuevas neuronas.

Los microbios intestinales contienen 3,3 millones de genes[226], eclipsando los veintitrés mil genes del genoma humano. Estos genes de la microbiota producen una miríada de compuestos neuroactivos. Las bacterias intestinales contribuyen al metabolismo del huésped mediante la producción de metabolitos como ácidos biliares, colina y ácidos grasos de cadena corta (AGCC), que son esenciales para la salud del huésped[227]. Los AGCC son un subconjunto de ácidos grasos producidos por la microbiota intestinal durante la fermentación de carbohidratos complejos como la fibra dietética y los polisacáridos parcialmente digeribles y no digeribles. Los niveles más altos de AGCC se encuentran en el colon proximal, donde son absorbidos localmente y transportados por el epitelio intestinal (células intestinales internas) al torrente sanguíneo y, finalmente, al cerebro.

Las señales del intestino viajan al resto del cuerpo a lo largo del eje hipotalámico-hipofisiario-suprarrenal (HPS). Sin embargo, el nervio vago[228] es la ruta principal que permite que los estímulos del cerebro pasen al intestino y del intestino al cerebro. Recientemente se ha establecido que el eje vagal intestino-cerebro también es un componente integral de la vía de recompensa neuronal[229]. Investigadores de la Universidad de Yale, la Universidad Duke y la Universidad de São Paulo, trabajando conjuntamente, descubrieron por primera vez que las ramas derecha e izquierda del nervio vago[230] ascienden asimétricamente hacia el sistema nervioso central. Solo la rama derecha del nervio vagal gastrointestinal transmite señales de recompensa a las neuronas de recompensa que contienen dopamina en el tronco encefálico.

Además del nervio vago, el eje cerebro-intestino-microbiota (figura 3.5) incluye el sistema nervioso central, los sistemas simpático y parasimpático, los sistemas neuroendocrino e inmunológico y el sistema nervioso entérico.

El sistema nervioso entérico (SNE) es el sistema nervioso intrínseco del intestino. Consiste en una extensa red de neuronas que recubre las paredes del tracto gastrointestinal. La complejidad del SNE humano solo es superada por el cerebro y la médula espinal.

El SNE tiene la capacidad única de controlar el comportamiento de su órgano, el intestino, sin intervención del sistema nervioso central. Fue esta independencia del SNE lo que llevó a Michael Gershon, de la Universidad de Columbia, a llamarlo «el segundo cerebro»[231]. El biólogo Michael Schemann, con colegas de varias universidades alemanas, documentó la presencia en el SNE de habituación, sensibilización, comportamiento condicionado y facilitación a largo plazo. Como tal, el SNE es capaz de varias formas de aprendizaje y recuerdo implícitos. En su opinión, el SNE representa un sistema «inteligente»[232].

Se ha demostrado que una mala composición de la microbiota intestinal en la infancia influye en la maduración del sistema nervioso central. Numerosos estudios indican que la disfunción del eje cerebrointestinal puede conducir a enfermedades tanto inflamatorias como funcionales del tracto gastrointestinal. Cada vez está más claro que las enfermedades psiquiátricas y neurológicas, incluida la esclerosis múltiple, el autismo, la esquizofrenia y la depresión[233], a menudo se presentan simultáneamente con enfermedades gastrointestinales.

Una de las enfermedades gastrointestinales más comunes es el síndrome del intestino irritable[234] (SII). Una característica intrigante del SII es su frecuente comorbilidad con otros trastornos y síntomas. La investigación en Noruega sobre pacientes con colon irritable ha demostrado que, mientras que la prevalencia del trastorno del estado de ánimo es del 11% en la población noruega, asciende al 38% en los noruegos diagnosticados con SII.

El tracto gastrointestinal ahora también se reconoce como un importante regulador de los estados motivacionales y emocionales. Los problemas gastrointestinales[235] son comunes entre las personas con depresión y ansiedad, y los estudios sugieren que las personas con depresión tienen una flora intestinal diferente a la de las personas emocionalmente sanas. Las bacterias intestinales también producen serotonina, dopamina y otras sustancias químicas cerebrales que regulan el estado de ánimo. La esperanza es que mejorar los buenos microbios intestinales, ya sea con probióticos, trasplantes fecales o cápsulas llenas de heces de donantes, o agregando chucrut u otros alimentos fermentados a la dieta, puede ser la respuesta a la depresión intratable, del tipo que los tratamientos convencionales no pueden afrontar. También podría alterar fundamentalmente la manera en que conceptualizamos la enfermedad mental. Durante mucho tiempo, los expertos médicos creyeron que la enfermedad mental era en esencia una enfermedad cerebral, cuando en realidad puede ser mucho más compleja que eso.

Por lo tanto, no sorprende que la literatura científica informe cada vez más sobre la investigación de los efectos de los fármacos psicotrópicos[236] en los microbios intestinales. Recientemente, un grupo de científicos con sede en Irlanda descubrió que algunos medicamentos aumentaban constantemente la cantidad de ciertas bacterias en el intestino. Por ejemplo, el litio y el valproato (ambos utilizados para el trastorno bipolar) aumentaron la cantidad de *clostridium* y otras bacterias. No es un resultado deseable. Por otro lado, los antidepresivos (ISRS: inhibidores selectivos de la recaptación de serotonina) escitalopram y fluoxetina inhibieron significativamente el crecimiento de cepas bacterianas como la *E. coli*. Y eso es bueno y beneficioso.

Es probable que los fármacos psicotrópicos, de hecho todos los fármacos, puedan afectar a los microbios intestinales como parte de sus mecanismos de acción. Dependiendo del microbioma de una persona, ciertos medicamentos pueden beneficiar a algunas personas pero no a otras. Sin duda, evaluar el microbioma de un individuo antes de comenzar el tratamiento será una prueba de laboratorio importante en el futuro.

Una nueva investigación muestra otra conexión entre el intestino y el cerebro. Se ha reconocido que una dieta rica en sal[237] aumenta el riesgo de enfermedades cerebrovasculares y demencia. Hasta el momento no estaba claro cómo la sal dietética daña el cerebro. Ahora, los científicos del Weill Cornell Medicine en Nueva York revelaron un vínculo previamente desconocido entre el aumento de la ingesta de sal y el deterioro cognitivo a través de una respuesta inmunitaria adaptativa iniciada por el intestino. La sal dietética parece promover la disfunción neurovascular y cognitiva a través de una célula T colaboradora 17 (Th17) iniciada en el intestino, un subconjunto recientemente descubierto de células T efectoras de memoria. Las células Th17 son características de muchas enfermedades inmunoinflamatorias.

La gran mayoría de los microbios intestinales humanos son bribones amigables que hacen importantes contribuciones a nuestra salud[238]. Los bioingenieros de la Universidad de Baylor han comenzado recientemente a explorar la influencia de las bacterias intestinales en el proceso de envejecimiento[239]. En experimentos con nuestra vieja amiga, la *C. elegans*, indujeron a la *E. coli* en la lombriz a producir más ácido colánico, lo que protegió las células intestinales de la lombriz contra la fragmentación mitocondrial inducida por el estrés. Las mitocondrias han sido reconocidas cada vez más como actores importantes en el proceso de envejecimiento. Observaron que las lombrices portadoras de esta cepa de *E. coli* vivían más tiempo.

Estamos aprendiendo que, para que el desarrollo cerebral de un bebé sea óptimo, la colonización inicial de su intestino[240] debe derivarse del canal de parto de su madre[241]. El parto por cesárea es una amenaza en gran medida no reconocida para el traspaso microbiano de madre a hijo. En lugar de viajar por el canal de parto recogiendo lactobacilos, el bebé se extrae quirúrgicamente del útero. Los bebés que nacen por cesárea[242] están colonizados por bacterias dominadas por estafilococos, *corynebacterium* y *propionibacterium* de fuentes ambientales, incluidos los trabajadores de la salud, el aire, el equipo médico y otros recién nacidos. Estas bacterias podrían afectar negativamente al desarrollo de su cerebro y a su capacidad para digerir la leche.

Otra manera en que las bacterias intestinales tienen un efecto positivo en los niños por nacer es mediante la producción de múltiples

124 • LA MEMORIA DEL CUERPO

sustancias de bajo peso molecular (LMW, por sus siglas en inglés, de *low-molecular weight*) en su sangre. Estas sustancias microbianas de LMW pueden ser uno de los factores internos clave que regulan la expresión genética humana óptima a lo largo de la vida.

Sin embargo, el impacto beneficioso del microbioma* de la madre embarazada se verá socavado si bebe con frecuencia de botellas de plástico o come de latas que contienen bisfenol A (BPA). La nueva evidencia de un estudio de investigación en conejos sugiere que la exposición al BPA justo antes o después del nacimiento[243] conduce al recién nacido a una reducción de la diversidad bacteriana intestinal, a una disminución de los metabolitos bacterianos, como los ácidos grasos de cadena corta (AGCC) y a una permeabilidad intestinal elevada, tres marcadores tempranos comunes de enfermedades crónicas promovidas por la inflamación. La microbiota deteriorada puede fomentar la inflamación crónica del colon y del hígado.

Al estudiar las bacterias, encontramos evidencia creíble de la interacción huésped-microbio en prácticamente todos los niveles de complejidad, que van desde la comunicación directa de célula a célula[244] hasta la señalización sistémica extensa, e involucra varios órganos y sistemas de órganos, incluido el sistema nervioso central. Como tal, el descubrimiento de que la composición microbiana diferencial está asociada a cambios en el pensamiento, el sentimiento y el comportamiento[245] ha contribuido significativamente a extender el concepto bien aceptado de eje intestino-cerebro al de eje microbiota-intestino-cerebro. El microbioma y su relación con el sistema nervioso entérico, el cerebro y el resto del cuerpo es un ejemplo perfecto de una de las muchas partes no reconocidas de la mente encarnada. Estar fuera de la vista no es estar fuera de la mente.

---

* Totalidad de los genes presentes en los microorganismos que colonizan un huésped determinado.

Hongos de limo protoplásmico

Los hongos mucilaginosos llegaron a la tierra hace cerca de mil millones de años[246]. Es muy posible que hayan colonizado continentes que albergaban únicamente películas de bacterias. Los hongos mucilaginosos viven en el suelo. Pueden pasar su vida como organismos unicelulares o convertirse en redes multicelulares, gigantescas y pulsantes de protoplasma (figura 4.5). John Tyler Bonner, profesor emérito del Departamento de Ecología y Biología Evolutiva de la Universidad de Princeton, es uno de los principales expertos mundiales en hongos mucilaginosos celulares. La biología evolutiva del desarrollo tiene una gran deuda con el trabajo de Bonner. Tuve la suerte de mantener correspondencia con el profesor Bonner, quien falleció a la edad de ochenta y siete años en 2019. Su trabajo está claramente escrito y es de fácil acceso para un lector informado. Lo recomiendo encarecidamente a cualquiera que desee profundizar en este tema.*

En su libro de 2009, *The Social Amoebae*[247], Bonner describió los hongos mucilaginosos como muy diferentes de otros organismos: se alimentan como amebas individuales antes de unirse para formar un organismo multicelular que tiene una notable capacidad para moverse y orientarse en su entorno. Además, estas amebas sociales muestran una sofisticada división del trabajo: dentro de cada organismo, algunas células forman el tallo y otras se convierten en las esporas que sembrarán la próxima generación.

---

* *The Social Amoebae: The Biology of the Cellular Slime Molds*, Princeton, N. J., Princeton University Press, 2009; *Why Size Matters: From Bacteria to Blue Whales*, Princeton, N. J., Princeton University Press, 2006; *Lives of a Biologist: Adventures in a Century of Extraordinary Science*, Cambridge, Mass, Harvard University Press, 2002; *First Signals: The Evolution of Multicellular Development*, Princeton, N. J., Princeton University Press, 2000; *Sixty Years of Biology: Essays on Evolution and Development*, Princeton, N. J., Princeton University Press, 1996; *Life Cycles: Reflections of an Evolutionary Biologist*, Princeton, N. J., Princeton University Press, 1992.

El favorito de los científicos que estudian los hongos mucilaginosos es el *Physarum polycephalum*, una gran célula parecida a una ameba con múltiples núcleos y una red dendrítica de estructuras tubulares (pseudópodos). Cabe recalcar que, como todos los hongos, este es un descerebrado. De hecho, ni siquiera posee neuronas. Los hongos mucilaginosos pueden variar desde unos pocos milímetros de diámetro hasta más de 30 centímetros de ancho. El plasmodio se mueve como una ameba gigante, fluyendo sobre la superficie mientras ingiere hojas muertas, madera, bacterias y microbios. También secreta enzimas para digerir el material engullido[248]. El *Physarum polycephalum* sigue patrones de comportamiento[249] bastante básicos, creciendo hacia el alimento y alejándose de la luz. Los biólogos de la Universidad Macquarie en Sídney demostraron que el *Physarum polycephalum* construye una forma de memoria espacial al evitar áreas que ha explorado previamente. Este mecanismo permite que el hongo del limo construya una red de transporte de alimentos efectiva y robusta. Su investigación proporciona una demostración única de un sistema de memoria espacial en un organismo no neuronal[250].

El *Physarum polycephalum* cambia de forma a medida que se arrastra sobre un gel de agar simple y, si se coloca comida en dos puntos diferentes, emitirá seudópodos* que conectan las dos fuentes de alimento. Este organismo simple tiene la capacidad[251] de encontrar la solución de longitud mínima entre dos puntos en un laberinto. Puede resolver laberintos[252] y puede aproximarse mucho a las redes de transporte humano[253] en superficies planas y tridimensionales. ¿Implica eso pensamiento analítico, tal como lo conocemos? Creo que la respuesta debe ser afirmativa.

Investigadores del Instituto de Tecnología de Tokio realizaron una serie de experimentos de control dividiendo un hongo *Physarum polycephalum* individual que había sido entrenado en dos organismos separados y les había

---

* Protuberancias temporales o procesos retráctiles del citoplasma de una célula (como una ameba o un glóbulo blanco) que funcionan especialmente como órganos de locomoción o para absorber alimentos u otras partículas.

hecho realizar búsquedas paralelas de alimento. Este diseño experimental me recuerda experimentos similares con la lombriz planaria que consideraremos en el próximo capítulo. Los dos hongos del original entrenado encontraron una solución más rápida que dos hongos similares no entrenados. En su artículo publicado, los científicos escribieron que sus resultados significan la presencia de memoria a largo plazo [254] en este organismo, así como la capacidad de realizar tareas de computación sofisticadas.

Utilizando un diseño experimental diferente al manejar múltiples fuentes de alimentos separadas, los investigadores de la Universidad Hokkaido de Japón concluyeron que la red de tubos de plasmodio [255] es un sistema inteligente y bien diseñado. No es sorprendente que uno de los principales científicos en este campo, Soichiro Tsuda, de la Universidad de Kobe, haya sugerido que el *Physarum polycephalum* demuestra inteligencia emergente [256].

En otros experimentos en la Universidad de Hokkaido, los científicos sometieron el *Physarum polycephalum* a una serie de descargas a intervalos regulares. Rápidamente aprendió el patrón y cambió su comportamiento anticipándose al siguiente impacto. Este recuerdo permanece en el hongo del lodo durante horas, incluso cuando las descargas se detienen. Un solo choque renovado después de un período de «silencio» dejará al hongo esperando a que otro siga el ritmo que aprendió previamente. T. Saigusa y sus colegas dicen que sus hallazgos recientes «insinúan los orígenes celulares de la inteligencia primitiva» [257]. El microbiólogo James Shapiro de la Universidad de Chicago, al comentar su artículo, dijo que, si los resultados se mantienen, «ese artículo agregaría una memoria celular [258] a esas capacidades».

Las buenas noticias

Muchas características fisiológicas y patológicas del embarazo están controladas, al menos en parte, por los microbios residentes de la madre, que evolucionaron para ayudarla a ella y ayudarse a sí mismos. Cuando la comida escasea durante el embarazo[259], como ha sucedido a menudo en la historia humana, los microbios de la madre cambiarán su metabolismo neto para que fluyan más calorías de la comida a su cuerpo.

Además, las mujeres en edad reproductiva portan bacterias, principalmente lactobacilos, que hacen que el canal vaginal sea más ácido. Este entorno proporciona una defensa resistente contra las bacterias peligrosas que son sensibles al ácido. Los primeros líquidos que succiona un bebé contienen los microbios de su madre, incluidos los lactobacilos. Los lactobacilos y otras bacterias productoras de ácido láctico descomponen la lactosa, el principal azúcar de la leche, para generar energía. Esa es una buena noticia para los niños nacidos por vía vaginal.

Los microbios intestinales producen compuestos que preparan a las células inmunitarias para destruir virus dañinos en el cerebro y el sistema nervioso. En particular, un estudio del Departamento de Patología de la Universidad Utah Health, en Salt Lake City, ha demostrado que los ratones tratados con antibióticos[260] (que matan las bacterias buenas) antes del inicio de la enfermedad no pudieron defenderse. Estos ratones tuvieron una respuesta inmune débil, no pudieron eliminar el virus y desarrollaron una parálisis que empeoró, mientras que aquellos con bacterias intestinales normales pudieron combatir mejor el virus.

De ello se deduce que tener una microbiota saludable y diversa es crucial[261] para eliminar rápidamente los virus del sistema nervioso y evitar así la parálisis y otros riesgos asociados a enfermedades como la esclerosis múltiple. Por lo tanto, si te recetaron antibióticos, es imperativo que restaures tu microbioma a su estado saludable anterior, ya sea consumiendo alimentos ricos en bacterias beneficiosas, como yogur, kéfir o chucrut, o tomando probióticos. Dos estudios[262], uno en ratones y otro en seres humanos, señalan la importancia del ejercicio para mantener un microbioma intestinal saludable. Jeffrey Woods, profesor de kinesiología de la Universidad de Illinois, demostró que los ratones ejercitados tenían una mayor proporción de microbios que producen butirato, un ácido graso de cadena corta que promueve células intestinales sanas, reduce la inflamación y genera energía para el huésped. También parecían ser más resistentes a la colitis ulcerosa experimental, una enfermedad inflamatoria intestinal. Este efecto fue más pronunciado en los ratones adultos delgados en comparación con los obesos.

Hace tiempo que sabemos que los aguacates te ayudan a sentirte lleno y a reducir el colesterol en la sangre. Pero ahora, los científicos de la Universidad de Illinois han descubierto que las personas que comen aguacates todos los días[263] como parte de una comida tienen una mayor abundancia de microbios intestinales que descomponen la fibra y producen metabolitos que respaldan la salud intestinal. También tienen una mayor diversidad microbiana en comparación con las personas del grupo de control. Los aguacates son las nuevas manzanas. Sé el primero entre tus amigos en decir: «Un aguacate cada día, de médico te ahorraría».

Además, mantener una concentración óptima de vitamina D[264] parece ser beneficioso para la salud intestinal. La vitamina D modula la función del microbioma intestinal, controla la expresión de péptidos antimicrobianos y tiene un efecto protector sobre las barreras epiteliales en la mucosa intestinal. Por lo tanto, asegúrate de recibir suficiente vitamina D a través de la luz solar o de suplementos.

Resumen

Los estudios de la cognición[265] en animales se han visto obstaculizados rutinariamente por el antropocentrismo; es decir, por la suposición de que el pensamiento humano es el punto de referencia por el cual debe medirse la cognición animal. Tal enfoque tiende a ignorar la increíble diversidad de habilidades intelectuales presentes en los organismos vivos.

Una realineación del enfoque demuestra la presencia de facultades de retención de memoria, navegación, comunicación, reconocimiento de patrones y razonamiento estadístico en organismos unicelulares sin cerebro, como bacterias y hongos mucilaginosos, entre otros organismos ancestrales.

Las bacterias, a menudo vistas como criaturas humildes y solitarias, son en realidad bastante sofisticadas en sus interacciones sociales y se comunican entre sí a través de mecanismos de señalización eléctrica similares a las neuronas en el cerebro. Cuando estos organismos unicelulares se comunican en gran número, sus notables talentos colectivos para resolver problemas y controlar su entorno emergen aún más agudamente.

Hay dos conclusiones importantes que podemos sacar de la investigación citada aquí sobre las bacterias y los hongos mucilaginosos. En primer lugar, se ha demostrado que los organismos unicelulares son capaces de interpretar el mundo como nutritivo o tóxico. Diminutas bacterias u hongos mucilaginosos, sin cerebro y sin neuronas, demuestran evidencia de inteligencia rudimentaria. Seguramente, las células de nuestro cuerpo que son más grandes y más complejas comparten o incluso superan esta inteligencia.

La segunda conclusión es que las bacterias en el intestino afectan a nuestro cerebro, al SNE y al resto de nuestro cuerpo en una variedad de formas importantes, que hasta hace poco tiempo pasaban desapercibidas. Este eje microbioma-cerebro y el vínculo SNE-sistema inmunitario representan dos de las partes constituyentes esenciales de la mente encarnada.

Teniendo en cuenta el papel crucial que juega el «intestino pensante» en nuestro comportamiento y pensamiento, cuando alguien dice: «Tuve un presentimiento», no te rías ni lo descartes automáticamente.

CONCLUSIONES CLAVE

◆ Las bacterias son capaces de aprender y recordar.

◆ Las comunidades bacterianas (biopelículas) procesan información y toman decisiones sobre la distribución de nutrientes y el metabolismo como un todo integrado, utilizando canales iónicos de manera similar a como funcionan las neuronas en el cerebro.

◆ El eje vagal intestino-cerebro juega un papel fundamental en la motivación y la recompensa.

◆ El microbioma tiene múltiples efectos críticos[266] en nuestros procesos fisiológicos y metabólicos, que van desde el desarrollo cerebral prenatal y la modulación del sistema inmunitario hasta, quizá lo más sorprendente, el comportamiento y la cognición.

◆ Una microbiota intestinal sana contribuye al funcionamiento normal del cerebro.

◆ El hongo mucilaginoso *Physarum polycephalum* insinúa los orígenes celulares de la inteligencia primitiva.

◆ No hay duda de que los procesos y actividades que se cree que representan especializaciones evolutivas recientes del sistema nervioso representan procesos de supervivencia celular ancestrales y fundamentales que persisten en todas nuestras células.

6

REGENERACIÓN, HIBERNACIÓN
Y METAMORFOSIS

Introducción

Parece que desde el comienzo de la civilización se ha asumido que una de las funciones fundamentales del cerebro es su capacidad para almacenar recuerdos, lo que permite que los animales, incluidos los humanos, alteren el comportamiento a la luz de experiencias pasadas. Si la sede de toda la memoria está en el cerebro, para garantizar la estabilidad a largo plazo de la información codificada, las células cerebrales y sus circuitos deben permanecer estables como los libros en tu estantería. Si alguien comenzara a arrancar páginas de esos libros, no solo se dañarían gravemente, sino que perderías para siempre el contenido de las obras. En vista de esto, animales como las lombrices planarias, que exhiben una notable capacidad para regenerar rápidamente nuevas partes del cuerpo junto con sus cerebros, nos ponen frente a una pregunta fascinante: ¿cómo pueden persistir los recuerdos fijos en las planarias cuando se les extrae el cerebro y crecen nuevos cerebros de sus partes anteriores del cuerpo?

De manera similar, los animales que hibernan y sufren una poda masiva de sus neuronas cerebrales durante los meses fríos nos ponen frente a un problema similar. Porque cuando recuperan la fuerza y la salud en primavera, vuelven muchas de las conductas aprendidas anteriormente.

Los animales en metamorfosis* como la rana común se desarrollan de larva a renacuajo y luego a rana. Las orugas pasan por cinco etapas de crecimiento. Sin embargo, como veremos, los recuerdos formados en estos animales en sus estados embrionarios más tempranos sobreviven a una extensa remodelación de sus cuerpos, incluido su cerebro.

Regeneración

Los platelmintos planarios, debido a sus capacidades regenerativas, son uno de los regalos de la naturaleza a la ciencia. Partir una lombriz planaria por la mitad da lugar rápidamente a dos pequeñas lombrices bizcas que te devuelven la mirada. La decapitación conduce al desarrollo de dos nuevas lombrices. Las lombrices enteras pueden regenerarse a partir de solo pequeñas porciones de la lombriz adulta[267] en unos pocos días. Algunos biólogos han logrado cortar una planaria en más de 200 pedazos. Cada pequeño trozo finalmente formó una lombriz completa en miniatura, que creció con el tiempo hasta su tamaño normal de hasta 19,05 milímetros, dependiendo de la especie y la disponibilidad de alimentos[268].

¿Cómo logran las planarias una hazaña tan increíble? Hace unos años, los investigadores descubrieron que una población residente de células madre adultas (neoblastos) permite que estas lombrices regeneren

---

* Un cambio en la forma y, a menudo, en los hábitos de un animal durante el desarrollo normal después de la etapa embrionaria. La metamorfosis incluye, en los insectos, la transformación de una larva en una mosca adulta y de una oruga en una mariposa, y en los anfibios, el cambio de un renacuajo en una rana. https://www.merriam-webster.com/dictionary/metamorphosis

cualquier parte del cuerpo después de la extirpación quirúrgica de esa parte[269]. Sin embargo, a pesar de lo importantes que son las células madre, no pueden explicar la persistencia de la memoria después de que se extraiga la cabeza de una planaria y que de su cuerpo crezca una nueva cabeza.

La planaria es uno de los animales más simples que viven en esta tierra con un plan corporal de simetría bilateral y orientación de la cabeza. El cerebro de estos platelmintos tiene una estructura bilobulada con una corteza de células nerviosas y un núcleo de fibras nerviosas, incluidas algunas que conectan los dos hemisferios. Se integran señales sensoriales especiales de quimiorreceptores, células fotorreceptoras de ojos primitivos y receptores táctiles para proporcionar reflejos locales y respuestas motoras. Muchas características estructurales de las neuronas planarias, incluidas las sinapsis, son similares a las del cerebro humano. Los neurotransmisores identificados en el sistema nervioso de las planarias también se encuentran en el cerebro humano (figura 2.6). Debido a su amplia capacidad regenerativa (impulsada por una población de células madre adultas) y al SNC complejo, se están realizando importantes esfuerzos para comprender los mecanismos moleculares detrás de la reparación y el patrón neural. Las planarias son, pues, un organismo muy popular para el estudio de la memoria[270].

En las décadas de 1950 y 1960, el psicólogo experimental James V. McConnell y sus colegas de la Universidad de Michigan realizaron estudios con planarias para explorar los procesos de la memoria. En una serie de experimentos, las planarias fueron entrenadas para responder a ciertos estímulos, luz y descargas eléctricas. Cuando les cortaron la cabeza y sus cuerpos regeneraron una nueva, muchas de las lombrices regeneradas demostraron con sus respuestas que recordaban su entrenamiento.

En otra serie de experimentos, planarias condicionadas para responder a la asociación de estímulo lumínico fueron molidas y dadas como alimento a otras planarias. Estas lombrices caníbales aprendieron a responder al estímulo más rápido que un grupo de control. McConnell interpretó esto como evidencia de que la memoria en los platelmintos no estaba localizada en la cabeza sino que estaba distribuida por todo el cuerpo del animal[271].

Muchos en la comunidad científica no confiaban en estos experimentos y citaron problemas con el uso de controles apropiados, el sesgo del observador y otras razones. Pero, en 2013, un grupo liderado por Tal Shomrat y Mike Levin[272] publicó un artículo que esencialmente respaldaba los hallazgos de McConnell y, según algunos informes, abrió nuevas perspectivas acerca de las lombrices.

Para dar la bienvenida a Levin a la Universidad Tufts en 2008, el decano de Artes y Ciencias, Robert Sternberg, dijo: «Michael Levin representa una contratación única[273] para la Escuela de Artes y Ciencias. Sus intereses abarcan muchos campos, incluida la biología, pero también la ingeniería, la informática, la neurociencia y la medicina. Representa el tipo de erudito interdisciplinario distinguido que caracteriza la esencia de lo que hace de Tufts un lugar verdaderamente especial».

Debido a que la investigación reciente de Levin se ha centrado en cómo los sistemas vivos aprenden y almacenan información en células y tejidos fuera del cerebro, su trabajo es de particular relevancia para nosotros. El artículo de cambio de paradigma de Shomrat y Levin de 2013[274] informó sobre sus experimentos con planarias de la especie *Dugesia japonica*. Los investigadores aprovecharon una peculiaridad del comportamiento de las planarias: una vez que se acostumbran a un lugar familiar, se adaptan para alimentarse más rápidamente que las planarias que se encuentran en un nuevo entorno. Además, las lombrices evitan la luz de forma natural.

Los investigadores tenían un grupo de planarias que vivían en contenedores con un suelo de textura áspera, mientras que el otro grupo estaba alojado en una placa de Petri con superficie lisa. Después de unos días, se probó con qué facilidad las lombrices comían hígado en un cuadrante iluminado en el fondo de un plato de textura áspera. El seguimiento de video automatizado y el posterior análisis por ordenador de los movimientos de las lombrices mostraron que el grupo que había pasado tiempo en los contenedores de fondo rugoso superó la aversión a la luz mucho más rápido y pasó más tiempo alimentándose en el espacio iluminado que el grupo no familiarizado.

Luego, ambos grupos de lombrices fueron decapitados y alojados en un ambiente de fondo liso mientras sus cabezas se regeneraban. Dos semanas más tarde, se probaron de nuevo los segmentos completamente regenerados. Las lombrices regeneradas del grupo familiarizado se alimentaron un poco más rápido, pero no significativamente, en la parte iluminada del contenedor, lo que demuestra que retuvieron el reconocimiento del vínculo entre este tipo de superficie y un entorno de alimentación seguro.

Sin embargo, las lombrices no mostraron ningún comportamiento aprendido antes de que sus cerebros volvieran a crecer. Evidentemente, la planaria necesita poseer un cerebro para que se produzca el comportamiento. Takeshi Inoue, de la Universidad Okayama de Japón, plantea la hipótesis de que el nuevo cerebro se regenera como una pizarra en blanco y se imprime gradualmente con los rastros de la memoria anterior del sistema nervioso periférico de las lombrices (que se habría modificado durante la fase de entrenamiento). Debido al sistema nervioso periférico modificado, volver a entrenar el nuevo cerebro durante una breve sesión de «salvado» es suficiente para restaurar la memoria completa[275].

Shomrat y Levin, en su memorable artículo de 2013, sugirieron que los rastros de la memoria del comportamiento aprendido se retienen fuera del cerebro. Pero, en lugar de suponer que esto lo logra el sistema nervioso periférico, creen que es a través de mecanismos que incluyen el citoesqueleto, los circuitos de señalización metabólica y las redes reguladoras de genes. Todos estos exhiben un recableado (fisiológico) dependiente de la experiencia y ricos bucles de retroalimentación que pueden almacenar información. Han indicado que los principales mecanismos por los que funcionan los nervios (canales iónicos, neurotransmisores y sinapsis eléctricas) existen en todas las células y tejidos del cuerpo que generan los procesos de regeneración y desarrollo observados en las planarias[276].

Hibernación

La hibernación es un estado de inactividad y depresión metabólica en animales de sangre caliente como ardillas, hámsteres, erizos, osos polares y murciélagos. La hibernación generalmente ocurre en los meses de invierno y se caracteriza por una disminución general de la tasa metabólica, la temperatura corporal, la respiración y la frecuencia cardíaca. La hibernación puede durar varios días, semanas o meses, según la especie[277].

La hibernación devasta el sistema nervioso central de estos animales. Sus neuronas se encogen y miles, si no millones, de conexiones vitales entre las células cerebrales se marchitan. La poda extensiva ocurre en áreas necesarias para la memoria a largo plazo, como el hipocampo.

Un buen ejemplo de mamífero en hibernación es la ardilla terrestre ártica (figura 3.6). Cada septiembre, en Alaska y Siberia, estas ardillas se retiran a madrigueras a más de un metro bajo la tundra, se acurrucan en nidos construidos con pasto, líquenes y pelo de caribú y comienzan a hibernar. La temperatura central de su cuerpo cae en picado, sumergiéndose por debajo del punto de congelación del agua. Como resultado, se produce una destrucción masiva de sus neuronas corticales. Sin embargo, tras la recuperación, la ardilla terrestre ártica, así como la mayoría de los animales que hibernan, demuestra una memoria intacta de su pasado mediante el reconocimiento de parientes, la identificación de animales familiares en comparación con animales no familiares y la retención de tareas entrenadas.

En un estudio austriaco, las ardillas terrestres fueron entrenadas[278] en verano para realizar con éxito dos tareas: una tarea de memoria espacial en un laberinto y una tarea operante en una máquina de alimentación. En primavera se repetían las mismas tareas. El grupo de hibernación no lo hizo tan bien como el grupo de control en la realización de las tareas aprendidas. Por otro lado, los animales entrenados pudieron discriminar con éxito a los individuos familiares de los desconocidos en su grupo. No está claro por qué los animales pudieron demostrar memoria en un ensayo pero no en otros, aunque los autores especulan que podría ser el resultado de la complejidad de la tarea o de la región del cerebro responsable de los recuerdos. Este estudio demuestra la persistencia de los recuerdos sociales después de una pérdida considerable de neuronas en el cerebro durante la hibernación.

Además de reducir su tasa metabólica, otra forma en que los animales que hibernan sobreviven a su largo estado de letargo es iniciando selectivamente la autofagia[279], un proceso por el cual las células literalmente se consumen a sí mismas. Al eliminar los tejidos que el animal no necesita mientras hiberna, el animal ahorra energía para los tejidos restantes.

Cuando las ardillas de tierra emergen en la primavera después de hibernar todo el invierno, sus entrañas se han reducido a aproximadamente la mitad de su peso original, pero sus corazones no se ven afectados porque siguen latiendo a un ritmo mucho más lento. Las vísceras y las neuronas no son las únicas cosas que se encogen. Cuando las ardillas terrestres macho se despiertan en la primavera, encuentran que sus gónadas se han reducido a casi nada. Pero el alivio está en camino. Pronto vuelven a crecer.

En el siguiente estudio, esta vez realizado en Alemania, se entrenó a marmotas alpinas para saltar sobre dos cajas o caminar a través de un tubo. Cuando se volvió a probar después de seis meses de hibernación, se encontró que sus habilidades no estaban dañadas. Los científicos que realizaron el estudio concluyeron que la memoria a largo plazo no se ve afectada por la hibernación en las marmotas alpinas[280].

Las musarañas[281] son incluso más pequeñas que las marmotas. Si bien son diminutas en tamaño, cuando se trata de soportar las dificultades del clima frío son gigantes biológicos. Un nuevo estudio del Instituto Max Planck utilizó imágenes de rayos X para mostrar que las musarañas individuales redujeron el tamaño de sus cráneos antes del invierno en un promedio de 15,3%. Los cráneos volvieron a crecer parcialmente en primavera en un 9,3%. Los cambios dramáticos en el tamaño del cráneo y del cerebro aparentemente no afectaron de manera negativa a su comportamiento posterior a la hibernación.

Pocos científicos han realizado investigaciones sobre la capacidad de retención de memoria de los murciélagos[282] que también son animales en hibernación. Los científicos del Instituto de Investigación de Mamíferos de la Academia de Ciencias de Polonia llevaron a cabo algunos experimentos realmente interesantes. Entrenaron murciélagos para encontrar comida en uno de los tres brazos del laberinto. Después del entrenamiento, todos los murciélagos se desempeñaron correctamente al 100%. Luego entraron en hibernación. Cuando despertaron, los murciélagos hibernados se desempeñaron como antes de la hibernación y también los controles no hibernados.

Los científicos concluyeron que los murciélagos se benefician de un mecanismo neuroprotector aún desconocido para prevenir la pérdida de memoria en el cerebro en hibernación. Los estudios bioquímicos en los cerebros de las ranas de bosque[283] (*Lithobates sylvaticus*) congeladas han revelado varios factores neuroprotectores implicados en la promoción de la supervivencia de los tejidos. Si bien es probable que todos estos factores desempeñen un papel en la preservación de una pequeña colección de neuronas que formarán el andamiaje para el crecimiento de nuevas neuronas después de que el animal se despierte, no es posible que sean responsables de la preservación de recuerdos complejos.

No importa cómo lo mires, todos estos hallazgos hablan de la preservación de la memoria después de la hibernación.

Metamorfosis

Los insectos holometábolos[284] atraviesan cuatro etapas de vida desde el huevo hasta la larva, la pupa y el estadio adulto en el proceso conocido como metamorfosis. Están sujetos a una extensa neurogénesis, poda y muerte celular en sus cerebros. A pesar de estos cambios radicales en sus cortezas cerebrales, se ha demostrado que los recuerdos de etapas anteriores de su existencia sobreviven a la drástica reorganización de su sistema nervioso cuando llegan a la edad adulta.

Estos insectos también experimentan cambios importantes en la forma del cuerpo, el estilo de vida, la dieta y el uso de modalidades sensoriales particulares. ¿Es un gusano o una oruga el mismo animal o es diferente de la ruidosa mosca azul o la colorida mariposa que finalmente emerge de la etapa de pupa de transición? ¿Eres la misma persona que eras cuando naciste? ¿La misma persona que cuando te concibieron? En cierto modo, diría, eres la misma pero también muy diferente.

Lo que es más importante, a pesar de los cambios que experimentan nuestros cuerpos a medida que envejecemos, los recuerdos de todas nuestras experiencias desde la concepción en adelante, aunque no siempre accesibles, persisten grabados en nuestra mente encarnada.

El cerebro de la polilla adulta[285] contiene alrededor de un millón de células nerviosas. En comparación, el cerebro humano tiene más de cien mil millones. Sin embargo, están sucediendo muchas cosas dentro del cerebro del tamaño de la cabeza de un alfiler de esa polilla. Un equipo de investigadores de la Universidad Tufts[286] estudió el aprendizaje en el gusano cornudo del tabaco, la manduca sexta (o *Phlegethontius sexta*, figura 4), una especie de polilla. Los investigadores expusieron las larvas de esta especie al olor del acetato de etilo (EAC) junto con una descarga eléctrica leve. Cuando se les ofreció la opción de aire fresco o aire perfumado con EAC en un aparato de elección Y, las inexpertas orugas de quinto estadio* (figura 5.6) no mostraron atracción ni aversión al olor del EAC. Las larvas expuestas al *shock* solo no mostraron atracción o aversión al EAC. Las larvas expuestas al EAC solo en ausencia de *shock* no mostraron atracción o aversión al EAC. Sin embargo, el emparejamiento del EAC con una descarga eléctrica (olor antes de la descarga) produjo una aversión significativa en las larvas de quinto estadio con el 78 % de las orugas que eligieron el aire ambiental en lugar del EAC.

Las polillas adultas habían retenido lo que aprendieron como larvas, demostrando una memoria persistente y estable. Dos posibles mecanismos[287] podrían explicar tal comportamiento. Uno, la exposición de los adultos emergentes a los productos químicos del entorno de las larvas, o dos, el aprendizaje asociativo transferido a la edad adulta mediante el mantenimiento de células intactas en sus cerebros o en otros tejidos. Los investigadores demostraron que la aversión de los adultos no se debió al arrastre de sustancias químicas del entorno de las larvas, ya que ni la aplicación de olores a las pupas inexpertas ni el lavado de las pupas de las orugas entrenadas dieron como resultado un cambio en el comportamiento. Evidentemente, el comportamiento de las polillas adultas representa un verdadero aprendizaje asociativo, no un legado químico y, hasta donde se sabe, proporciona la primera demostración definitiva de que la memoria asociativa sobrevive a la metamorfosis en polillas y mariposas.

Yukihisa Matsumoto, de la Universidad de Hokkaido[288], pudo demostrar de manera similar la existencia de una memoria aversiva de larga duración en el grillo hemimetábolo *Gryllus bimaculatus*, que retuvo una asociación entre un olor y agua salada hasta durante diez semanas. La preferencia aprendida se alteró cuando, a las seis semanas del entrenamiento original se les dio entrenamiento inverso. Los investigadores concluyeron que los grillos son capaces de retener la memoria

---

* Las orugas pasan por cinco etapas de crecimiento. Cada etapa se llama estadio.

olfativa prácticamente durante toda su vida y de reescribirla fácilmente de acuerdo con la nueva experiencia. Ojalá los humanos fueran tan inteligentes...

Las ranas son otra especie de animales que sufren metamorfosis. Peter G. Hepper, de la Queen's University de Belfast, inyectó huevos de rana con una de dos sustancias, naranja o citral, respectivamente. Después de la eclosión, estos renacuajos preferían consumir alimentos que contenían las sustancias particulares a las que estuvieron expuestos cuando aún eran huevos. Aún más sorprendente: después de que los renacuajos se transformaran en ranas, mantuvieron la preferencia adquirida de olor. Las preferencias de los renacuajos también se vieron influenciadas «naturalmente» por los olores presentes en el agua que rodeaba a los embriones en desarrollo.

En otra serie de experimentos, los renacuajos que habían sido criados como embriones en agua con sabor a naranja prefirieron significativamente el lado naranja del acuario al lado de control. Los renacuajos de control exhibieron una preferencia por el lado del agua del acuario. Hepper afirmó que sus experimentos demostraron por primera vez el aprendizaje embrionario en anfibios[289].

Después de que los huevos de las salamandras anilladas fueran expuestos a señales químicas de los depredadores, las larvas posteriores a la eclosión mostraron una actividad reducida y un mayor comportamiento de búsqueda de refugio. Trabajando con larvas de ranas de bosque[290], los investigadores de la Universidad Estatal de Missouri las condicionaron a señales químicas de depredadores desconocidos. Cuando las ranas llegaron a la edad adulta, respondieron con miedo a las mismas señales. De manera similar, las larvas que habían estado expuestas a señales neutrales no mostraron estos comportamientos. Dado que la experiencia embrionaria es un buen predictor de las condiciones futuras que encontrará el organismo, se deduce que el aprendizaje asociado con la exposición a estímulos negativos durante el desarrollo temprano será adaptativo.

Finalmente, los estudios de otros animales holometábolos, incluidos los escarabajos[291], las moscas de la fruta[292], las hormigas[293] y las avispas parásitas[294], han demostrado repetida y convincentemente que la experiencia de las larvas instruye el comportamiento de los adultos.

La neurocientífica May-Britt Moser[295] de la Universidad Noruega de Ciencia y Tecnología, una de las principales académicas del mundo en biología de la memoria, cree que las células cerebrales de los insectos y otros animales en metamorfosis y las de los animales superiores utilizan mecanismos celulares en gran medida idénticos. Los estudios de insectos y babosas son decididamente relevantes para comprender la cognición, la memoria y el comportamiento en los humanos porque, a medida que cada especie evolucionó, no hubo necesidad de reinventar la rueda.

Resumen

En este capítulo abordamos una pregunta muy básica: ¿pueden permanecer intactos los recuerdos estables en animales que experimentan una pérdida masiva y una reorganización de sus neuronas cerebrales? Existe la habilidad desconcertante de las planarias, que pueden convertirse en «nuevos» individuos a partir de pequeñas porciones de sus «viejos» cuerpos y recordar lo que aprendieron antes de ser cortadas en pedazos. En este punto me alineo con los biólogos Shomrat y Levin de la Universidad Tufts, quienes propusieron a las planarias como una especie modelo emergente clave para las investigaciones mecanicistas de la codificación de recuerdos específicos en tejidos biológicos. Además, esta investigación probablemente impulsará el desarrollo de tratamientos derivados de células madre para los trastornos cerebrales degenerativos en adultos humanos.

Sobre la base de las tres clases de animales anteriores en las que los recuerdos sobreviven a cambios y reordenamientos celulares drásticos,

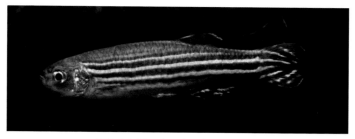

FIG 1.1 Una hembra de pez cebra.
Crédito: Soulkeeper (obra propia) [Dominio público], por medio de Wikimedia Commons.

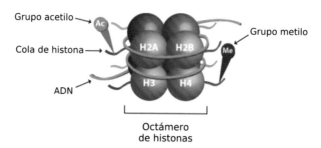

FIG 1.2 Histona.
Crédito: EpiGentek.

El epigenoma —
Regulación de la actividad

FIG 1.3 Asociación para el aprendizaje temprano humano. El epigenoma regula la actividad de los genes [interruptor encendido/regulador/apagado].
Crédito: Dr. Michael S. Kobor, Human Early Learning Partnership. DNA Methylation— Active Gene, Silenced Gene [light switch on/off]. Vancouver, BC: University of British Columbia, School of Population and Public Health; 2014.

Metilación del ADN

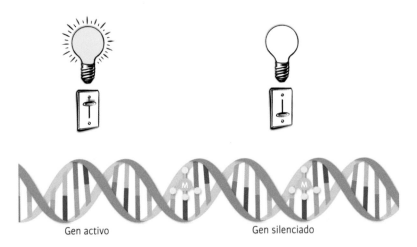

Gen activo   Gen silenciado

FIG 1.4 Asociación humana para el aprendizaje temprano.
Metilación del ADN-gen activo, gen silenciado
[interruptor de luz encendido/apagado].
Crédito: Dr. Michael S. Kobor, Human Early Learning Partnership. DNA Methylation—
Active Gene, Silenced Gene [light switch on/off]. Vancouver, BC: University of British
Columbia, School of Population and Public Health; 2014.

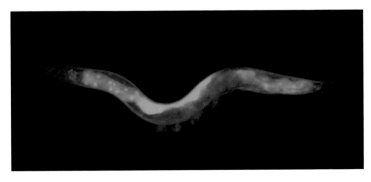

FIG 1.5 C. Elegans.
Crédito: Kapahi Lab, Buck Institute for Research on Aging, Novato, CA.

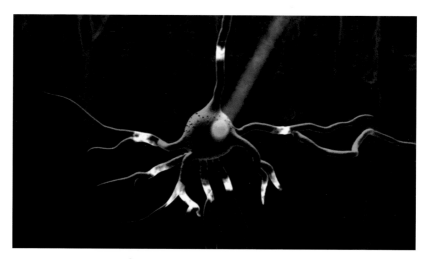

FIG 2.1 Una neurona con un axón y varias dendritas.
Crédito: McGovern Institute for Brain Research del MIT.

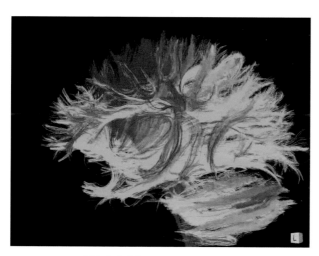

FIG 2.2 El conectoma humano.
Crédito: jgmarcelino de Newcastle upon Tyne, UK–Webs'r'us.
Subido por CFCF, CC BY-SA 2.0,
https://commons.wikimedia.org/w/index.php?curid=31126898

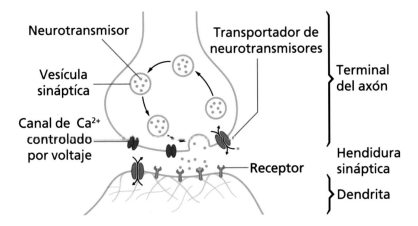

FIG 2.3 Una sinapsis o unión.
Crédito: Thomas Splettstoesser (www.scistyle.com). Obra propia, CC BY-SA 4.0,
https://commons.wikimedia.org/w/index.php?curid=41349612.

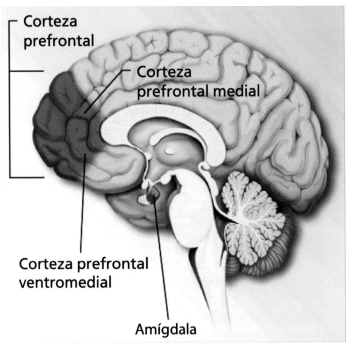

FIG 2.4 Corteza cerebral.
Crédito: The National Institute of Mental Health (NIMH) [Dominio público],
por medio de Wikimedia Commons.

FIG 2.5 Aplysia californica. *Crédito: Genny* Anderson-http://marinebio.net/marinescience/03ecology/tptre.htm ,CC *BY-SA 4.0*, https://commons.wikimedia.org/w/index.php?curid=264835.

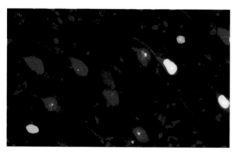

FIG 2.6 Células de memoria engramada (verde y roja), cruciales para el almacenamiento permanente de la memoria en el córtex prefrontal. *Crédito: Takashi Kitamura, Laboratorio Tonegawa.*

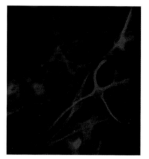

FIG 2.7 Astrocitos. De Fields, R.D., y Stevens-Graham, B. (2002). «New Insights into Neuron-Glia Communication». *Science* 298: 556-562. *Crédito: Kelly Fields.*

FIG 2.8 *Amphioctopus marginatus* escondido entre dos conchas. *Crédito: Nick Hobgood CC BY-SA 3.0*, https://creativecommons.org/licenses/by-sa/3.0.

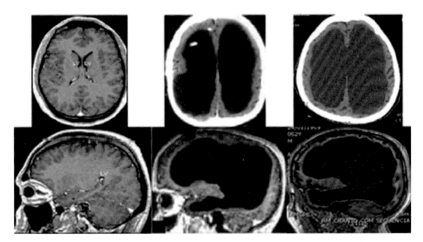

FIG 2.9 Aspecto adulto normal (izquierda). Ventrículos agrandados (centro y derecha). *Reproducido bajo licencia Creative Commons de Frontiers in Human Neuroscience (Forsdyke 2014).*

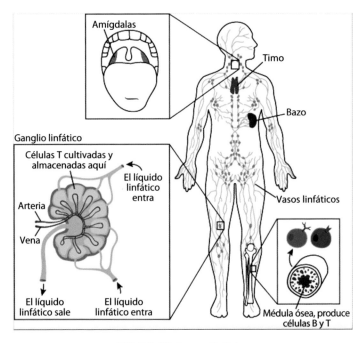

FIG 3.1 El sistema linfático.
Crédito: © Arizona Board of Regents / ASU Ask A Biologist. CC BY-SA 3.0, https://askabiologist.asu.edu/t-cell.

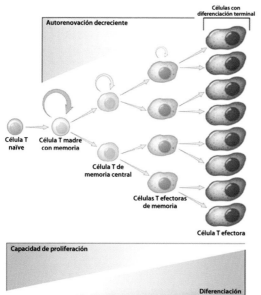

Células con diferenciación terminal

Autorenovación decreciente

Célula T naïve — Célula T madre con memoria

Célula T de memoria central

Células T efectoras de memoria

Célula T efectora

Capacidad de proliferación

Diferenciación

FIG 3.2 Células T de memoria. *Crédito: The National Cancer Institute's Center for Cancer Research.*

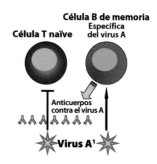

Célula B de memoria
Específica del virus A

Célula T naïve

Anticuerpos contra el virus A

Virus A¹

FIG 3.3 Célula B de memoria. Antigénico original, también conocido como efecto Hoskins (nota 3). *Crédito: CC BY-SA 3.0 (http:// creativecommons .org/ licenses/by-sa/3.0/), por medio de Wikimedia Commons*

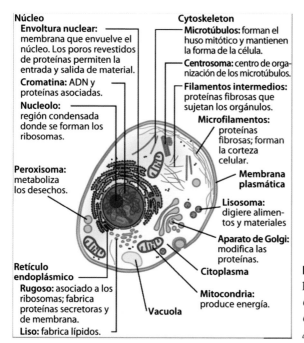

Núcleo
Envoltura nuclear: membrana que envuelve el núcleo. Los poros revestidos de proteínas permiten la entrada y salida de material.
Cromatina: ADN y proteínas asociadas.
Nucleolo: región condensada donde se forman los ribosomas.

Peroxisoma: metaboliza los desechos.

Retículo endoplásmico
Rugoso: asociado a los ribosomas; fabrica proteínas secretoras y de membrana.
Liso: fabrica lípidos.

Cytoskeleton
Microtúbulos: forman el huso mitótico y mantienen la forma de la célula.
Centrosoma: centro de organización de los microtúbulos.
Filamentos intermedios: proteínas fibrosas que sujetan los orgánulos.
Microfilamentos: proteínas fibrosas; forman la corteza celular.
Membrana plasmática
Lisosoma: digiere alimentos y materiales
Aparato de Golgi: modifica las proteínas.
Citoplasma
Mitocondria: produce energía.
Vacuola

FIG 4.1 Una célula humana. *Crédito: CNX OpenStax CC BY-SA 4.0, por medio de Wikimedia Commons.*

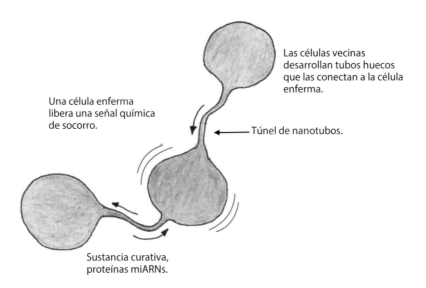

Una célula enferma libera una señal química de socorro.

Las células vecinas desarrollan tubos huecos que las conectan a la célula enferma.

Túnel de nanotubos.

Sustancia curativa, proteínas miARNs.

FIG 4.2 Nanotubos de efecto túnel.
Crédito: Bob Tadman.

FIG 4.3 Galope de un caballo de carreras de Muybridge.
Crédito: Fotos tomadas por Eadweard Muybridge (m. 1904). Editado por User: Waugsberg [Dominio público], a través de Wikimedia Commons.

FIG 4.4 Muñeca matrioska.
Crédito: Fanghong CC BY-SA 3.0, por medio de Wikimedia Commons.

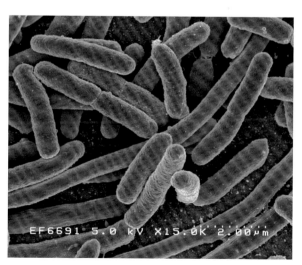

FIG 5.1 *Escherichia coli*: micrografía electrónica de barrido de *Escherichia coli,*
cultivada y adherida a un cubreobjetos.
Crédito: Rocky Mountain Laboratories, NIAID, NIH [Dominio público],
por medio de Wikimedia Commons.

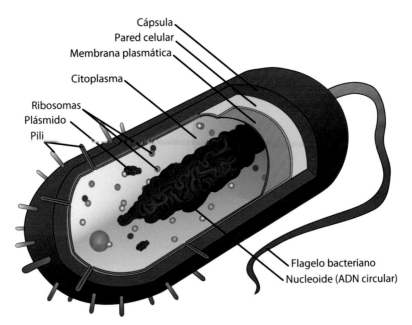

FIG 5.2 Estructura de una célula procariota típica.
Crédito: Mariana Ruiz Villarreal [dominio público], por medio de Wikimedia Commons.

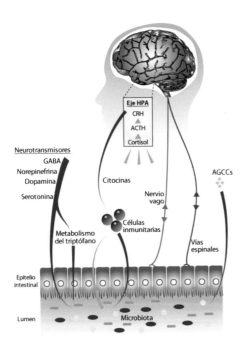

FIG 5.3 Las múltiples vías bidireccionales de comunicación entre el cerebro y la microbiota intestinal.
Crédito: Dinan, T. G., Stilling, R. M., Stanton, C., & Cryan, J. F. (2015). «Inconsciente colectivo: cómo los microbios intestinales moldean el comportamiento humano». Revista de Investigación Psiquiátrica, 63, 1-9.

FIG 5.4 Fuligo septica, moho limoso plasmodial.
Crédito: Scot Nelson, Reconocimiento-Compartir Igual 2.0 Genérico CC BY-SA 2.0, por medio de Flickr.

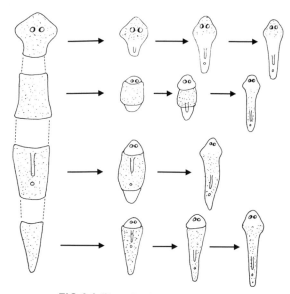

FIG 6.1 Decapitación y regeneración.
Ilustración de la secuencia de regeneración del gusano.
Crédito: Bob Tadman.

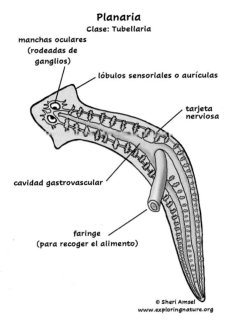

Planaria
Clase: Tubellaria

manchas oculares
(rodeadas de
ganglios)

lóbulos sensoriales o aurículas

tarjeta
nerviosa

cavidad gastrovascular

faringe
(para recoger el alimento)

© Sheri Amsel
www.exploringnature.org

FIG 6.2 Anatomía de las planarias.
Crédito: ©Sheri Amsel–
Exploringnature.org.

FIG 6.3 Ardilla terrestre
del Ártico.
Crédito: Dominio público, por
medio de Wikimedia Commons.

FIG 6.4 Pupa del gusano del tabaco.
Crédito: Por Daniel Schwen CC BY-SA 4.0, por medio de Wikimedia Commons.

FIG 6.5 Polilla del tabaco *(Manduca sexta).*
Crédito: Kugamazog- CC BY-SA 2.5–2.0–1.0, por medio de Wikimedia Commons.

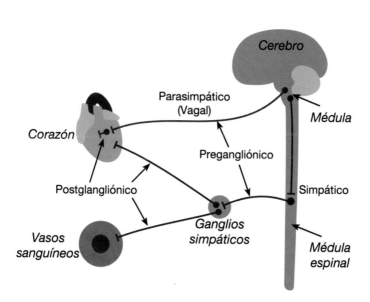

FIG 8.1 Inervación autonóma del corazón y la vasculatura.
Crédito: Richard E. Klabunde, Ph.D. Marian University College of Osteopathic Medicine.

FIG 9.1A 3 meses después del inicio del experimento. *Crédito: Bob Tadman.*

FIG 9.1B 6 meses después del inicio del experimento. *Crédito: Bob Tadman.*

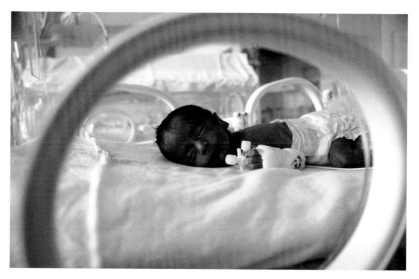

FIG 9.2 Recién nacido en la UCIN. *Crédito: Creative Commons CC0.*

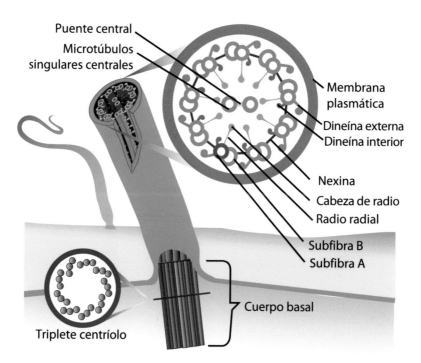

Puente central
Microtúbulos
singulares centrales

Membrana
plasmática

Dineína externa
Dineína interior

Nexina
Cabeza de radio
Radio radial

Subfibra B
Subfibra A

Cuerpo basal

Triplete centríolo

FIG 9.3 Cilios de paramecio que muestran microtúbulos.
Crédito: LadyofHats [Dominio público], de Wikimedia Commons.

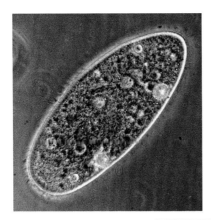

FIG 9.4 Paramecio.
Crédito: Barfooz CC BY-SA 3.0, por medio de Wikimedia Commons.

FIG 9.5 Imagen de un átomo.
Crédito: Contemporary Physics Education Project.

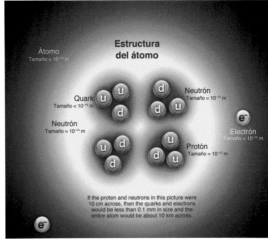

FIG 9.6 Partículas entrelazadas.
Crédito: Katie McKissik.

parece creíble concluir que la memoria, además de almacenarse en el cerebro, también debe codificarse en otras células y tejidos del cuerpo. En otras palabras, todos estamos dotados de sistemas de memoria tanto somáticos como cognitivos que se apoyan mutuamente.

CONCLUSIONES CLAVE

◆ La retención de la respuesta aprendida sobrevive a la regeneración en la planaria.

◆ La memoria social no parece verse afectada por la hibernación.

◆ En algunos casos de insectos holometábolos, se ha demostrado que el comportamiento de los adultos se originó a partir del aprendizaje asociativo de las larvas.

◆ Datos convincentes sobre planarias, insectos y mamíferos sugieren que los recuerdos del comportamiento aprendido pueden sobrevivir a la reorganización y reconstrucción drásticas del cerebro.

7

LA SABIDURÍA DEL CUERPO

«Hay más sabiduría en tu cuerpo que en tus filosofías más profundas».

—Friedrich Nietzsche—.

Introducción

En el capítulo anterior, hemos explicado cómo la lombriz planaria puede convertirse en un animal adulto completo a partir de solo una pequeña porción de otra planaria. Similar, aunque menos dramática, es la transformación de los cuerpos, incluidos los cerebros de animales en metamorfosis y animales en hibernación, con respecto a la retención de recuerdos de su pasado. Los humanos no somos tan versátiles. Sin embargo, nuestro cuerpo es perfectamente capaz de curar heridas o huesos rotos o incluso reemplazar una estructura compleja como el hígado. Para que se produzca la curación, las células, los tejidos y los órganos necesitan saber qué, cuándo y cómo lograrlo. Sin la capacidad de recordar la propia estructura del cuerpo, la curación y regeneración de los tejidos del cuerpo no sería posible.

Como señaló Marek Dudas, del programa de biología del desarrollo del Instituto de Investigación Saban de Los Ángeles: «La memoria estructural de los tejidos se distribuye a lo largo de todas las estructuras corporales y se codifica directamente dentro de ellas, comenzando con el ADN proporcionando las instrucciones principales para construir todas las estructuras de orden superior, más o menos como sistemas de autorrecuerdo»[296]. En pocas palabras, la reparación de tejidos u órganos dañados no es de arriba hacia abajo sino de abajo hacia arriba; no está controlada por el cerebro, sino organizada localmente por las células afectadas o ensamblajes de células en los tejidos y órganos del cuerpo.

Bessel Van der Kolk, de la Facultad de Medicina de Harvard, una de las principales autoridades en el trastorno de estrés postraumático, escribió hace algunos años: «Tu cuerpo, lo creas o no, lo recuerda todo. Sonidos, olores, tactos, sabores. Pero el recuerdo no está guardado en tu mente, encerrado en algún lugar recóndito de tu cerebro. En cambio, se mantiene en tu cuerpo, a nivel celular»[297].

Memoria corporal

Hace veinte años, cuando todavía jugaba al tenis en verano y esquiaba en invierno, un libro de W. Timothy Gallwey titulado *El juego interior del tenis*[298] se convirtió en un éxito de ventas. Gallwey siguió con el golf, la música, etc. Tenía un éxito en sus manos. Su consejo para un mejor rendimiento: superar los obstáculos mentales, mejorar la concentración y reducir la ansiedad. Y junto a ello, las claves de cómo dar un golpe de derecha, de revés o cómo sacar. Repite esto en tu mente una y otra vez. Al esquiar, antes de lanzarte colina abajo, piensa dónde harás los giros, en qué esquí pondrás tu peso al hacer el giro, etc. Cuanto más practiques estas cosas mentalmente, mejor te desempeñarás en el deporte de tu elección. De alguna manera, los músculos aprenden de la mente cómo responder de la manera deseada. Obviamente, la conexión entre la mente y el cuerpo es muy fuerte. Sin embargo, lo contrario es menos conocido pero igualmente cierto.

En los círculos deportivos se ha observado a menudo que el entrenamiento físico en la juventud facilita la recuperación de la masa muscular y también el rendimiento más adelante en la vida, incluso después de un largo período intermedio de inactividad. Mientras que en el pasado los efectos duraderos del entrenamiento previo se atribuían al aprendizaje motor en el sistema nervioso central[299], nuevos estudios muestran que son una función de la memoria muscular[300].

Un ejemplo de ello es un estudio noruego que atribuye la memoria muscular como resultado de las propiedades peculiares de las células musculares. Mientras que la mayoría de las células del cuerpo tienen un solo núcleo, las células musculares, debido a su gran tamaño, tienen múltiples núcleos. Estos núcleos almacenan la información genética de la célula. Cuando una persona utiliza sus músculos, las células musculares se agrandan y desarrollan más núcleos. Si se interrumpe el ejercicio o el entrenamiento, las células musculares se encogen. Lo emocionante de esta investigación noruega es el descubrimiento de que los núcleos adicionales permanecen mucho tiempo después de que se detenga el entrenamiento. Luego, cuando uno vuelve a hacer ejercicio nuevamente, los núcleos todavía están allí, listos para soportar la reexpansión de los músculos. Los nuevos núcleos de células musculares, según este estudio, son más o menos permanentes una vez que se forman[301].

En la reunión anual del Colegio Americano de Medicina Deportiva en San Diego en 2017, investigadores de la Universidad de Temple presentaron resultados preliminares que sugieren que, al igual que en el tamaño de los músculos y sus múltiples núcleos, el aumento de las mitocondrias en los músculos es igualmente importante. A medida que las mitocondrias ganadas en un período inicial de entrenamiento desaparecen gradualmente cuando uno interrumpe el entrenamiento, los genes que controlan la formación de nuevas mitocondrias contenidas dentro de los núcleos adicionales permanecen en los tejidos mientras el organismo está vivo. Por lo tanto, cuando una persona vuelve a entrenar después de un largo descanso, sus células musculares ya están preparadas para volver a producir más mitocondrias[302].

Muchas funciones de nuestro cuerpo están controladas por relojes biológicos internos o circadianos, que realizan ciclos diarios y están sincronizados con la hora solar.* Estos relojes regulan el ciclo de sueño y vigilia, así como la sincronización de la función, la fisiología y el comportamiento del cerebro humano. Activan la liberación de la hormona melatonina durante el sueño; favorecen la secreción de enzimas digestivas a la hora de comer; regulan la temperatura corporal, incluida la presión arterial y la frecuencia cardíaca, y nos mantienen despiertos en los momentos más ocupados del día.

Los bioquímicos de la Universidad de Bielefeld han estado investigando el reloj interno de las plantas durante veinte años. Recientemente publicaron un nuevo estudio que muestra que los genes individuales en plantas, animales y humanos controlan el reloj interno. Las moléculas mensajeras, los ARN mensajeros, se producen en estos genes en un momento determinado del día. Estas moléculas inician la formación de proteínas-reloj, que a su vez alcanzan su máxima concentración en un momento determinado del día. Las proteínas-reloj también aseguran que otros genes en la célula estén activos en el mejor momento posible del día. Inician diferentes procesos en determinados momentos de la jornada: desde abrir y cerrar los pétalos en las flores hasta el ritmo de sueño-vigilia en los humanos[303].

Los científicos que exploran el cerebro en busca de respuestas a ciertos trastornos del sueño descubrieron recientemente que una proteína del reloj circadiano en el músculo, la BMAL1[304], regula la duración y la

---

* Ciclos biológicos rítmicos que se repiten en intervalos de aproximadamente veinticuatro horas.

forma del sueño. Los ratones con niveles más altos de BMAL1 en sus músculos se recuperaron más rápidamente de la falta de sueño. La eliminación de la BMAL1 del músculo interrumpió gravemente el sueño normal, lo que provocó una mayor necesidad de dormir y una capacidad reducida para recuperarse después de la privación del sueño. El estudio demuestra que al menos una proteína muscular, la BMAL1, afecta al cerebro. Este es otro excelente ejemplo del funcionamiento del circuito de retroalimentación del cuerpo al cerebro.

Los estudios circadianos están recibiendo un reconocimiento científico cada vez mayor. En 2017, el premio nobel de Medicina y Fisiología fue otorgado conjuntamente a Jeffrey C. Hall (Universidad de Maine), Michael Rosbash (Universidad Brandeis) y Michael W. Young (Universidad Rockefeller) «por sus descubrimientos de mecanismos moleculares que controlan el ritmo circadiano»[305]. Al examinar el funcionamiento interno de las moscas de la fruta, los investigadores determinaron que el gen que estaban analizando codificaba una proteína que se acumulaba en las células durante la noche y luego se degradaba durante el día (aquí volvemos a la epigenética).

La luz ahora se reconoce como el principal sincronizador circadiano en humanos. En las personas videntes, el período circadiano intrínseco dura aproximadamente 24,2 horas. Es el mismo en las personas ciegas. Por lo tanto, no es a través de nuestros ojos sino a través de las células de nuestra piel como se registra la luz o la falta de ella. Me alegro de que el sistema circadiano esté recibiendo un reconocimiento científico desde hace mucho tiempo, porque ilustra otro aspecto de la mente encarnada.

De interés, aunque no totalmente relevante, es el hallazgo de que los ritmos circadianos de la melatonina y la temperatura corporal se establecen en diferentes momentos en las mujeres que en los hombres, incluso cuando las mujeres y los hombres mantienen horas de acostarse y despertarse casi idénticas y constantes. Las mujeres tienden a levantarse más temprano que los hombres y muestran una mayor preferencia por las actividades matutinas que los hombres. Se desconoce el mecanismo neurobiológico que subyace a esta diferencia sexual en la alineación circadiana[306].

Creo que es importante señalar que, cuando las células de nuestro cuerpo se multiplican, siguen un programa conocido como ciclo celular. En un ciclo celular normal, se producen dos células hijas por división celular al final del ciclo. Muchos cánceres involucran un ciclo celular disfuncional o hiperactivo, lo que permite que las células tumorales se multipliquen sin control. En el pasado, se suponía que el ciclo celular era independiente del reloj circadiano. Sin embargo, un estudio publicado en la edición de diciembre de 2017 de la revista *PLOS Biology* mostró que una proteína llamada RAS, conocida por controlar el ciclo celular, también controla el reloj circadiano. Su trabajo destaca la importancia del reloj circadiano como modulador de la función celular y refuerza aún más el importante papel que desempeña en la prevención del cáncer[307].

Cuando uno camina o conduce, es la memoria del cuerpo la que realiza los cálculos principales, con poca o ninguna información de los centros cerebrales superiores. Uno no tiene que pensar: «Levantar el pie izquierdo, bajar el pie izquierdo, levantar el pie derecho, etc.». Pasamos a lo que podría describirse mejor como piloto automático.

Un ejemplo familiar de la memoria corporal en acción es la curación de tejidos lesionados. Cuando los tejidos están dañados, la basura orgánica debe retirarse del sitio de la lesión y los nuevos componentes deben entregarse o recrearse allí. Todo debe suceder de manera orquestada e involucra genes, señalización celular, interacciones de matriz, vasculatura funcional y circuitos de regulación neurohormonal, por nombrar solo los elementos más importantes. Los tejidos y las células siempre realizan sus tareas reparadoras utilizando un conjunto predeterminado de funciones biológicas y bajo la influencia de condiciones microambientales[308]. Debe enfatizarse que la guía para la reparación no se origina en el cerebro sino localmente, en los tejidos y órganos dañados, en conjunto con otras estructuras cercanas y lejanas. El cuerpo realiza esta tarea bajo el radar, por así decirlo, misteriosa y eficientemente fuera de nuestra conciencia.

Como aprendimos en el capítulo sobre el sistema inmunitario, su función principal es mantener los recuerdos de inflamaciones pasadas para generar respuestas más rápidas a las infecciones recurrentes. Sin embargo, científicos de muchas partes del mundo sospecharon que otros tipos de células de larga vida podrían recordar de manera similar la inflamación. La piel era un lugar lógico para investigar: como capa exterior del cuerpo, está expuesta a ataques frecuentes.

Recientemente, investigadores de la Universidad Rockefeller [309] demostraron en experimentos con ratones que las heridas se cerraron más del doble de rápido en la piel que había experimentado previamente inflamación que en la piel en la que no, incluso si esa experiencia inflamatoria inicial había ocurrido hasta seis meses antes, el equivalente de unos quince años para un humano. El equipo determinó que la curación se aceleró porque las células madre experimentadas por la inflamación que permanecieron incrustadas en las capas más profundas de la piel se movieron mejor hacia la herida para reparar la brecha.

Las señales de nuestros cinco sentidos informan al cerebro sobre nuestro entorno externo. Si una niña pequeña toca una estufa caliente, lo más probable es que grite de dolor y retire la mano por reflejo. El recuerdo del suceso hará que evite volver a tocar un objeto caliente de la misma manera. Las señales sensoriales de la piel, los ojos y otros órganos crean recuerdos en el cerebro. También dejan huellas en las células, en conjuntos de células y en las redes neuronales que transmiten estas señales. Cuantos más sentidos son activados por un estímulo, mejor recordamos el evento, porque células adicionales en el cuerpo, junto con las del cerebro, han participado en el procesamiento y en el recuerdo de la experiencia.

Una prueba común para muchas personas, especialmente los ancianos, es el dolor crónico. Los científicos nos dicen que esta condición altamente angustiosa induce cambios específicos en las neuronas y la microglía. Parece que las lesiones pequeñas y, a menudo, aparentemente inocuas dejan huellas moleculares detrás de las cuales se suman daños más duraderos y, en última instancia, dolor crónico. En las personas sanas, los sistemas de proteínas de mantenimiento de las células reemplazan y restauran la mayor parte de su contenido cada pocas semanas. Sin embargo, en quienes padecen dolor crónico, las copias dañadas de las proteínas esenciales reemplazan a las sanas. ¿Por qué estos cambios persisten mucho después de que la herida precipitante haya sanado? Un nuevo estudio del King's College[310] London ofrece al menos una respuesta parcial.

Al examinar la respuesta inmunitaria de la médula espinal en el dolor neuropático, aislaron la microglía residente para la secuenciación del ARN del genoma completo (RNA-seq) y del perfil epigenético. Sus datos proporcionan evidencia de que la lesión del nervio periférico cambia los potenciadores microgliales, lo que llamamos interruptores en el capítulo sobre genética, un proceso que podría mantener estas células en un estado anormal y desadaptativo durante largos períodos. En pocas palabras, los científicos descubrieron por primera vez que el dolor crónico puede ser causado por cambios epigenéticos en la microglía y persiste debido a ellos.

El dolor crónico también está presente con frecuencia en personas que sufren de un miembro fantasma. Un miembro fantasma es la sensación que experimenta una persona con un miembro amputado o perdido, como el brazo, como si todavía estuviera unido al cuerpo. Comúnmente, además del dolor, algunas personas registran otras sensaciones en su miembro fantasma como hormigueo, calambres, calor y frío.

Las teorías de los mecanismos propuestos para explicar las sensaciones fantasma han cambiado en los últimos años, pasando de creer que era de origen psicológico a suponer que es causado por cambios en el tejido nervioso periférico y central. Más recientemente, se ha propuesto el papel de las neuronas espejo del cerebro en la generación del dolor fantasma. En 2016, un equipo del Hand and Brain Lab de Oxford utilizó un escáner de resonancia magnética de ultraalta potencia para comparar la actividad cerebral en dos personas que habían perdido la mano izquierda por amputación, pero que aún experimentaban sensaciones fantasma vívidas, con once personas que conservaban ambas manos y eran diestras. A cada persona se le pidió que moviera los dedos individuales de su mano izquierda. Los científicos involucrados en el estudio señalaron que, si bien el cerebro lleva a cabo una reorganización cuando se pierden las entradas sensoriales, no borra la función original de un área del cerebro[311].

En vista de la exposición anterior, creo que es seguro asumir que numerosos mecanismos son responsables de la existencia del miembro fantasma. Un mecanismo que no ha sido investigado es el que propongo aquí; es decir, que las células y los tejidos que una vez tuvieron contacto con la parte extirpada la recuerdan, al igual que el área sensorial del cerebro que originalmente cumplía esa función, y continúan enviando señales al cerebro como si la parte todavía estuviera allí. Parece que lo hacen a pesar de que la persona afectada sabe muy bien que le falta esa parte. En otras palabras, existe una desconexión entre los centros cognitivos del cerebro (nuestro yo consciente) y la comunidad de células (parte de nuestro cerebro encarnado) que actúa como si la extremidad u órgano todavía estuviera presente.

Te invito a considerar este recuerdo de una amiga mía: «Mi madre tiene una demencia severa. No parece saber nada y muy rara vez habla. Tuvo ocho hijos y está completamente ciega. Hace algún tiempo le traje una muñeca. Pensé que la consolaría. Cuando le di la muñeca ella tocó alrededor de la muñeca porque no podía verla. Luego volvió la muñeca y la colocó como si fuera un bebé. Se sentó contenta sosteniendo la muñeca. Siento que eso fue memoria corporal, porque la vida de mi madre había girado en torno a la crianza de hijos y nietos».

Por un momento, y quizá por primera vez en meses, la madre de mi amiga se centró, orientada no solo a la muñeca en sus brazos y a su hija, sino a su propia identidad. Un momento que unificó sus hábitos físicos inconscientes y las experiencias recordadas conscientemente con sus intenciones presentes, sensaciones corporales y emociones profundamente sentidas. El relato de mi amiga destaca el efecto duradero de la memoria corporal. Incluso después de que el cerebro haya perdido sus funciones cognitivas, incluso después de que una persona se haya vuelto sorda y ciega, el cuerpo todavía recuerda.

William James[312], quien dio forma a nuestra comprensión de la psicología del hábito ya en 1884 en un ensayo titulado *¿Qué es una emoción?*, presentó un caso persuasivo de «hasta qué punto nuestra vida mental está entretejida con nuestro marco corporal». Con la vista puesta en la intensa interacción entre nuestros cuerpos y nuestras mentes, Marc Wittmann[313], destacado psicólogo y cronobiólogo alemán, escribió en 2016: «El cerebro no representa simplemente el mundo de forma incorpórea como una construcción intelectual, sino que el organismo interactúa como un todo con el medioambiente… e interactúa socialmente con otras personas. Nuestra mente está atada al cuerpo».

Este parece un buen lugar para resucitar a Wilhelm Reich[314], alumno de Sigmund Freud, quien se separó de Freud porque quería centrarse más en el cuerpo y menos en la mente. Reich avanzó el término «coraza de carácter», que definió como la expresión corporal del conflicto entre nuestras necesidades humanas básicas, deseos y sentimientos auténticos con las actitudes y condicionamientos antinaturales que nos imponen la familia y la sociedad. La coraza es una manera de protegernos del dolor de no expresar aquellas partes de nosotros mismos que hemos aprendido a ocultar.

Años de recuerdos emocionalmente dolorosos sin resolver crean tejidos endurecidos que fijan el movimiento y sacan al cuerpo de su alineación natural. Cuanto más persiste este estado, más se convierte en parte de nuestra coraza corporal. La coraza corporal es evidente en personas de todas las edades, incluidos niños y ancianos. Un síntoma común de las personas con coraza corporal es la fatiga experimentada, porque se necesita energía para suprimir la memoria corporal, especialmente la energía emocional no resuelta.

Los profesionales de la salud como osteópatas[315], quiroprácticos, terapeutas craneosacrales, masajistas y otros que trabajan con los cuerpos de sus clientes generalmente suscriben la creencia de que, en lugar de una ansiedad latente, es un trauma físico, sexual o emocional lo que ha creado un área localizada y comprimida, o áreas de energía extraña y desorganizada, en el cuerpo, separadas de la conciencia. Trabajar en estas áreas a menudo descubrirá y liberará recuerdos traumáticos y/o liberará a la persona del dolor crónico. Creo que ambas teorías son correctas. En algunas personas, la coraza corporal se desarrolla como resultado de un conflicto no resuelto, mientras que en otras puede deberse a una experiencia traumática.

Cuando la experiencia pone en peligro la vida o tiene lugar durante un período prolongado y es terriblemente dolorosa, ya sea física o psicológicamente o ambas, la persona puede experimentar un colapso psicológico total. Todos nosotros tenemos límites en cuanto a lo que podemos tolerar en términos de abuso físico, sexual o emocional. Cuando se traspasa ese límite, el dolor queda fuera de la conciencia y se entierra profundamente en el inconsciente. La mente del superviviente bloquea el dolor y «olvida» lo sucedido hasta muchos años después, cuando algún acontecimiento fortuito o un tratamiento de psicoterapia se lo devuelve, a veces solo parcialmente, otras veces en su totalidad. Hay una resistencia muy natural a desenterrar viejos traumas. Recordar promete ser angustioso. Por otro lado, el cuerpo está ansioso por contar su historia, porque quiere descargarse de sus dolorosos y a menudo vergonzosos secretos.

A las personas con trauma crónico continuo se les diagnostica trastorno de estrés postraumático[316], una afección que se caracteriza por una gran excitación persistente; recuerdos recurrentes, involuntarios e intrusivos del evento traumático; pérdida de memoria de otras partes de ese evento; falta de capacidad de concentración; deterioro del funcionamiento social, y sentimientos de desapego o distanciamiento de los demás. Los efectos del trauma persisten porque el suceso traumático está encerrado en las estructuras celulares del cuerpo. El TEPT es otro ejemplo de memoria corporal.

En el caso de las personas con TEPT, un roce, un olor, un sonido, incluso ciertos tipos de clima, pueden desencadenar y traer el pasado repentinamente al presente de nuevo. El escritor Aharon Appelfeld lo expresó de esta manera en sus memorias:

«Todo lo que pasó en ese momento ha dejado huella en las células de mi cuerpo. No en mi memoria. Las células del cuerpo parecen recordar mejor que la memoria, que está destinada a eso. Durante años después de la guerra, no caminaba por en medio de la acera o del camino, sino siempre cerca de la pared, siempre en la sombra, siempre con prisa, como quien huye. […] A veces basta con oler la comida, sentir humedad en los zapatos o escuchar un ruido repentino para volver a la guerra […] La guerra se asienta en todos mis huesos»[317].

En el ejemplo anterior no es un episodio en particular, sino todo un segmento de la vida de una persona lo que ha dejado su huella en el cuerpo, más profunda y permanentemente de lo que podría lograr cualquier memoria autobiográfica. Las personas traumatizadas reaccionan a los recordatorios[318] del trauma con respuestas de emergencia que eran pertinentes en el momento de la amenaza original, pero que desafortunadamente suelen ser inapropiadas y ajenas a su ego en la situación actual.

Curiosamente, cuando Aharon Appelfeld dijo «la guerra se asienta en todos mis huesos», lo que probablemente quiso decir metafóricamente en realidad está demostrando ser científicamente cierto. Según genetistas de la Universidad de Columbia, la respuesta de estrés agudo en vertebrados óseos no es posible sin la osteocalcina[319]. La osteocalcina es una hormona que se produce en los huesos. Regula un número grande y en continuo crecimiento de funciones fisiológicas y procesos de desarrollo. Numerosos estudios han descubierto que ayuda a regular el metabolismo, la fertilidad, el desarrollo cerebral y la función muscular. Mejora la memoria y reduce la ansiedad. Está ligada a la biología del envejecimiento.

James Herman, neurocientífico de la Universidad de Cincinnati, al comentar sobre esta investigación, dijo: «Creo que eso significa[320] que la forma en que actualmente entendemos el estrés es demasiado simplista». Herman agrega que los mensajeros químicos de otras partes del cuerpo también pueden desempeñar un papel en la respuesta al estrés. Los experimentos de su propio laboratorio han identificado un papel potencial relacionado con el estrés para las señales secretadas por la grasa. La señal de la grasa al cerebro[321] puede estar mediada por mecanismos neuronales, liberación de adipocinas o aumento de la lipólisis. Estos estudios respaldan un vínculo entre la biología del estrés y el metabolismo energético, una conexión que tiene una clara relevancia para numerosos estados de enfermedad y sus comorbilidades (la presencia simultánea de dos o más enfermedades o condiciones médicas en un paciente).

Investigadores de las universidades de Columbia y de la Sorbona señalaron que lo que ilustra esta investigación es un principio clásico y fundamental de la fisiología: ningún órgano, incluido el cerebro, es una isla[322] en sí mismo.

Las buenas noticias

Kristian Gundersen y sus colegas han observado que la capacidad de generar nuevos núcleos en los músculos[323] parece disminuir con la edad. Eso sugiere que ponerse lo más en forma posible mientras se es joven proporcionará beneficios duraderos a medida que se envejezca, haciendo que los músculos respondan mejor al ejercicio.

Hoy en día existe una vasta literatura sobre las respuestas de las personas a experiencias extremas[324], como traumas de guerra, violaciones, secuestros, desastres naturales, accidentes y torturas. Lo más probable es que nunca podamos dejar de lado por completo estos recuerdos aterradores. Sin embargo, podemos disminuir su impacto en nuestra vida diaria y aprender de manera gradual a reemplazar los juicios negativos que hicimos sobre nosotros mismos después de las experiencias traumáticas con el reconocimiento de nuestra fortaleza de carácter para haber sobrevivido y superado dichas experiencias.

La terapia centrada en el cuerpo [325], también conocida como psicoterapia somática, es un enfoque terapéutico que reconoce la íntima relación entre el cuerpo humano y el bienestar psicológico de una persona. Fue introducido por primera vez por Wilhelm Reich, quien utilizó una combinación de respiración y trabajo corporal intensivo para liberar las contracciones en los músculos que sentía que estaban anormalmente contraídos como resultado de experiencias estresantes y traumáticas pasadas. Su intención era obtener acceso y liberar estos dolorosos recuerdos y emociones que lo habían llevado a blindarse el cuerpo.

La historia contada por la narrativa somática (gesto, postura, movimiento, patrones de énfasis y entonación en el habla) es posiblemente más significativa que la historia contada mediante palabras. La psicoterapia centrada en el cuerpo deja a un lado las palabras y las cabezas y se dirige al cuerpo. Este enfoque ha demostrado ser beneficioso en el tratamiento del dolor crónico y el TEPT al ayudar a las personas a sentir la experiencia directamente en el cuerpo, eludiendo las intelectualizaciones y los pensamientos obsesivos. En muchos casos (ningún enfoque terapéutico funciona para todo el mundo), esto es todo lo que se necesita para activar las funciones naturales de relajación y restauración del cuerpo y lograr la curación. Por supuesto, como toda buena terapia, lograr la remisión total de los síntomas lleva tiempo.

La terapia de masaje, junto con varios métodos de terapia de conversación psicológica, puede ser muy útil. Otras modalidades de curación del cuerpo son el *shiatsu*, el toque terapéutico, la terapia cráneosacral, la terapia de polaridad, el masaje de puntos gatillo, el *rolfing* y la reeducación del movimiento mediante el método Feldenkrais. Como con toda psicoterapia, uno necesita encontrar un terapeuta que tenga conocimientos, habilidades y le trate con cariño.

Un fenómeno que ha recibido poca atención es lo que llamo cronopsicología. La abuela de una de mis pacientes dio a luz a la madre de la paciente, Judy, a los dieciocho años. Judy dio a luz a Annie, mi paciente, y también a los dieciocho años Annie dio a luz a su hija Beth. Te complacerá saber que Beth rompió este notable patrón inconsciente. Tuvo un hijo a los veintidós años. La pediatra australiana Averil Earnshaw escribió un libro sobre este tema. En él expone: «Escribo sobre experiencias olvidadas y no digeridas en las familias, que estallan como actuaciones repetidas, en edades cruciales en la vida familiar [...] Planteo observaciones de que estas erupciones nos afectan a las mismas edades en que fueron "enterradas" en las vidas de nuestros padres»[326].

Earnshaw analiza muchos incidentes de lo que ella llama «tiempo familiar» de su propia práctica y agrega sesenta y una historias de casos de personas famosas, desde Jane Austen hasta Virginia Woolf, que demuestran los efectos de la memoria corporal cronológica en sus vidas.

Ten en cuenta que la creencia de una persona en su propio albedrío, el grado de autoestima, su enfoque de la vida, ya sea positivo o negativo... todos estos factores tendrán un gran efecto en la curación de los tejidos y en la salud en general.

Resumen

Tanto el cuerpo físico como el cerebro retienen un recuerdo de todas nuestras experiencias. Si nuestras memorias cerebrales y somáticas no existieran y respondieran colectivamente, tendríamos que reaprender cada día las tareas básicas de la vida, como cepillarnos los dientes o abrir una lata de atún.

La curación y reparación de los tejidos dañados se desencadena por reacciones de estos tejidos. En otras palabras, en un nivel local libre de mando central, léase: cerebro. Esta reacción localizada es seguida por la operación de interacciones complejas entre todos los sistemas de mantenimiento de la estructura que consisten en biomoléculas, genes, estructuras subcelulares y extracelulares y redes de señalización, junto con todos los mecanismos vasculares, hormonales y neurales relacionados.

Imagina por un momento que un viejo y famoso teatro de Boston necesita reparaciones con mucha urgencia. El gobierno municipal, con un presupuesto asignado para estos asuntos, iniciará la restauración contratando a un arquitecto local y nombrando a un jefe de obra, quien a su vez contratará a la cuadrilla de trabajo necesaria. La legislatura estatal puede decidir contribuir con cierta suma de dinero y, con un poco de suerte, el Congreso también puede contribuir. Además, puede haber organizaciones sin fines de lucro e incluso particulares que decidan contribuir. Si bien la ciudad de Boston está a cargo, también están involucrados muchos otros niveles de gobierno y organizaciones. Eso te da una idea.

La existencia en nuestros cuerpos de un intrincado, unificado, multinivel y homeostático sistema de memoria celular es lo que nos permite ser seres humanos completamente funcionales.

CONCLUSIONES CLAVE

◆ A través de la repetición de experiencias se forma un hábito: las secuencias de movimiento bien practicadas se convierten en conocimientos y habilidades corporales implícitas.

◆ Las experiencias, especialmente las que tienen una fuerte carga emocional y/o han involucrado a múltiples órganos sensoriales, como los ojos, los oídos o la piel, tienden a estar más ancladas en la memoria corporal que las experiencias con menos carga emocional o percibidas por solo una o dos modalidades sensoriales.

◆ Las células y los tejidos locales originan y controlan la reparación a medida que recurren de manera gradual a otros sistemas para apoyar su trabajo.

◆ Las lesiones que provocan inflamación son recordadas por las células madre de la piel.

◆ Los traumas, ya sean físicos o psicológicos, se encierran en todo el cuerpo. Por lo tanto, la curación completa puede beneficiarse de la psicoterapia orientada al cuerpo.

◆ En ocasiones, nuestro cuerpo habla en voz alta sobre cosas que preferiríamos no escuchar. Pero ese es precisamente el momento de hacer una pausa y escuchar.

8

TRASPLANTES DE CORAZÓN: ¿TRASPLANTES DE PERSONALIDAD?

«A veces el corazón ve lo que es invisible a los ojos».

—H. Jackson Brown Jr.—.

«Un corazón lleno de amor es el principio de todo conocimiento».

—Thomas Carlyle—.

«Solo con el corazón se puede ver bien. Lo que es esencial es invisible a los ojos».

—Antoine de Saint-Exupéry—.

«Nadie ha medido jamás, ni siquiera los poetas, cuánto puede contener el corazón».

—Zelda Fitzgerald—.

«Tu corazón está lleno de semillas fértiles esperando brotar».

—Morihei Ueshiba—.

«El corazón humano tiene tesoros escondidos, en secreto guardados, en silencio sellados; los pensamientos, las esperanzas, los sueños, los placeres, cuyos encantos se rompían si se revelaban»

—Charlotte Brontë—.

«Un corazón que ama es la más verdadera de las sabidurías».

—Charles Dickens—.

«Pon tu corazón, mente y alma incluso en tus actos más pequeños. Este es el secreto del éxito».

—Swami Sivananda—

«Solo haz lo que te dice tu corazón».

—Princesa Diana de Gales—

«Aquello a lo que tu corazón se aferra y en lo que confías, ese es realmente tu Dios».

—Martín Lutero—.

«El corazón tiene sus razones de las que la razón nada sabe».

—Blaise Pascal—.

Expresiones comunes sobre el corazón:

Sigue a tu corazón.

Tiene buen corazón.

Con el corazón en la mano.

Se le rompió el corazón.

Le partió el corazón.

Tiene un corazón de oro.

Era un corazón débil.

Abrió su corazón.

Le tocó el corazón.

Ser todo corazón.

Con el corazón encogido.

Tenía el corazón en un puño.

No le cabía el corazón en el pecho.

Le salió del corazón.

No tiene corazón.

Con el corazón en vilo.

Habla con el corazón.

Introducción

Considera estas famosas expresiones comunes por un momento. Colectivamente, asumen que el corazón no es solo una máquina que bombea sangre, sino también la sede de las emociones (corazón encogido, corazón roto), pensamiento (habla con el corazón) y personalidad (corazón débil). Nadie dice: «Con el hígado en vilo» o «No le cabía el hígado en el abdomen». Solo un comediante diría: «El páncreas tiene sus razones de las cuales la razón no sabe nada».

No puedo abordar todo el simbolismo cultural que se ha acumulado alrededor del corazón. Como veremos, si bien estas expresiones y metáforas sobre el corazón reflejan siglos de sabiduría popular, parece que las ideas que conocemos en nuestro inconsciente colectivo sobre el corazón como centro de pensamiento, sentimientos y personalidad están más cerca de los recientes descubrimientos sobre la función cardíaca de lo que la ciencia suponía previamente.

Exploraremos el papel que juega el corazón en nuestro sentido del yo y nuestra personalidad, y mostraremos que los receptores sensibles de trasplantes de corazón pueden experimentar cambios en su propia personalidad que encajan con los de su donante. Dichos cambios son una prueba más de que la información/memoria está incrustada en las células y tejidos del cuerpo, así como en las células cerebrales.

Biología del corazón

Primero, algunos conceptos básicos. El corazón es un órgano muscular hueco, situado en el centro del pecho. El corazón y los vasos sanguíneos constituyen el sistema cardiovascular (circulatorio). La contracción de las fibras musculares del corazón está sincronizada, como la del intestino, y muy controlada. Los impulsos eléctricos rítmicos (descargas) fluyen a través del corazón de manera precisa a lo largo de distintas vías y a una velocidad constante. Los impulsos se originan en el marcapasos natural del corazón (el seno o nódulo sinoauricular, una pequeña masa de tejido en la pared de la aurícula derecha), que genera una pequeña corriente eléctrica[327]. Algunas células cardíacas hacen el trabajo de bombear sangre (las células musculares de las aurículas y los ventrículos, las cámaras del corazón), mientras que otras exhiben oscilaciones eléctricas mediante las cuales regulan el ritmo del corazón.

El corazón humano contiene un estimado de dos a tres mil millones de células musculares cardíacas, que representan alrededor de un tercio del número total de células del corazón. El resto incluye músculo liso y células endoteliales (células que recubren la superficie interior de los vasos sanguíneos, los vasos linfáticos, las arterias coronarias y las cámaras del corazón). El corazón también contiene fibroblastos y otras células del tejido conectivo, mastocitos y células relacionadas con el sistema inmunitario. Recientemente, también se han identificado células madre cardíacas pluripotentes en el corazón[328]. Estos distintos grupos de células no están aislados, sino que interactúan constantemente entre sí[329].

El corazón, como el intestino, también contiene un sistema nervioso intrínseco[330] que exhibe funciones de memoria tanto a corto como a largo plazo. Según J. A. Armour del Hôpital du Sacré-Coeur de Montreal, el sistema nervioso intrínseco del corazón consta de aproximadamente cuarenta mil neuronas llamadas neuritas sensoriales, que transmiten información al cerebro. Es posible que estas neuronas jueguen un papel fundamental en la transferencia de memoria.

El corazón está equipado con su propio sistema de conducción único, con influencia reguladora del sistema nervioso central. A diferencia del cerebro, la conducción no la realizan las neuronas, sino las células musculares excitables especiales. Las células cardíacas son autorrítmicas; es decir, producen sus propios potenciales de acción. Esto forma la base de la función semiautónoma del corazón. Los puntos de contacto de célula a célula, llamados uniones comunicantes, conectan las células cardíacas (hemos hablado de ellas antes) que permiten la conducción de señales eléctricas mediante el movimiento directo de iones de una célula a otra. Las uniones comunicantes permiten que grandes áreas de tejido cardíaco se contraigan como una sola unidad[331].

La frecuencia cardíaca, o pulso, es el número de veces que late el corazón en un minuto. La frecuencia cardíaca aumenta cuando el cuerpo necesita más oxígeno (como durante el ejercicio) y disminuye cuando el cuerpo necesita menos oxígeno (como durante el descanso). La velocidad a la que el nódulo sinusal envía sus impulsos (y, por lo tanto, gobierna la frecuencia cardíaca) está determinada por dos partes opuestas del sistema nervioso autónomo: el sistema simpático acelera el corazón mientras que el parasimpático lo ralentiza.

La división simpática funciona a través de una red de nervios llamada plexo simpático y a través de las hormonas epinefrina (adrenalina) y norepinefrina (noradrenalina), que son liberadas por las glándulas suprarrenales y las terminaciones nerviosas. La división parasimpática funciona a través de un solo nervio, el nervio vago, que libera el neurotransmisor acetilcolina[332].

Un intrigante estudio de la Universidad de Buenos Aires[333] ha demostrado que, cuando el corazón está condicionado por un estímulo, el mismo estímulo lo activará posteriormente en un plazo de tiempo más corto. Los investigadores destacaron la similitud entre la memoria del corazón y los procesos corticales de aprendizaje y recuperación en el cerebro. En la misma línea, investigadores de Texas han demostrado que los cambios inducidos en los ritmos de activación cardíaca persisten mucho después de que se elimine el desencadenante que indujo a esos cambios. La respuesta posterior al mismo estímulo es mucho mayor que la respuesta anterior. Los cardiólogos concluyeron que el corazón, al igual que el sistema nervioso, posee propiedades de memoria y adaptación[334].

Recordarás que en el capítulo sobre bacterias aprendimos cómo el microbioma intestinal afecta al cerebro, tanto a través de las proteínas que libera en el torrente sanguíneo como a través del nervio vago. Este es el mismo nervio vago que inerva al corazón y transporta señales en ambas direcciones, del cerebro al corazón y del corazón al cerebro. Cuando nos encontramos con una situación peligrosa, las señales del cerebro se aseguran de que el corazón lata más rápido. Cuando nos relajamos, el corazón se ralentiza, lo que a su vez afecta al cerebro. Hay mucho tráfico a lo largo de la carretera del nervio vago.

Lo que es realmente sorprendente y muy relevante para nuestra investigación es el descubrimiento de que el corazón también funciona como un órgano endocrino[335]. Es decir, al igual que la glándula tiroides o la glándula suprarrenal, produce varias hormonas, entre ellas el péptido natriurético cardíaco.*,[336] Esta hormona ejerce su efecto sobre los vasos sanguíneos, sobre los riñones, sobre las glándulas suprarrenales y sobre un gran número de regiones reguladoras en el cerebro. También se descubrió que el corazón contiene un tipo de células conocidas como células adrenérgicas cardíacas intrínsecas. Estas células liberan neurotransmisores de noradrenalina y dopamina, que alguna vez se pensó que solo los producían las neuronas del SNC. Más recientemente, se descubrió que el corazón también secreta oxitocina, comúnmente conocida como la hormona del amor o del vínculo. Además de sus funciones en el parto y la lactancia, y el establecimiento de lazos de pareja duraderos, la evidencia reciente indica[337] que esta hormona motiva y permite a los humanos que se gusten entre sí, que empaticen con los demás, que cumplan con las normas del grupo y las prácticas culturales, y que extiendan y correspondan la confianza y la cooperación. Se descubrió que las concentraciones de oxitocina en el corazón eran tan altas como las del cerebro.

El corazón genera el campo electromagnético rítmico más poderoso y extenso del cuerpo. En comparación con el campo electromagnético producido por el cerebro, el componente eléctrico del campo del corazón es unas sesenta veces mayor en amplitud y llega a todas las células del cuerpo. El componente magnético es aproximadamente cinco mil veces más fuerte que el campo magnético del cerebro y puede detectarse a varios centímetros de distancia del cuerpo con magnetómetros sensibles[338].

Los patrones de latidos rítmicos del corazón cambian significativamente a medida que experimentamos diferentes emociones. Las emociones negativas, como la ira o la frustración, están asociadas a un patrón errático, desordenado e incoherente en los ritmos cardíacos. Por el contrario, las emociones positivas, como el amor o el aprecio, se

---

* Factor natriurético auricular (FNA) y péptido natriurético cerebral (PNC). Ambas hormonas tienen potentes propiedades reguladoras del crecimiento.

asocian a un patrón suave, ordenado y coherente. A su vez, estos cambios en la cadencia del corazón crean sus cambios correspondientes en la estructura del campo electromagnético generado por el corazón, medible mediante una técnica llamada análisis espectral[339].

El cerebro, el corazón y todos los demás órganos del cuerpo producen ondas electromagnéticas que las personas cercanas, dependiendo de cuán sensibles y abiertas estén a tales estímulos, pueden resonar de manera totalmente inconsciente. A estas respuestas no cognitivas las llamamos corazonadas o intuición. También es lo que sucede cuando una madre mira directa y amorosamente a los ojos de su bebé y el niño le devuelve la sonrisa con atención. A la luz de lo que estamos aprendiendo aquí, es seguro asumir que esta comunicación es por ondas electromagnéticas entre el cerebro de la madre y el cerebro de su hijo y conduce a la vinculación y al apego.

Este punto está bien ilustrado por un estudio de veintidós parejas heterosexuales[340], de 23 a 32 años de edad, que habían estado juntas durante al menos un año. Las parejas fueron sometidas a varios escenarios de dos minutos mientras se medía mediante una electroencefalografía (EEG) su actividad de ondas cerebrales. Los escenarios incluían sentarse juntos sin tocarse, sentarse juntos tomados de la mano y sentarse en habitaciones separadas. Luego repitieron los escenarios mientras la mujer de cada pareja estaba expuesta a un leve dolor por calor en el brazo. El simple hecho de estar en presencia del otro, con o sin contacto, se asoció a cierta sincronicidad de ondas cerebrales. La sincronicidad de las ondas cerebrales aumentó más cuando la pareja se tomó de la mano mientras la mujer sufría. Me gustaría que alguien repitiera este experimento utilizando electrocardiogramas (ECG). Apostaría a que los ECG también mostrarían sincronicidad.

Por supuesto, no es necesario mantener una relación amorosa para sentirse bien o para sentirse apoyado por otra persona. Hace varios años, durante una gira de conferencias en España, enfermé gravemente y tuve que ir al departamento de urgencias de un hospital local. Como no hablo español, vino conmigo mi traductor, una persona muy cálida y cariñosa. Se le permitió acompañarme a la cirugía, donde me sometí a un procedimiento doloroso, durante el cual él se me acercó. Me tomó de la mano y, sinceramente, me sentí muy agradecido porque me ayudó a tolerar mucho mejor el dolor.

Más allá de la vinculación de pareja, existe una creciente investigación sobre la fisiología de la vinculación grupal. La capacidad de coordinar nuestras acciones con las de los demás es crucial para nuestro éxito como individuos y como especie. Por ello, no es de extrañar que actividades colectivas como trabajar juntos o cantar o bailar, por citar algunas, vayan acompañadas de sincronización de patrones cardíacos y respiratorios. Esto me recuerda un estudio del Instituto Max Planck de Berlín[341] sobre once cantantes y un director dedicados al canto coral. Observaron que sus ritmos cardíacos y su respiración se aceleraban y desaceleraban simultáneamente durante el canto. Los investigadores plantearon la hipótesis de que sus resultados mostraban que el acoplamiento oscilatorio de los patrones cardíacos y respiratorios proporciona una base fisiológica para la coordinación de acciones interpersonales. De la Universidad de Bar-Ilan en Israel aprendemos que los corazones de las personas que tocan percusión juntas[342], de hecho, laten juntos. El análisis de los datos de su estudio demostró que el grupo de percusión provocó una aparición de sincronización cardíaca más allá de lo que podría esperarse al azar. Además, la sincronización conductual y la sincronización fisiológica mejorada mientras se tocaba el tambor predijeron de manera única una experiencia intensificada de cohesión grupal. Finalmente, los investigadores demostraron que una mayor sincronía fisiológica también predice un mejor rendimiento grupal en un momento posterior en una tarea grupal diferente.

¿Por qué esto es relevante? Estos experimentos han demostrado que, cuando las personas están en sincronía emocional, también lo están su cerebro y su corazón, y también su respiración. Tanto el cerebro como el corazón generan extensos campos electromagnéticos y el del corazón es mucho más poderoso. Cuando dos o más personas están muy cerca, estas vibraciones electromagnéticas serán captadas y respondidas por sus respectivos órganos. Es como dos personas de pie a dos metros de distancia, cada una de ellas sosteniendo un diapasón. Cuando una persona golpea su diapasón, el diapasón de la otra comienza a vibrar al mismo ritmo. Cuando nuestros corazones están en la misma onda que el corazón de otra persona, y, en menor medida, cuando nuestros cerebros se sincronizan, se produce atracción mutua y nos sentimos emocionalmente cercanos a esa persona.

¿Recuerdas el estudio sobre el secuestro y la crianza cruzada[343] en el capítulo sobre genética? Las abejas melíferas europeas criadas entre abejas africanas más agresivas no solo se volvieron tan beligerantes como sus nuevas compañeras de colmena, sino que llegaron a parecerse genéticamente a ellas. Y viceversa. Prueba de que en muy poco tiempo el entorno social puede cambiar la expresión y el comportamiento de los genes. De la misma manera, cuando dos o más personas pasan tiempo juntas, sus órganos se sincronizan, particularmente el corazón, lo que fomenta el vínculo social.

Corazón y personalidad

Un estudio reciente del Hospital Universitario Aarhus de Dinamarca nos lleva en una dirección diferente. Su estudio incluyó a 10.632 adultos nacidos entre 1890 y 1982. Utilizando registros y expedientes médicos de todos los hospitales daneses, identificaron a adultos que fueron diagnosticados entre 1963 y 2012 de cardiopatía congénita. Estas personas tenían una tasa de demencia un 60% más alta en comparación con la población general. El riesgo era un 160% mayor en personas con cardiopatías congénitas que en personas menores de sesenta y cinco años[344]. Pero, ¿por qué debería ser así?

Estudios anteriores han relacionado las emociones negativas, como la depresión, la ansiedad y la ira, con un mayor riesgo de enfermedad cardíaca. Debido a que estas emociones tienden a superponerse y coexistir, ha sido difícil asignar una importancia relativa a cualquiera de ellas.

Cuando se trata de infarto de miocardio, el término médico para un ataque al corazón, la evidencia continúa acumulando que si una persona desarrolla una depresión mayor después de un ataque al corazón, algo bastante común, tendrá un riesgo tres veces mayor de muerte[345]. Lo que todo esto muestra es hasta qué punto el corazón afecta al cerebro y al resto del cuerpo y viceversa.

Según una nueva investigación de la Universidad Rice y la Universidad Northwestern, las personas que han perdido recientemente a un cónyuge[346] tienen más probabilidades de tener trastornos del sueño que las hacen más vulnerables a desarrollar inflamaciones, lo que a su vez aumenta el riesgo de desarrollar enfermedades cardiovasculares e incluso la muerte. Este es solo otro ejemplo del ecosistema perfectamente diseñado que representa nuestro cuerpo. En el momento en que se cambia uno de sus elementos, todo lo demás se ve afectado.

Pasemos de la depresión a la esquizofrenia por un momento. La principal causa de muerte entre las personas que padecen esquizofrenia es la enfermedad de las arterias coronarias[347]. La expectativa de vida promedio de la población general en los Estados Unidos es de setenta y seis años (setenta y dos años en hombres, ochenta años en mujeres), en comparación con los sesenta y un años (cincuenta y siete años en hombres, sesenta y cinco años en mujeres) entre pacientes con esquizofrenia. Por lo tanto, las personas con esquizofrenia tienen una esperanza de vida reducida en aproximadamente un 20 % en relación con la población general.

En el Congreso de la Asociación Europea de Psiquiatría de 2018[348], un informe sobre un estudio nacional de treinta y siete mil pacientes con esquizofrenia en Dinamarca reveló que las tasas de mortalidad eran más altas en pacientes con esquizofrenia que habían sufrido un infarto agudo de miocardio[349].

Los cardiólogos creen que factores como los medicamentos antipsicóticos, el tabaquismo, la obesidad que conduce al colesterol alto, la hipertensión, la resistencia a la insulina y la diabetes son responsables del aumento de la morbilidad y la mortalidad en los pacientes esquizofrénicos[350]. Además, se cree que los pacientes con esquizofrenia tienen menos acceso a la atención médica y, cuando lo hacen, cumplen menos con los consejos de sus médicos y es menos probable que tomen los medicamentos recetados.

Creo que más pertinente es el efecto del estrés agudo severo o el estrés crónico prolongado, que pueden alterar los sistemas biológicos de una manera que, con el tiempo, se suma al desgaste y eventualmente conduce a trastornos como enfermedades cardíacas, derrames cerebrales y diabetes. Además, el estrés provoca un aumento de la actividad simpática cardíaca y una disminución de la actividad parasimpática, lo que hace que el miocardio sea propenso a las arritmias y probablemente sea responsable de algunos de los cambios cardíacos observados en estos pacientes[351].

La ira y la ansiedad sostenida son otros factores que pueden alterar la función cardíaca al cambiar el sistema eléctrico del corazón, acelerar la aterosclerosis y aumentar la inflamación sistémica. Según Laura Kubzansky[352], de la Escuela de Salud Pública de Harvard, mucho depende del equilibrio entre las emociones positivas y negativas de una persona.

En un estudio de 2007, Kubzansky siguió a más de seis mil hombres y mujeres de veinticinco a setenta y cuatro años durante veinte años. Descubrió que la vitalidad emocional, una sensación de entusiasmo, esperanza, compromiso con la vida y la capacidad de enfrentar el estrés de la vida con equilibrio emocional parecían reducir el riesgo de enfermedad coronaria. El efecto protector fue claro y medible, incluso cuando se tuvieron en cuenta comportamientos tan saludables como no fumar y hacer ejercicio regularmente. Kubzansky descubrió que el optimismo reduce a la mitad el riesgo de enfermedad coronaria[353].

La investigación en la disciplina relativamente nueva de la neurocardiología ha confirmado que el corazón es un órgano sensorial y actúa como un sofisticado centro de procesamiento y codificación de información que le permite aprender, recordar y tomar decisiones funcionales independientes que no involucran a la corteza cerebral[354]. Además, numerosos estudios han demostrado que los patrones de señales cardíacas al cerebro afectan a los centros reguladores autónomos y a los centros cerebrales superiores implicados en la percepción y en el procesamiento emocional[355].

Trasplantes de corazón

En la cirugía de trasplante de corazón, se cortan las conexiones vasculares y neuronales del corazón del donante. Luego, este corazón se transfiere al pecho del receptor, donde tardará meses en conectarse con los nervios que antes alimentaban el corazón de esa persona. Durante este tiempo, el corazón trasplantado puede funcionar en su nuevo huésped solo porque posee su propio sistema nervioso intrínseco que opera y procesa la información independientemente del cerebro. Por favor, ten esto en cuenta a medida que avancemos.

Por anecdóticos que puedan ser, hay numerosos relatos en libros y revistas populares de receptores de trasplantes de corazón que experimentan distintos cambios en la personalidad y en el comportamiento después de la cirugía de trasplante. Cuando consideramos la posibilidad de tales cambios de personalidad, lo que en efecto estamos investigando es la transferencia de memoria. Recuerda los estudios de David Glanzman[356], quien transfirió con éxito un recuerdo de una babosa marina a otra, extrayéndolo del sistema nervioso de babosas donantes sensibilizadas o entrenadas (es decir, expuestas a descargas eléctricas) e inyectándolos en el cuerpo de babosas receptoras no entrenadas[357].

De manera similar, Shelley L. Berger, de la Universidad de Pensilvania[358], al experimentar con ratones, descubrió que, después de un ensayo de acondicionamiento y aprendizaje, una enzima metabólica, la acetil-CoA sintetasa 2, afectaba epigenéticamente a los genes clave de la memoria dentro del núcleo de las neuronas. En otras palabras, es probable que el ARN y una enzima en el núcleo de las neuronas participen en el almacenamiento de la memoria. Y, por supuesto, está la investigación de Shomrat y Levin sobre las planarias[359], que los llevó a concluir que los rastros de la memoria del comportamiento aprendido se retienen fuera del cerebro. Sugirieron que esto se debía a mecanismos que incluyen el citoesqueleto, los circuitos de señalización metabólica y las redes reguladoras de genes.

Y, por supuesto, todas las demás investigaciones que consideramos que mostraron que los recuerdos se distribuyen por todo el cuerpo, no solo por el cerebro.

¿Cuál es la relación entre la memoria celular, el trasplante de órganos y la correspondiente transferencia de personalidad? Hay escasez de estudios científicos sólidos en la literatura médica sobre los cambios de personalidad después de los trasplantes de corazón. Sin duda, la creencia prevaleciente de que los recuerdos se almacenan en el cerebro y en ningún otro lugar desalienta a los receptores de trasplantes a siquiera considerar la idea de que su personalidad pueda verse afectada por la del donante de órganos o hablar de ello con sus familiares, amigos o médicos. Del mismo modo, los investigadores se abstienen de estudiar este tema por temor a ser etiquetados por sus pares como poco científicos, anecdóticos o, lo que es peor, extravagantes. Con respecto a este trabajo, te pido que examines la evidencia y no prejuzgues el asunto. Una investigación retrospectiva sobre pacientes con trasplante de corazón en el Hospital Universitario de Viena[360] descubrió que tres pacientes de un total de cuarenta y siete informaron un cambio distintivo de personalidad debido a sus nuevos corazones. Curiosamente, un paciente soltero de cuarenta y cinco años que recibió un corazón de un chico de diecisiete años dijo que después del trasplante comenzó a disfrutar de la música a volumen alto y soñaba con tener un coche con un buen estéreo, algo que no deseaba antes de la cirugía. Los autores del artículo fueron, como era de esperar, más bien desdeñosos con dichos informes y escribieron: «Las declaraciones textuales de estos receptores de trasplantes de corazón muestran que parece haber problemas graves con respecto a la incorporación del injerto, que se basan en la antigua idea del corazón como centro que alberga los sentimientos y forma la personalidad».

Un estudio de trasplantes de corazón en Israel[361] fue más positivo. En su estudio, muchos destinatarios experimentaron «fantasías y mostraron un pensamiento mágico».

Específicamente, el 46 % de los receptores tenía fantasías sobre el vigor físico y los poderes del donante, el 40 % expresó cierta culpa por la muerte del donante y el 34 % tuvo una noción explícita o encubierta de haber adquirido algunas de las características de personalidad del donante junto con el corazón. En otras palabras, uno de cada tres receptores sintió que su personalidad adoptaba algunas de las características de la personalidad del donante.

Mitchell y Maya Liester, de la Universidad de Colorado, en un artículo de 2019, después de revisar la literatura sobre trasplantes de corazón[362], plantearon la hipótesis de que la adquisición de las características de personalidad del donante por parte de los receptores después del trasplante de corazón puede ocurrir mediante la transferencia de memoria celular. Sugirieron que la memoria celular consistía en memoria epigenética, memoria de ADN, memoria asociada al ARN, transferencia horizontal de genes, memoria de proteínas y memoria almacenada en el campo electromagnético del corazón. Los autores concluyeron que los receptores de trasplantes de corazón proporcionan evidencia de que la personalidad no se limita al cerebro, sino que también puede almacenarse en el corazón, parte del cual puede transferirse a través del trasplante de corazón del donante al receptor. Hace unos diez años leí un artículo de Paul Pearsall y otros investigadores en el que explicaban diez casos de trasplantes de corazón o de corazón y pulmón[363]. Pearsall entrevistó a los receptores de trasplantes, a sus familias y a las familias de los donantes, mientras que sus asociados, Gary Schwartz y Linda Russek, examinaron los paralelismos entre donantes y receptores. Según los autores, los receptores experimentaron profundos cambios[364] en sus estilos de vida: «Cambios en las preferencias de comida, música, arte, sexualidad, ocio y carrera, así como casos específicos de percepciones de nombres y experiencias sensoriales relacionadas con los donantes».

Aquí está uno de sus casos de estudio.

Caso 5

La donante era una mujer de 19 años muerta en un accidente automovilístico. La destinataria era una mujer de 29 años.

La madre de la donante informó:

«Mi hija Sara era la niña más cariñosa de todas. Era propietaria y operaba su propio restaurante de comida sana y me regañaba constantemente por no ser vegetariana. Era una gran chica. Salvaje, pero genial. Le gustaba el amor libre y tenía un hombre diferente en su vida cada pocos meses. Ya estaba loca por los hombres cuando era una chica y nunca dejó de estarlo.

»Pudo escribirme unas notas cuando se estaba muriendo. Estaba fuera de sí, pero no dejaba de decir cómo podía sentir el impacto del coche golpeándola. Dijo que podía sentirlo recorrer su cuerpo».

La destinataria informó:

«Puedes contárselo a la gente si quieres, pero te sonará a locura. Cuando me trasplantaron mi nuevo corazón, me sucedieron dos cosas. Primero, casi todas las noches, y todavía a veces, siento el accidente que tuvo mi donante. Puedo sentir el impacto en mi pecho. Me golpea, pero mi médico me dice que todo está bien.

»No podría decírselo a él, pero lo que realmente me molesta es que ahora estoy comprometida para casarme. Él es un gran tipo y nos amamos. El sexo es genial. El problema es que soy gay. Al menos, pensaba que lo era. Después de mi trasplante, no lo soy… No creo que lo sea, vaya… Soy una especie de gay confundida. Las mujeres me siguen pareciendo atractivas, pero mi novio me excita, y las mujeres no. No tengo absolutamente ningún deseo de estar con una mujer. Creo que me han hecho un trasplante de género.

»Además, ahora odio la carne. No puedo soportarla. Yo era la mayor contribuyente de dinero de McDonald's, y ahora la carne me hace vomitar. De hecho, cuando la huelo, mi corazón comienza a acelerarse. Pero ese no es el gran problema. Mi médico me ha dicho que eso es solo por mi medicación».

El hermano de la destinataria informó:

«Ahora Susie es heterosexual. Lo digo en serio. Era gay y ahora su nuevo corazón la enderezó. Tiró todos sus libros y cosas sobre política gay y ya no habla de ello. Antes era realmente militante. Ahora le toma la mano a Steven y se acurruca con él como mi novia conmigo. Habla de cosas de chicas con mi novia, cuando antes la sermonearía sobre los males de los hombres sexistas.

»Y mi hermana, la reina del Big Mac, ahora odia la carne. Ni siquiera tiene en la nevera». [Permiso para estas citas otorgado por la revista *Nexus*].

Schwartz creía que la memoria existe en cada corazón[365]. Es solo una cuestión de cuántas personas que reciban un corazón se den cuenta de esa información o se vean significativamente influenciadas por ella.

Hay muchas descripciones en la prensa popular de receptores de trasplantes de corazón que adoptan los rasgos de personalidad de su donante. Quizá el relato más conocido es el de Claire Sylvia[366], exbailarina profesional. Sylvia recibió un corazón de un chico de dieciocho años que murió en un accidente de moto. Después de la cirugía, comenzó a desear cerveza y pollo frito del KFC, cosas que nunca antes le habían gustado. «Mi hija decía que incluso caminaba como un hombre». Queriendo entender los cambios que estaba experimentando, buscó a la familia de su donante y se enteró de que esos alimentos eran sus favoritos.

Mientras leemos estos informes, debemos tener en cuenta que la creencia predominante de que los recuerdos se almacenan en el cerebro y en ningún otro lugar desalienta a los receptores de trasplantes a aceptar fácilmente cambios en su personalidad que se asemejen a los del donante de órganos o hablar de estos con sus familias, amigos o médicos. Sin duda, el miedo a ser etiquetado como raro o loco frena el entusiasmo de muchos receptores de corazones para compartir sus experiencias con los demás.

Los registros de transferencia de memoria después de trasplantes de riñón, trasplantes de pulmón o injertos de piel son prácticamente inexistentes. Además, no hay registros de seres humanos que sufran cambios de personalidad después del trasplante de válvulas cardíacas porcinas o bovinas u otros tejidos u órganos de animales. Los casos informados de transferencia de memoria parecen ser específicos de los trasplantes de corazón, lo que tiene sentido considerando el órgano tan especial que es.

En términos generales, los científicos desconfían de los autoinformes de los pacientes sobre experiencias que difieren de lo que les enseñaron en la universidad y los descartan fácilmente como místicos o propios de tendencias *new age*. Los cardiólogos convencionales descartan la idea de que un órgano como el corazón pueda impartir características de personalidad del donante al receptor. John Schroeder, de Stanford Health Care, habla a favor de esta orientación cuando dice: «La idea de que el trasplante de órganos transfiere la codificación de las experiencias de vida es inimaginable»[367]. Como Schroeder no puede imaginarlo, el fenómeno no puede existir. No es exactamente una refutación científica.

Otra escéptica, Heather Ross, quien fue directora médica del programa de trasplante de corazón en el Centro Cardíaco Peter Munk de Toronto, se burló: «Ha estado presente en la cultura pop[368] durante mucho tiempo, seguro. No hay evidencia científica de tal cosa».

Cuando se han observado cambios de personalidad después de los trasplantes, los tipos de explicaciones de los escépticos[369] incluyen los efectos de los medicamentos inmunosupresores, el estrés de la cirugía, el estrés psicosocial, la psicopatología preexistente y la coincidencia estadística. En mi opinión, estas explicaciones son insuficientes para explicar los hallazgos.

Seamos realistas. Los científicos, como el resto de nosotros, no siempre somos modelos de racionalidad, objetividad y apertura mental. Especialmente cuando atacan las ideas de otros científicos divergentes de las propias. En realidad, hay que tomar con pinzas lo que dicen estos apologistas empedernidos del *statu quo*.

Las buenas noticias

En un estudio con 6.626 participantes, los investigadores de la Universidad de Burdeos[370] descubrieron que la salud cardiovascular en las personas mayores está asociada a un menor riesgo de demencia y a tasas inferiores de deterioro cognitivo.

Un nuevo aviso científico reafirma la recomendación de la American Heart Association de comer pescado[371], especialmente aquellos ricos en ácidos grasos omega-3, dos veces por semana para ayudar a reducir el riesgo de insuficiencia cardíaca, enfermedad coronaria, paro cardíaco y el tipo más común de accidente cerebrovascular (isquémico).

La capacitación en técnicas para aumentar la coherencia del grupo y la sincronización del ritmo cardíaco se correlacionará con una mejor comunicación y estimulará el comportamiento destinado a promover la aceptación social y la amistad.

Numerosos estudios de varias poblaciones, independientemente de la geografía o la cultura, han descubierto que las personas que tienen relaciones cercanas y significativas[372] se benefician al reducir el riesgo de mortalidad y morbilidad, tienen mejores resultados en el embarazo y el parto y viven vidas más felices, saludables y largas.

Resumen

No hay duda de que las señales que el corazón envía al cerebro influyen en la función de los centros cerebrales superiores involucrados en la percepción, la cognición y el procesamiento emocional, y viceversa. Debido a este circuito de retroalimentación, no es sorprendente que las personas que sufren de depresión o esquizofrenia, o simplemente de exceso de estrés, hayan demostrado tener un mayor riesgo de desarrollar enfermedades del corazón que las personas emocionalmente sanas. El corazón es una parte muy esencial de un sistema cuerpo-mente integral, interconectado y de múltiples niveles. El cerebro del corazón es una red intrincada de varios tipos de neuronas, neurotransmisores, proteínas y células inmunitarias similares a las que se encuentran en el cerebro craneal. Este cerebro del corazón permite que el corazón actúe independientemente del cerebro craneal: aprender, recordar e incluso sentir y tener sensaciones.

Al igual que el intestino, incluso más, el corazón está conectado al cerebro por el nervio vago y el sistema nervioso autónomo. El corazón también forma parte del sistema endocrino del cuerpo y secreta péptidos (hormonas) propios. Además, genera un campo electromagnético único que afecta al resto del cuerpo y se extiende varios metros más allá.

¿Cómo explicamos los casos de atracción inmediata, de «flechazo», «amor a primera vista», de repulsión o desconfianza hacia una persona que acabamos de conocer? Tales sucesos a menudo se mencionan o se descartan sin más como basados en la intuición. Sugiero que el campo electromagnético del corazón opera como un sistema de comunicación energético por debajo de nuestra conciencia y es responsable de estos fenómenos. El corazón parece estar íntimamente involucrado en la generación de coherencia psicofisiológica[373].

La cirugía de trasplante de corazón no es simplemente una cuestión de reemplazar un órgano enfermo por uno sano. Es más que eso, ya que los informes en la literatura de receptores de trasplantes de corazón confirman que experimentan cambios en su propia personalidad que encajan con los de su donante. Dichos cambios de personalidad, al menos en algunas personas, serían esperables a la luz de nuestro descubrimiento de que la información/memoria se almacena en las células y tejidos del cuerpo. Las células cardíacas no serían una excepción a eso y, en todo caso, es más probable que transporten datos personales.

Restaurar los recuerdos de las personas que han sufrido accidentes cerebrovasculares con amnesia acompañante o que han sido diagnosticados con Alzheimer podría lograrse algún día identificando y aislando con éxito células cardíacas específicas que transportan recuerdos. Esto representaría un regalo que cambiaría la vida de millones de personas. Sabemos que la estimulación eléctrica[374] de ciertas partes del cerebro en un sujeto despierto desentierra recuerdos o melodías musicales u olores olvidados hace mucho tiempo. Entonces, la idea de buscar esos recuerdos enterrados en las células no es tan descabellada. Por supuesto, los científicos pueden tardar un tiempo en descubrir los medios para lograrlo.

CONCLUSIONES CLAVE

◆ El corazón no es solo una máquina de bombear; los riñones no solo purifican nuestra sangre; los pulmones son más que máquinas para respirar.

◆ El corazón, al igual que el sistema nervioso, posee propiedades de memoria y adaptación.

◆ El corazón actúa como una fuerza de sincronización dentro del cuerpo, un portador clave de información emocional, así como de otra información relacionada con la identidad personal.

◆ Los pacientes trasplantados sensibles pueden evidenciar cambios de personalidad que sean paralelos a las experiencias, gustos, aversiones y temperamento de sus donantes.

◆ Es reconfortante para las familias de los donantes ver evidencia no solo de que sus seres queridos le dan a alguien una oportunidad en la vida, sino también saber que una parte de ellos vive dentro del receptor.

◆ Dichos cambios son una prueba más de que la información/memoria está incrustada en las células y tejidos somáticos, así como en las células cerebrales.

◆ Parece que las ideas que llevamos en nuestro inconsciente colectivo sobre el corazón como centro del pensamiento, el sentimiento y la personalidad están más cerca de la ciencia moderna que la ciencia postulada anteriormente.

9

EL ENIGMA CEREBRO-MENTE Y EL SURGIMIENTO DE LA BIOLOGÍA CUÁNTICA

«El universo no solo es más extraño de lo que pensamos, sino más extraño de lo que podemos pensar».

—WERNER HEISENBERG, premio nobel de 1932, «por la creación de la mecánica cuántica»—.

Introducción

En este capítulo quiero abordar cuestiones centrales de la conciencia, el libre albedrío y la relación cerebro-mente. La cosmovisión científica moderna se basa predominantemente en la física newtoniana clásica. Considera la materia como la única realidad. Esta visión científica se conoce como materialismo. Una suposición relacionada es la noción de que las cosas complejas pueden entenderse reduciéndolas a las interacciones de sus partes, generalmente partes más pequeñas, más simples o más fundamentales, como átomos y electrones. Esto se llama reduccionismo. El materialismo y el reduccionismo son el Tweedledum y el Tweedledee de la ciencia.

La investigación citada en las páginas precedentes fluye de este pozo de la ciencia clásica. Basándose en esta ciencia, sería razonable que el lector concluyera que nuestra dotación genética, combinada con cambios epigenéticos en respuesta a los desafíos ambientales, ha producido la mente, la conciencia, las elecciones que hacemos, incluso nuestras creencias, gustos y disgustos. Los fenómenos biológicos como las cargas eléctricas, los neurotransmisores y las hormonas se consideran responsables y explican completamente estos procesos. Muchos neurólogos, filósofos y psicólogos opinan que, si se conocieran los innumerables factores que contribuyeron a la construcción de nuestros cuerpos (incluido el cerebro), podríamos predecir con precisión cómo actuaría una persona en cualquier situación en cualquier momento. En otras palabras, hemos sido programados como un ordenador. La mente surge de las operaciones del cerebro. El libre albedrío es una ilusión.

De manera similar, utilizando el lenguaje de las neuronas y la excitación cortical, estos científicos sostienen que el cerebro genera conciencia. Cuando el cerebro sufre una lesión, la conciencia se deteriora; cuando una persona muere, el cerebro muere y la conciencia cesa.

Los científicos, armados con resonancias magnéticas cada vez más precisas, EEG y otras herramientas de la posición materialista y determinista, han cartografiado nuestros cerebros con éxito y han localizado las áreas responsables de la vista, la audición, las funciones ejecutivas y muchas otras. Han tenido mucho éxito en la identificación de los circuitos neuronales del cerebro, la conducción eléctrica a lo largo de los axones o la difusión química a través de las sinapsis. Pero la *terra firma* del materialismo se vuelve mucho menos firme, mucho más inestable, cuando los neurocientíficos intentan comprender con los dispositivos y enfoques de la ciencia clásica el misterio más profundo de la mente. ¿Cómo un órgano de 1,5 kilos con la consistencia de la gelatina crea sentimientos de asombro o empatía?

Los científicos han demostrado que la información que llega al cerebro se descompone en flujos de procesamiento separados. Pero nadie ha encontrado aún ningún lugar donde toda la información se reúna en una imagen completa de lo que se siente, piensa o experimenta. Estos científicos ni siquiera están cerca de descubrir cómo el cerebro crea una experiencia consciente. La voluntad, la razón o la mente no tienen actualmente ningún correlato neuronal identificado con precisión.

¿Cómo puede la activación de miles de millones de neuronas dar lugar a pensamientos, imaginación, arte o apreciación de la belleza o sentimientos complejos como el amor, el odio o la felicidad? De alguna manera, los procesos cerebrales adquieren un aspecto subjetivo, que en la actualidad parecen impenetrables para la ciencia clásica. Así, entramos en la ciencia posmaterialista y en la biología cuántica.

Conciencia

Desde el principio de los tiempos, hombres y mujeres han intentado enfrentarse a los tres misterios fundamentales de la vida: la conciencia, el libre albedrío y Dios, sin mucho éxito. ¿Son estos problemas «difíciles», como el filósofo David Chalmers[375] caracterizó la conciencia, o son problemas verdaderamente insolubles y «misteriosos», como los llamó el filósofo Owen Flanagan?[376]

En general, se entiende que la conciencia significa que un individuo no solo tiene una idea, un recuerdo o una percepción, sino que también sabe que la tiene. Este conocimiento otorga a los individuos un sentido de sí mismos y de voluntad. Abarca tanto la experiencia del mundo exterior («hace sol») como la experiencia del mundo interior («soy feliz»). La conciencia, como yo la veo, es una facultad de la mente.

Nuestra capacidad de recordar es esencial para generar un sentido de identidad, razón por la cual este trabajo ha centrado tanta atención en dilucidar dónde se almacenan los recuerdos en el cuerpo y cómo se transmiten de una generación a la siguiente.

La mayoría de los biólogos creen que, en el proceso de evolución, la conciencia surge cuando las neuronas corticales de los organismos vivos alcanzan un punto de inflexión que denota un cierto grado de complejidad. Esta teoría implica que la conciencia surgió, al igual que la vida misma, de la materia inanimada. Por lo tanto, los neurocientíficos de la vieja escuela le han atribuido al cerebro una importancia singular y dominante, un hecho que durante mucho tiempo ha desalentado la investigación sobre las diferencias entre el cerebro y la mente, así como sobre los orígenes de la conciencia y del libre albedrío.

El estudio de la conciencia es complicado debido a la dificultad inherente de aplicar la mente consciente para estudiarse a sí misma. Según Ezequiel Morsella, de la Universidad Estatal de San Francisco, «la conciencia es el intermediario y no trabaja tanto como crees». Morsella, en contraste conmigo (como explicaré), propone que la mente consciente es como un intérprete[377] que ayuda a los hablantes de diferentes idiomas a comunicarse, pero que no es la fuente de la comunicación original ni es capaz de actuar sobre ella.

El punto de vista actualmente aceptado entre los neurocientíficos es que la conciencia ocurre después del hecho, como un epifenómeno (el mismo *epi* que en la epigenética), una función del cerebro. De hecho, Pierre Jean Georges Cabanis[378] (1757-1808), un fisiólogo francés, afirmó esta posición hace ya doscientos años de la siguiente manera: «El cerebro secreta pensamientos como el hígado secreta bilis». Sin embargo, no fue hasta 1991 cuando la ciencia cognitiva y la filosofía dominantes adoptaron por completo el término «epifenomenalismo» del filósofo estadounidense Dan Dennett[379] como línea compartida.

En el pasado, se pensaba que la conciencia residía en la corteza prefrontal[380]. Más recientemente, se considera que la corteza prefrontal regula los niveles de conciencia a través de interacciones recíprocas con los sistemas de excitación subcorticales, así como con los circuitos neuronales de atención, memoria de trabajo y procesos verbales y motores.

Algunos autores[381], basándose en datos de lesiones, datos de estimulación eléctrica o magnética y datos de imágenes cerebrales funcionales, argumentan que tanto los correlatos neurales completos como los específicos del contenido de la conciencia se encuentran principalmente en la parte posterior del cerebro, que abarca los lóbulos parietal, occipital y temporales laterales.

En 1992, Sir John Carew Eccles —un neurofisiólogo y filósofo australiano que ganó el Premio Nobel de Fisiología y Medicina en 1963 por su trabajo sobre la sinapsis— propuso que la conciencia probablemente tiene lugar en las dendritas[382]. Dos décadas más tarde, Karl Pribram[383], el eminente científico del cerebro, psicólogo y filósofo, llamado por sus colegas el «Magallanes de la mente», sumó su apoyo a esta teoría. Obviamente, este es un trabajo en progreso.

Un destacado grupo internacional de neurocientíficos cognitivos, neuroanatomistas, neurofarmacólogos, neurofisiólogos y neurocientíficos computacionales se reunió en la Universidad de Cambridge en 2012 para reevaluar los sustratos neurobiológicos de la experiencia consciente y los comportamientos relacionados en animales humanos y no humanos. Al final de su reunión publicaron la Declaración de Cambridge sobre la Conciencia[384], según la cual «la ausencia de una neocorteza no parece impedir que un organismo experimente estados afectivos. La evidencia convergente indica que los animales no humanos, incluidos todos los mamíferos y las aves, y muchas otras criaturas, incluidos los pulpos, tienen los sustratos neuroanatómicos, neuroquímicos y neurofisiológicos de los estados conscientes junto con la capacidad de exhibir comportamientos intencionales».

En este contexto, no sorprende que los anestesistas como grupo se destaquen entre otros científicos y filósofos por haber contribuido mucho a la investigación pionera sobre la conciencia. La capacidad del éter para inducir la pérdida del conocimiento se demostró por primera vez en un paciente con tumor en el Hospital General de Massachusetts en Boston en 1846, en un quirófano que luego se conoció como el Ether Dome. Tan importante fue el procedimiento que fue capturado en una pintura famosa, *Primera operación bajo el éter*, de Robert C. Hinckley. El Ether Dome todavía se usa a diario. Durante mis estudios en el

Massachusetts General, me pidieron que presentara una ponencia en este famoso salón. Hacerlo fue a la vez emocionante y aterrador.

Cuando a las personas se les administra un anestésico, parecen perder el conocimiento o, al menos, dejan de reaccionar a su entorno. Los agentes anestésicos no suprimen la función cerebral globalmente[385], pero ejercen efectos dependientes de la dosis en sistemas cerebrales específicos que bloquean la percepción del dolor.

La pregunta que es central para la conciencia bajo anestesia es si la conciencia se pierde por completo durante la anestesia[386] o si persiste, pero en un estado alterado. Un proyecto de investigación conjunto, «The Conscious Mind: Integrating Subjective Phenomenology with Objective Measurements» (La mente consciente: integración de la fenomenología subjetiva con mediciones objetivas), de la Universidad de Turku en Finlandia, ha explorado en profundidad esta cuestión. Sus estudios revelaron que el cerebro procesa sonidos y palabras aunque el sujeto no lo recuerde después. Los hallazgos indican que el estado de conciencia inducido por los anestésicos es similar al sueño natural. Mientras duermen, las personas sueñan y el cerebro observa los sucesos y estímulos en el ambiente de manera subconsciente. Bajo anestesia, como en el sueño, podemos estar en dos mentes. La neurociencia clásica es incapaz de dar una explicación a este fenómeno.

El yo volitivo

Cada uno de nosotros se experimenta a sí mismo como una persona continua y distintiva a lo largo del tiempo, construida a partir de un rico conjunto de recuerdos autobiográficos. De las muchas experiencias únicas dentro de nuestro universo interior, una es la experiencia de ser yo; en términos académicos, el sentido del yo. La individualidad consciente[387] en la psicología clásica se entiende como una construcción compleja generada por diferentes partes del cerebro que se comunican entre sí.

El yo volitivo implica experiencias de intención y de voluntad, de impulsos para hacer esto o aquello, y de autocontrol. La relación entre causalidad y acción intencionalmente querida sigue siendo oscura. El libre albedrío es la parte de nuestra mente que ha causado la mayor controversia a lo largo de los siglos entre filósofos, eruditos religiosos, científicos y escritores (piensa en Dostoievski o en Camus).

Nuestra sociedad asume que los seres humanos poseen un yo volitivo y, en consecuencia, son capaces de razonar moralmente. En este contexto, el libre albedrío permite a las personas elegir entre el bien y el mal, y la ley castiga la conducta antisocial. La libre toma de decisiones es una piedra angular de nuestra sociedad respaldada por todas las religiones y jurisprudencia dominantes, pero no por la neurociencia determinista de la vieja escuela.

Un ejemplo de la investigación que respalda esa orientación es el trabajo iniciado por Benjamin Libet. Libet descubrió que, cuando se pedía a los participantes del estudio que realizaran una tarea específica, su actividad cerebral precedía a sus acciones[388]. Estudios posteriores, utilizando varias técnicas, afirmaron haber replicado este hallazgo básico.

Veljko Dubljević, profesor asistente de Filosofía en la Universidad Estatal de Carolina del Norte que se especializa en la investigación sobre la neurociencia de la ética y la ética de la neurociencia y la tecnología, revisó cuarenta y ocho estudios, desde el artículo histórico de Libet de 1983 hasta 2014. Básicamente, descubrió que la interpretación de estos estudios[389] estuvo fuertemente influenciada por las creencias subjetivas de los autores más que por un análisis cuidadoso y objetivo de los resultados mismos. Dubljević también observó que un subconjunto significativo de estudios que evaluaron la ubicación en el cerebro donde se realizaba la actividad no estaba relacionado con la voluntad o la intención de completar una tarea. Si bien el enfoque de Libet puede ser útil para examinar cómo los estímulos afectan los juicios temporales, el vínculo entre esto y el libre albedrío o la responsabilidad moral es de todo menos claro. En términos generales, la literatura es bastante contradictoria y no revela una imagen consistente de la neuroanatomía funcional del comportamiento volitivo[390].

En *La nueva mente del emperador*, Sir Roger Penrose[391] —una figura estimada en física matemática de la Universidad de Oxford y ganador del Premio Nobel de Física en 2020 por el descubrimiento de la formación de los agujeros negros, una predicción sólida de la teoría general de la relatividad— sugirió que la mecánica cuántica[392] (nos adentraremos más en esto más adelante) explica los efectos de tiempo hacia atrás de Libet[393].

Mente sobre materia

A lo largo de la década de 1990, el Dr. Masaru Emoto[394], autor, investigador, fotógrafo y empresario japonés, realizó una serie de experimentos para observar el efecto físico de las palabras, las oraciones, la música y el entorno en la estructura cristalina del agua. Emoto expuso el agua a diferentes variables y posteriormente la congeló para que se formaran estructuras cristalinas. En una serie de experimentos, Emoto grabó diferentes palabras, tanto positivas como negativas, en recipientes llenos de agua. El recipiente de agua estampado con palabras positivas produjo cristales más simétricos y estéticamente agradables que el agua en recipientes estampados con frases negativas y oscuras. «El agua es el espejo de la mente», según Emoto. La investigación de Emoto demuestra que la energía vibratoria humana, las palabras habladas o escritas, los sentimientos y la música afectan la estructura molecular del agua. Pero no es solo el agua lo que se ve afectado por nuestros pensamientos y sentimientos. Recuerda del capítulo anterior cómo los patrones rítmicos y uniformes del corazón se vuelven erráticos, desordenados e incoherentes con las emociones negativas, como la ira o la frustración. Por el contrario, las emociones positivas, como el amor o el aprecio, se asocian a un patrón suave, ordenado y coherente.

Muchas personas han replicado el experimento con el arroz de Emoto, incluidos dos de mis amigos. Comenzaron su experimento el 1 de febrero de 2007. Mantuvieron dos frascos etiquetados de arroz blanco cocido encima de su piano, no muy separados para que tuvieran la misma luz y temperatura ambiente, etc. Hacia el arroz de la izquierda, dirigían diariamente sus voces, diciendo: «¡Gracias! ¡Eres hermoso!». Hacia el arroz de la derecha, decían: «¡Necio! ¡Apestas!».

Puedes ver el aspecto de los frascos de arroz tres meses y seis meses después si haces una simple búsqueda en un navegador de Internet. ¿Cuáles son las diferencias? El arroz de la derecha está casi totalmente podrido, mientras que el de la izquierda todavía está bastante fresco. Si el arroz reacciona de esta manera a las palabras cargadas de emociones, ¿cómo crees que reaccionan los cuerpos de las personas?

El agua constituye el 80% del arroz, así como de nuestros cuerpos. Si bien hay mucha evidencia psicológica del poder de las palabras, hay escasez de investigación biológica sobre este tema. Un ejemplo del primer enfoque es la investigación de David Chamberlain, psicólogo de San Diego y uno de los primeros pioneros de la psicología pre y perinatal. Según Chamberlain, los recuerdos del nacimiento[395] que surgen en el curso de la psicoterapia orientada a la introspección ilustran cómo los bebés pueden ser molestados durante décadas por comentarios desagradables como «¿Qué le pasa a su cabeza?», o «Vaya, parece enfermizo».

Hace varios años visité una gran unidad de cuidados intensivos neonatales (UCIN) en un hospital universitario. Había treinta y seis incubadoras con bebés en la habitación (figura 2.9). Alrededor de la mitad tenían sus nombres en un lado de sus incubadoras. La otra mitad no tenía nombres. Le pregunté a la enfermera a cargo por qué estos bebés no tenían nombre, y me dijo: «Porque sus padres no quieren apegarse demasiado a ellos, en caso de que mueran». Ojalá alguien hubiera hecho una investigación comparando la salud, física y psicológica, de estos dos grupos de niños durante un buen período de tiempo. No tengo absolutamente ninguna duda de que los niños cuyos padres se dirigían a ellos por sus nombres fueron más saludables y vivieron más tiempo en comparación con el grupo sin nombre.

Otro ejemplo de cómo las palabras pueden afectar a la mente y cómo la mente a su vez puede afectar al cuerpo es la hipnosis. La hipnosis se describe mejor como un estado alterado de conciencia, similar a la relajación, la meditación o el sueño. Mucha gente piensa que fue Sigmund Freud quien originó la psicología profunda en su libro de 1899, *La interpretación de los sueños*. Sin embargo, la psicología profunda y el psicoanálisis en realidad son anteriores a Freud y tienen sus raíces en las prácticas del mesmerismo, la hipnosis y disciplinas esotéricas anteriores. La hipnosis moderna fue popularizada por primera vez por el médico austríaco Franz Anton Mesmer (1734-1815), quien describió sus estados específicos y la llamó «magnetismo animal». James Braid[396] (1795-1860) introdujo el término hipnosis del griego *hypnos*, que significa dormir, ya que consideraba que la hipnosis era un «sueño nervioso». Tradicionalmente, los psicólogos y neurocientíficos se han mostrado escépticos ante la hipnosis[397] y desconfían de los informes subjetivos de los participantes sobre cambios profundos en la percepción siguiendo sugerencias específicas. Sin embargo, el advenimiento de la neurociencia cognitiva y la aplicación de métodos de neuroimagen a la hipnosis han traído consigo la validación de las respuestas subjetivas de los participantes en la hipnosis. Por lo tanto, no sorprende que en 1958 la Asociación Médica Estadounidense sugiriera que la hipnosis debería incluirse[398] en el plan de estudios de las facultades de Medicina, y que en 1960 la Asociación Psicológica Estadounidense reconociera oficialmente el uso terapéutico de la hipnosis por parte de los psicólogos.

Las personas que sufren de dolor crónico, síndrome del intestino irritable y TEPT se han beneficiado de la hipnosis. Los psicoterapeutas también han utilizado con éxito la hipnosis al servicio de la regresión de edad y el descubrimiento de traumas pasados. Lo que nos enseña la hipnosis es que las palabras de una persona que es percibida por el sujeto como poseedora de ciertos poderes pueden cambiar el movimiento corporal («Sientes tu brazo ligero como una pluma, deja que suba hacia el techo») o proporcionar analgesia para procedimientos dolorosos o ayudar al paciente a desenterrar recuerdos olvidados hace mucho tiempo.

Como veremos, la hipnosis y el placebo tienen mucho en común. Si bien los fenómenos similares a la hipnosis tienen una historia documentada que se remonta a miles de años, los relatos de los efectos placebo abarcan solo varios siglos. Con el auge de la psiquiatría biológica y la revolución farmacológica, los ensayos de fármacos han ocupado un lugar central en la investigación clínica. Estos ensayos clínicos incorporan cada vez más condiciones controladas con placebo como parte de sus paradigmas. Entonces, ¿qué es un placebo?

Un placebo es un tratamiento inactivo, como una píldora de azúcar. De hecho, un placebo puede ser una píldora, una tableta, una inyección, un dispositivo médico o una sugerencia. Cualquiera que sea su forma, los placebos están destinados a parecerse al tratamiento médico real que se está estudiando, excepto en que no contienen el fármaco activo. El uso de placebos en ensayos clínicos ayuda a los científicos a comprender mejor si un nuevo tratamiento médico es más seguro y efectivo que ningún otro tratamiento. Esto no siempre es fácil, porque algunos pacientes mejoran en un ensayo clínico incluso cuando no reciben ningún tratamiento médico activo o sustancia durante el estudio. Esto se llama efecto placebo. El efecto placebo describe cualquier efecto psicológico o físico que un placebo tiene sobre un individuo.

Se ha demostrado que los placebos producen cambios fisiológicos medibles, como un aumento en la frecuencia cardíaca o la presión arterial. Los placebos pueden reducir los síntomas de numerosas afecciones, como la enfermedad de Parkinson, la depresión, la ansiedad, el síndrome del intestino irritable y el dolor crónico. Los investigadores han demostrado repetidamente que intervenciones como la acupuntura «falsa» son tan efectivas como la acupuntura. La acupuntura simulada utiliza agujas retráctiles que no perforan la piel.

Las intervenciones de placebo varían en intensidad dependiendo de muchos factores. Por ejemplo, una inyección provoca un efecto placebo más fuerte que una pastilla. Dos pastillas funcionan mejor que una, las cápsulas son más fuertes que las pastillas y las píldoras más grandes producen mayores reacciones. Una revisión de múltiples estudios descubrió que incluso el color de las píldoras supuso una diferencia[399] en los resultados del placebo. El beneficio positivo para la salud que experimenta un paciente en respuesta a un placebo es una función de los símbolos, rituales y comportamientos integrados en su encuentro clínico. Parte del poder del placebo radica en las expectativas del individuo que lo recibe. Estas expectativas pueden relacionarse con el tratamiento, la sustancia o el médico que lo prescribe. Si estas expectativas son positivas, el paciente tendrá una respuesta positiva al placebo, y viceversa. Esto es muy similar a la hipnosis. Cuanto más espera el sujeto que la hipnosis funcione, más profundamente entrará en un trance hipnótico. En esencia, la manera de pensar de una persona, ya sea bajo hipnosis o en como receptor de un medicamento de placebo, determina los resultados. Una persona que espera un resultado determinado, como el alivio del dolor, mediante sus operaciones mentales iniciará una cascada de respuestas fisiológicas (hormonales, inmunológicas, etc.) que provocarán efectos similares a los que podría lograr un medicamento. Al igual que la hipnosis, los placebos demuestran claramente el poder que tiene la mente sobre la materia.

Este proceso de expectativas se extiende directamente a nuestro cerebro. Ya está bien establecido que los humanos dependemos de nuestros sentidos para percibir el mundo, a nosotros mismos y a los demás. La gente rara vez cuestiona la fidelidad con la que nuestros órganos sensoriales interpretan la realidad física externa. Durante los últimos veinte años, la investigación en neurociencia ha revelado que la corteza cerebral genera constantemente predicciones sobre lo que sucederá a continuación, y que las neuronas encargadas del procesamiento sensorial solo codifican la diferencia entre nuestras predicciones y la realidad.

Un equipo de neurocientíficos de la Universidad de Tecnología de Dresde[400] (conocida popularmente como la TU Dresde), encabezado por Katharina von Kriegstein, presenta nuevos hallazgos que muestran que no solo la corteza cerebral, sino toda la vía auditiva, representan los sonidos de acuerdo con las expectativas previas. El grupo de Dresde ha encontrado pruebas de que este proceso también domina las partes del cerebro más primitivas y conservadas evolutivamente. Lo que percibimos está influenciado de un modo muy profundo por nuestras creencias subjetivas.

¿Y dónde se ubican las expectativas y las predicciones? En ausencia de un sustrato neurológico para ello, debemos asumir que en la mente.

Al profundizar en las operaciones de la mente, encontramos informes en la literatura sobre experiencias fuera del cuerpo (OBE en sus siglas en inglés, de *out-of-body experience*) y experiencias cercanas a la muerte (ECM) más instructivas. El filósofo y psiquiatra Raymond Moody, cuyo libro de 1975, *Vida después de la vida*, detalla las experiencias de más de cien personas que sobrevivieron a la muerte clínica pero fueron revividas, acuñó el término «experiencias cercanas a la muerte» (ECM). El libro vendió más de trece millones de ejemplares, lo que demuestra la fascinación del público en general con este tema.

Las ECM se desencadenan durante episodios singulares que amenazan la vida cuando el cuerpo se lesiona por un traumatismo directo, un ataque al corazón, asfixia o *shock*. Al revivir, estas personas nos cuentan cómo ha sido para ellos existir suspendidos entre la vida y la muerte. Estas personas comparten narraciones sorprendentemente similares: hablan de haber experimentado maravillosas sensaciones de paz, tranquilidad y felicidad, viendo un brillo dorado acogedor, a menudo al final de un túnel, siendo recibidos por familiares fallecidos, o separándose de su cuerpo y flotando sobre él, e incluso volar al espacio. A menudo se sienten obligados a tomar una decisión: permanecer en ese otro mundo y salir de la existencia tal como la conocían, o volver a la vida.

Por lo general, relatan percibirse a sí mismos desde una perspectiva superior o al lado de su cuerpo físico y describen con precisión las conversaciones del personal médico presente en la habitación, así como las intervenciones médicas que se les realizaron. Afirman que su espíritu abandonó su cuerpo y observó lo que no deberían haber podido observar dado que estaban clínicamente muertos y acostados boca abajo en una cama. La mayoría de los supervivientes de ECM se transforman por completo con la experiencia. Se convierten en personas más solidarias, menos egocéntricas, más comprometidas con ayudar a los demás y menos temerosas de morir.

El fenómeno es notablemente consistente en todas las culturas y religiones, y ha sido informado incluso por niños pequeños. Esto es digno de mención porque los escépticos han objetado la credibilidad de estos relatos al señalar que pueden deberse al adoctrinamiento religioso. Sin embargo, los niños pequeños no han disfrutado de los beneficios de la instrucción religiosa y posiblemente no puedan estar al tanto de tales asuntos.

Sam Parnia[401], especialista en cuidados intensivos y reanimación del Centro Médico Langone de la Universidad de Nueva York, publicó en 2014 el estudio más grande del mundo sobre lo que le sucede a la mente y a la conciencia humanas en el período temprano alrededor del momento de la muerte. Con base en su investigación, Parnia cree que la mente consciente sigue funcionando después de que el corazón deja de latir y el cerebro deja de funcionar durante un período de tiempo. Los estudios de experiencias cercanas a la muerte desafían la idea de que nuestra mente se vuelve negra cuando nuestro cuerpo expira.*

La comunicación telepática es otro ejemplo de cómo los pensamientos y sentimientos de una persona pueden afectar a otra. Imagina que estás tomando una taza de café en un Starbucks y de repente tienes la sensación de que alguien te está mirando por detrás. Te das la vuelta

---

* Janice Miner Holden, Bruce Greyson, y Debbie James, eds.: *The Handbook of Near-Death Experiences: Thirty Years of Investigation*, Praeger, Westport, Conn., 2009. Olaf Blanke, Nathan Faivre y Sebastián Diéguez: «Leaving Body and Life Behind: Out-of-Body and Near-Death Experience», en *The Neurology of Consciousness*. 2ª edición. Steven Laureys, Olivia Gosseries y Giulio Tononi, eds., Cambridge, Mass., Academic Press, 2015.

y te encuentras con los ojos de la persona que te estaba mirando. ¿Cómo y por qué lo hiciste?

O considera los relatos sobre gemelos idénticos. Quizá uno de cada cinco afirma compartir algo misterioso: una conexión psíquica especial. [402] Los gemelos idénticos a menudo son muy cercanos y comparten no solo genes, sino también ambientes hogareños, amigos, ropa y, por supuesto, secretos.

Recuerdo haber visto hace muchos años a un paciente que tenía un hermano gemelo que vivía a cientos de kilómetros de distancia. Una noche, este hombre, llamémoslo Paul, de repente experimentó una abrumadora sensación de pavor. Convencido de que se trataba de su hermano gemelo, corrió al teléfono y lo llamó. Su esposa respondió y dijo que su esposo, el hermano de Paul, había sufrido un grave accidente automovilístico. Cientos de eventos similares han sido reportados. Estos son ejemplos de comunicaciones telepáticas que actualmente ni la física clásica ni la psicología pueden explicar.

Por último, está el asombroso trabajo del profesor de medicina Ian Stevenson, publicado en seis volúmenes por la University Press of Virginia, basado en informes de cientos de niños comunes y corrientes que afirman haber tenido recuerdos de vidas pasadas. De este grupo se seleccionaron veinte casos en los que el detalle de los recuerdos es tan exacto y confirmado por múltiples comprobaciones que, en su opinión, representan recuerdos genuinos de vidas anteriores. Su artículo sobre los recuerdos de vidas pasadas de los niños se titula «Children Who Remember Previous Lives» (Niños que recuerdan vidas anteriores) [403].

Estos son solo algunos ejemplos de lo que popularmente se conoce como percepción extrasensorial (PES)* y lo que yo llamo «comunicación simpática». En este momento, la mayoría de los neurocientíficos clásicos

---

* La percepción extrasensorial o PES, también llamada «sexto sentido», se refiere a la recepción de información no obtenida a través de los sentidos físicos reconocidos sino con la mente. El término fue adoptado por el psicólogo J. R. Rhine de la Universidad Duke en 1933.

rechazan estos fenómenos como pseudociencia, un galimatías *new age* no probado. Creo que están equivocados. Creo que la comunicación comprensiva es real y está bien respaldada por la investigación.

¿Dónde se origina la comunicación simpática? Sin duda, en el cerebro y todas sus redes conectadas, las estructuras que sostienen la mente encarnada, lo que genera más preguntas. ¿Está la mente separada del cuerpo? ¿De qué está hecha? ¿Dónde habita? Los fenómenos físicos, al menos a nivel macroscópico, tienen una ubicación en el espacio y pueden cuantificarse. Por otro lado, los fenómenos mentales no se pueden localizar ni cuantificar. La nueva generación de científicos posmaterialistas y aquellos familiarizados con la física cuántica se han enfrentado a este desconcertante enigma* que exploraremos ahora mismo.

Ciencia postmaterialismo

Stuart Hameroff, de los Departamentos de Anestesiología y Psicología de la Universidad de Arizona, surgió de la oscuridad en 1994 para

---

* Créditos: Dr. Erik Hoffmann (texto original).

Principios de la mecánica cuántica

- Heisenberg: Puedes medir la posición exacta de un electrón, o puedes medir el impulso o la velocidad de la onda, pero no puedes medir ambos al mismo tiempo.
- No se puede decir que un objeto cuántico se manifieste en la realidad espacio-temporal ordinaria hasta que lo observemos como una partícula (colapso de la onda).
- Toda la energía se transmite en paquetes de ondas de cuantos.
- Los fenómenos cuánticos no observados son radicalmente diferentes de los observados.
- La observación (o medida) hace colapsar la función de onda cuántica.
- A niveles suficientemente altos de energía de atención, las partículas emergen de las ondas.
- La forma en que observamos el campo cuántico decide lo que vemos, por lo tanto, sus sistemas de creencias determinan la realidad que experimenta.

Créditos: Dr. Erik Hoffmann

presentar lo que pamecía, en ese momento, una de las ideas más extrañas sobre el cerebro humano. Con el apoyo de Sir Roger Penrose, Hameroff sugirió que los cálculos vibratorios cuánticos en los microtúbulos [404], que son los principales componentes del esqueleto estructural de la célula, estaban «orquestados» (*Orch*) por entradas sinápticas y memorias almacenadas en los microtúbulos, y Penrose los bautizó como «reducción objetiva» (OR, en sus siglas en inglés, de *objective reduction*). «OR», de ahí «Orch OR». Sugirieron que los ritmos EEG (ondas cerebrales) se derivan de vibraciones de microtúbulos de nivel más profundo. Más significativamente, propusieron además que los microtúbulos gobiernan nuestra conciencia. Esto no será una sorpresa total para ti, lector atento, que recordarás que en el capítulo sobre la célula ya hemos hablado del papel que pueden desempeñar los microtúbulos en la memoria celular.

Los microtúbulos* son estructuras cilíndricas huecas, tubos de veinticinco nanómetros de ancho, miles de veces más pequeños que un glóbulo rojo. Se encuentran en todas las células vegetales y animales. Los microtúbulos brindan soporte interno a las células vivas y actúan como cintas transportadoras, llevando los componentes químicos de una célula a otra. Durante la división celular, los microtúbulos transportan los cromosomas de un extremo de la célula al otro y luego colocan los cromosomas en las nuevas células hijas.

Hameroff llegó a creer que los microtúbulos juegan un papel determinante en la conciencia. Señala el paramecio unicelular [405] como prueba. El paramecio, como las bacterias y los hongos mucilaginosos que vimos, no tiene sistema nervioso central, ni cerebro, ni neuronas, pero se desplaza, encuentra comida, busca pareja y evita el peligro. Parece tomar decisiones y, definitivamente, es capaz de procesar información. Y, dado que los microtúbulos son estructuras a nanoescala, Hameroff también

---

* https://phys.org/news/2014-01-discovery-quantum-vibrations-microtubules-corroborates.html#jCp

comenzó a pensar que la física cuántica podría desempeñar un papel en la conciencia[406].

Hameroff sugiere que la conciencia surge de las vibraciones cuánticas en los microtúbulos dentro de las neuronas del cerebro y, en última instancia, se conecta con ondas de «orden más profundo» en la geometría del espacio-tiempo. «La conciencia se parece más a la música[407] que a la computación», escribe en *Interalia*, una revista en línea dedicada a las interacciones entre las artes, las ciencias y la conciencia. Roger Penrose se ha mantenido comprometido con lo que ambos ha coeditado a lo largo de los años.

Nuevos hallazgos sugieren que algunas de las afirmaciones de Hameroff son más creíbles de lo que se suponía anteriormente. Además, el microtúbulo es de repente un tema candente. Y un número creciente de científicos dice que la física cuántica podría ser vital para nuestra conciencia, cognición e incluso memoria. En los últimos veinte años se ha acumulado evidencia que demuestra la existencia de coherencia cuántica[408] en la fotosíntesis de las plantas, la navegación del cerebro de las aves y el sentido del olfato humano (hablaremos de nuevo sobre el olfato más adelante).

El físico Neill Lambert, del Instituto de Ciencias Avanzadas de Japón, que investiga la fotosíntesis, ha encontrado evidencia que respalda que los efectos cuánticos pueden ocurrir en sistemas biológicos[409] a temperatura ambiente. Es decir, en nuestros cuerpos.

Anthony Hudetz[410], un neurocientífico de la Universidad de Michigan* que admite haber sido bastante escéptico con respecto a las afirmaciones de Hameroff sobre los microtúbulos en el pasado, basándose en evidencia reciente se ha declarado listo para al menos considerar la posibilidad de que Hameroff pueda estar detrás de algo importante.

---

* Anthony Hudetz y Robert Pearce, eds. *Suppressing the Mind: Anesthetic Modulation of Memory and Consciousness. Contemporary Clinical Neuroscience,* Humana Press, Nueva York, 2010. Una buena referencia.

Aprovechando este impulso, Hameroff y Penrose, junto con un grupo de científicos de una variedad de campos como la neurociencia, la biología, la medicina, la psiquiatría y la psicología, iniciaron una nueva ciencia a la que llamaron «ciencia posmaterialista»[411]. Estos científicos* enfatizan que la ciencia es ante todo un método no dogmático y de mente abierta para adquirir conocimiento sobre la naturaleza a través de la observación, la investigación experimental y la explicación teórica de los fenómenos. Su metodología no es sinónimo de materialismo y no está comprometida con ninguna creencia, dogma o ideología en particular.

Apoyo esta posición al 100%. Debemos seguir la evidencia, confiar en los datos, pero recordar lo que dijo una vez Einstein: «Todo lo que se puede contar no necesariamente cuenta; todo lo que cuenta no necesariamente puede ser contado». Este comentario adquiere mayor importancia y relevancia, ya que estamos a punto de entrar en el ámbito de la física cuántica, también conocida como mecánica cuántica, algo que debemos hacer para obtener una comprensión más profunda de la relación cerebro-cuerpo-mente.

La física cuántica y el surgimiento de la biología cuántica

Después de pensar mucho en el tema de este capítulo, he llegado a la conclusión de que la única manera de abordarlo es adquiriendo al menos una comprensión rudimentaria de la física cuántica, también llamada mecánica cuántica. Por lo tanto, ofrezco aquí una introducción básica a la mecánica cuántica, con la salvedad de que no soy físico.

---

* Cumbre internacional sobre la ciencia, la espiritualidad y la sociedad posmaterialistas: resumen de la historia del informe, participantes, preguntas, reunión, decisiones por consenso y publicaciones representativas. Manifiesto por una ciencia posmaterialista: Gary E. Schwartz, PhD, anfitrión y coorganizador, Universidad de Arizona y Canyon Ranch. Lisa Miller, PhD, coorganizadora, Universidad de Columbia. Mario Beauregard, PhD, coorganizador, Universidad de Arizona. http://opensciences.org/files/pdfs/ISPMS-Summary-Report.pdf.

La mecánica cuántica se ocupa del estudio de las partículas a nivel atómico y subatómico. Max Born acuñó el término en 1924. La mecánica cuántica es compleja, paradójica y difícil de comprender si uno está demasiado atado a la física newtoniana clásica. Entonces, querido lector, deshazte de tus apegos a la física de la escuela secundaria y da un paseo por el lado salvaje.

La teoría establece limitaciones fundamentales sobre la precisión con la que podemos medir la ubicación y la velocidad de las partículas, reemplazando la certeza clásica con la incertidumbre probabilística. Describe casi todos los fenómenos de la naturaleza, tanto orgánicos como inorgánicos, desde el color del cielo hasta las moléculas y los iones de los organismos vivos. Lo que hace que la mecánica cuántica sea confusa es que las leyes que la gobiernan difieren drásticamente de las de la física clásica.

Un poco de trasfondo histórico. Durante la década de 1920 y principios de la de 1930, los físicos descubrieron lo que se ha denominado dualidad onda-partícula, un concepto fundamental de la mecánica cuántica que propone que las partículas elementales, como los fotones y los electrones, poseen las propiedades tanto de las partículas como de las ondas. Lo que es aún más extraño es que los aspectos de onda y partícula no se pueden disociar; más bien, se complementan entre sí. Esto es lo que Niels Bohr llamó «principio de complementariedad». Vio esta complementariedad como el resultado inevitable de la interacción entre un fenómeno y el aparato utilizado para medirlo.

La mente complementa la materia, tal como el aspecto de partícula de la materia complementa su aspecto de onda. La conciencia puede interactuar con el mundo material porque la materia y la energía son intercambiables.

La mecánica cuántica ha confirmado que los átomos y las partículas subatómicas no son realmente objetos sólidos, no existen con certeza en ubicaciones espaciales definidas y tiempos definidos. La materia no es sólida en la forma en que se pensaba desde el surgimiento de la civilización.

La idea de los átomos se remonta a la antigua Grecia, donde filósofos como Leucipo, Demócrito y Epicuro propusieron que la naturaleza estaba compuesta por lo que llamaron ἄτομος (átomos), o «individuos indivisibles». Pensaron que si tomas un objeto, por ejemplo, una sandía, y sigues cortándolo por la mitad y luego nuevamente por la mitad hasta el infinito, eventualmente terminarás con una partícula que es tan pequeña que es imposible de cortar. La naturaleza era, para ellos, la totalidad de átomos discretos en movimiento. Lo cual, si lo piensas bien, es francamente brillante considerando que carecían de las herramientas de la ciencia moderna. Hoy en día, sabemos que el átomo está casi completamente vacío excepto por una nube arremolinada de partículas subatómicas en movimiento, como fotones, electrones, neutrinos, quarks, etc.

Sorprendentemente, los investigadores descubrieron que las partículas que se observan, como los electrones, y el observador (el físico, el aparato y el método utilizado para la observación) están vinculados. Los científicos plantearon la hipótesis de que la conciencia del observador afecta los eventos físicos que se observan y que los fenómenos mentales influyen en el mundo material. Estudios recientes respaldan esta interpretación y sugieren que el mundo físico ya no es el componente primario o único de la realidad[412], ni que pueda entenderse completamente sin hacer referencia a la mente.

Miremos más de cerca. Los primeros pioneros de la física cuántica vieron aplicaciones de la mecánica cuántica en las ciencias biológicas. En 1944, Erwin Schrödinger discutió las aplicaciones de la mecánica cuántica a la biología. Schrödinger sugirió que las mutaciones son el resultado de «saltos cuánticos»[413].

En 1963 Per-Olov Löwdin, de la Universidad de Uppsala, propuso la tunelización de protones como otro mecanismo para la mutación del ADN. En su artículo, afirmó que había un nuevo campo de estudio llamado «biología cuántica»[414].

Las partículas subatómicas, los átomos, o incluso las moléculas enteras, pueden presentar interferencia, una propiedad clásica de las ondas en la que dos picos se refuerzan entre sí cuando se superponen. Los efectos cuánticos, como la interferencia, se basan en la coordinación de las funciones de onda de diferentes entidades (se dice que son coherentes) entre sí. Ese tipo de coherencia es lo que permite la propiedad cuántica de superposición, en la que se dice que las partículas están en dos o más estados a la vez. Si las funciones de onda de esos estados son coherentes, ambos estados siguen siendo posibles resultados de una medición[415].

Estar en dos estados a la vez no es un fenómeno desconocido en la psicología humana. ¿Quién no ha tenido la experiencia de debatir en su mente dos opciones contrarias como «¿Escribo o no esta carta de queja?». Una parte de ti dice: «¡Dales duro!» y defiende el hecho de escribir la carta; otra parte de ti te advierte: «Piensa en las consecuencias». Esta discusión puede durar segundos, minutos u horas. Finalmente, decides un curso de acción. A menudo decimos: «Tenía dos mentes»* para describir este tipo de situación.

Es posible que hayas oído hablar de los sueños lúcidos. En el pensamiento oriental, cultivar la capacidad del soñador para ser consciente de que está soñando es fundamental tanto para la práctica budista tibetana del yoga del sueño como para la antigua práctica hindú del yoga *nidra*. Para aquellos que no están familiarizados con el término, un sueño lúcido es tener un sueño mientras se está dormido y desarrollar la capacidad de controlar el sueño de alguna manera. El soñador debe dejar que el sueño continúe pero ser lo suficientemente consciente para recordar que es un sueño. Esto se puede lograr con preparación y práctica. Por ejemplo, sueñas que un extraño te persigue y sientes miedo.

---

* No hay una traducción exacta al español de la frase hecha, pero la expresión indica que se experimenta indecisión o emociones enfrentadas. Dejo la traducción literal porque de lo contrario se perdería la referencia a la palabra «mente», que es la intención del autor. *(N. del T.)*

En lugar de ceder a tu ansiedad y patrón habitual de huir, te das la vuelta, todavía dormido, y te enfrentas a esa persona. Hacerlo puede ser muy terapéutico, especialmente si has sido una persona temerosa. Muchos psicoterapeutas utilizan los sueños lúcidos como parte integral de la terapia[416]. La persona que practica el sueño lúcido es, a la vez, realmente dos personas o dos mentes. Una está soñando mientras que la otra cuestiona o dirige al soñador.

Y, por supuesto, está la clásica película de 1957 sobre múltiples personalidades: *Las tres caras de Eva*[417]. Con dolores de cabeza y desmayos inexplicables, la tímida ama de casa Eve White (Joanne Woodward) comienza a ver a un psiquiatra, el Dr. Luther (Lee J. Cobb). Este se queda atónito cuando ella se transforma ante sus ojos en la lasciva Eve Black y le diagnostica que tiene múltiples personalidades. No pasa mucho tiempo antes de que aparezca una tercera personalidad, que se hace llamar Jane. La película se basó en un libro de los psiquiatras Corbett H. Thigpen y Hervey M. Cleckley, que a su vez se basó en su tratamiento de Chris Costner Sizemore, también conocida como Eve White. Los casos de personalidad múltiple son raros hoy en día, pero no son inauditos.

Se enumeran en el DSM-5* de la Asociación Americana de Psiquiatría (2013) como «trastornos de identidad disociativos». Su definición: «perturbación de la identidad caracterizada por dos o más estados de personalidad distintos»[418]. Una vez más, nos enfrentamos a un enigma y necesitamos recurrir a la física cuántica para encontrar una explicación plausible.

Si una partícula cuántica interactúa con otra, se conectan y se vinculan en una superposición compuesta: en cierto sentido, se convierten en un solo sistema. Entonces se dice que los dos objetos están entrelazados.

---

* El *Manual diagnóstico y estadístico de los trastornos mentales* (DSM5, en sus siglas en inglés) es la obra más completa y actualizada de la práctica clínica, a disposición de los médicos especializados en salud mental y de los investigadores.

Einstein, que no era amigo de la mecánica cuántica, se refirió al entrelazamiento como «acción espeluznante a distancia».

Las partículas entrelazadas están íntimamente unidas desde el día en que fueron creadas. No importa qué distancia los separe, ya sea el ancho de una mesa de laboratorio o la amplitud del universo, se reflejan de manera mutua. Sorprendentemente, todo lo que le sucede a uno afecta al instante al otro, y viceversa.

Jian-Wei Pan, físico de la Universidad de Ciencia y Tecnología de China, lo demostró de manera espectacular recientemente en un nuevo estudio. Pan y su equipo produjeron fotones entrelazados en un satélite que orbitaba a 480 kilómetros sobre la tierra y enviaron estas partículas a dos laboratorios terrestres diferentes a 1.200 kilómetros de distancia, todo sin perder el extraño vínculo de las partículas. La distancia anterior para lo que se conoce como teletransportación cuántica[419] o envío de información a través de partículas entrelazadas era de unos 140 kilómetros u 86 millas.

En este momento, los científicos aún no pueden explicar cómo las partículas están separadas pero conectadas. ¿No te recuerda eso a los gemelos que se comunican entre sí telepáticamente o, para utilizar mi término, «simpatéticamente» o los otros ejemplos citados de comunicación simpática?

Volvamos a la biología ya algo familiar: el sentido del olfato. Hasta finales del siglo xx, la teoría aceptada del olfato[420] se basaba en la forma de las moléculas de la sustancia que emitía el olor y en cómo se acoplaban a sus receptores específicos. Esto se conoce comúnmente como la hipótesis de cerradura y llave. Luego, en 2006, Luca Turin, actualmente profesor invitado de Física Teórica en la Universidad de Ulm, publicó su teoría de la vibración[421] en *The Secret of Scent: Adventures in Perfume and the Science of Smell,* y estalló el infierno dentro de la comunidad científica.

Turin propuso que el olor se transmite por vibración y que la nariz humana está diseñada de tal manera que es capaz de procesar estas vibraciones e interpretarlas como olores, lo que en última instancia conduce a la percepción olfativa. A través de una operación llamada túnel de electrones, los receptores en el revestimiento de la nariz desentrañan su contenido codificado. Además, el patrón de vibración de cada molécula[422] —piensa en las notas musicales— se reproduce de la misma manera en la nariz de cada persona.

Hay 390 receptores olfativos funcionales en humanos[423] que pueden responder a 100.000 o más odorantes, eliminando así el concepto de receptor 1:1 para emparejar odorante. Los receptores olfativos son versátiles y capaces de responder a sustancias químicas nunca antes vistas. A eso lo llamo buena planificación por evolución o por un poder superior.

El antiguo modelo de cerradura y llave ahora está siendo reemplazado por lo que Jennifer C. Brookes, del University College London, ha denominado el modelo de reconocimiento de olores por tarjeta magnética»[424]. Propone que, si bien la forma debe ser lo suficientemente buena, también es importante otra información que caracterice el odorante.

En este caso, la información adicional en la tarjeta es la frecuencia de vibración de la molécula en el odorante.

Según Brookes, la propuesta de Turin de frecuencias de vibración[425] monitorizadas por túneles de electrones inelásticos resiste bien el escrutinio, ya que la frecuencia de vibración es una parte crucial que domina el olfato. En su opinión, la descripción de la tarjeta magnética es un paradigma más útil que la de la cerradura y la llave.

En pocas palabras, los mecanismos subyacentes al olfato implican procesos cuánticos. Aunque todavía en etapa experimental y aún no probado, parece muy probable que procesos iguales o similares operen en otros receptores activados por pequeñas moléculas como neurotransmisores, hormonas, esteroides, etc. Esto proporciona mayor credibilidad para ver nuestros cuerpos y mentes como gobernados por una confluencia de leyes clásicas y cuánticas de la física.

Stuart Alan Kauffman, biólogo teórico e investigador de sistemas complejos, actualmente profesor emérito de Bioquímica en la Universidad de Pensilvania, junto con Samuli Niiranen y Gabor Vattay, registró una patente fundacional* sobre el reino en equilibrio[426], un estado de la materia aparentemente nuevo que oscila de forma reversible entre los reinos cuántico y clásico, entre la coherencia cuántica y la clasicidad.

Kauffman cree que el sistema visto en la molécula de clorofila (que estudió en profundidad) plantea la posibilidad de que las redes de coherencia cuántica o coherencia parcial puedan extenderse a lo largo de una gran parte de una neurona, y puedan permanecer equilibradas entre la coherencia y la decoherencia. Kauffman cree que este reino en equilibrio en el cerebro humano es donde reina la conciencia[427]. Y la conciencia es, seguramente, un aspecto de la mente.

¿Cómo se relaciona todo esto con nuestra comprensión de la naturaleza de la mente?

Las teorías de la mente se dividen en cuatro categorías generales.

1. La mente está separada del cerebro y no está controlada por las leyes de la física de ningún tipo. Esta es esencialmente una visión religiosa o espiritual que asume que la mente ha estado en el universo todo el tiempo. Las mentes individuales son partes de una mente mayor que todo lo abarca y que puede o no ser Dios.

2. La mente es el producto de actividades neuronales complejas del cerebro de un individuo. Es una adaptación evolutiva. En el lenguaje científico, «la mente es un epifenómeno del cerebro», una

---

* «Quantum biology on the edge of quantum chaos». G. Vattay, S. Kauffman, *PLoS One, 2014*. Un nuevo enfoque de los sistemas biológicos cuánticos. Un documento altamente técnico pero influyente.

cualidad emergente; en otras palabras, un subproducto de un cerebro en funcionamiento.

3. La mente obedece a leyes físicas aún no comprendidas del todo, actuando sobre las neuronas de la corteza cerebral. Esta es la visión propuesta por el filósofo Albert North Whitehead[428] y desarrollada por Hameroff. Según tengo entendido, en su teoría, la conciencia y la mente son epifenómenos de los cálculos cuánticos en los microtúbulos cerebrales. Para Hameroff, la mente es un factor intrínseco del universo. Para mí, esto parece representar un matrimonio de las teorías n.° 1 y n.° 2 anteriores.

4. Finalmente, está la hipótesis de Kauffman[429], según la cual la mente, la conciencia y el libre albedrío están asociados con el reino en equilibrio. Nuestros cerebros con nuestros órganos de los sentidos nos conectan con el universo. La diferencia entre las teorías de Hameroff y Kauffman es que el primero ubica la conciencia en los microtúbulos y el segundo en el reino en equilibrio. Ambos se apoyan mucho en la física cuántica para sus hipótesis.

Sabemos que la mente puede influir en el estado del mundo físico. Sabemos que las intenciones, emociones y deseos de un investigador pueden influir en los resultados experimentales, incluso en diseños experimentales controlados y ciegos. Hemos explorado temas como la anestesia general, la hipnosis, los placebos, las experiencias cercanas a la muerte (ECM) y las experiencias extracorporales (OBE), que, por separado y en conjunto, establecen que el cerebro actúa como un transceptor de la actividad mental; es decir, que la mente puede funcionar a través del cerebro, pero no necesariamente es producida por el cerebro.

Cuando dormimos, no somos completamente conscientes, pero tampoco somos completamente inconscientes, como lo demuestran, por ejemplo, los sueños lúcidos. Cuando una persona está bajo anestesia general, si uno de los médicos dice algo alarmante como: «Oh, creo que acabamos de rasgarle el estómago», el paciente reaccionará con todos los signos físicos de un ataque de pánico. El cerebro puede tener bajo rendimiento, pero la mente está en pleno funcionamiento.

Resumen

El materialismo es una filosofía atractiva; al menos lo fue antes de que la mecánica cuántica alterara nuestro pensamiento sobre la materia. La mecánica cuántica ha revolucionado el estudio de la física y la biología y ha abierto nuevos horizontes. La historia de la ciencia nos ha llevado desde nuestros sentidos físicos y el «sentido común» hasta la «no localidad cuántica» y la «acción espeluznante a distancia», y, en el proceso, reveló una realidad cada vez más desconcertante. Además, la mecánica cuántica ha demostrado que los pensamientos, las intenciones y las emociones humanas pueden afectar directamente a nuestro mundo material.

Hoy en día, por lo general, los matemáticos y los físicos aceptan el hecho de que el mundo se rige fundamentalmente por reglas cuánticas. No hay necesidad, dicen, de considerar que la física newtoniana y la física cuántica se excluyan mutuamente, ya que no solo son consistentes sino que también están inextricablemente unidas.

La ciencia posmaterialista señala el camino hacia la expansión de nuestro espacio psíquico. Las ideas de Hamerroff y Kauffman han generado mucho entusiasmo entre los investigadores que trabajan con ahínco en las interfaces entre la física, la matemática, la biología, la teoría de la información, la psicología y la filosofía, donde abundan los misterios y las paradojas. Igualmente significativas son las contribuciones de Turin, Brookes, Charles Sell y otros sobre el olfato, que muestran que es en parte el resultado de operaciones cuánticas.

En vista de las investigaciones recientes sobre biología cuántica, microtúbulos y el reino en equilibrio, particularmente por los fenómenos de entrelazamiento y no localidad, tanto la telepatía/comunicación simpática como la telequinesis[430] son posibles. Más importante aún, la biología cuántica explica en gran medida cómo la mente afecta a la materia[431], y sabemos que lo hace: piensa en el efecto placebo, la medicina psicosomática y similares.

La opinión de que la mente es a la vez dependiente e independiente del cerebro y del resto del cuerpo está respaldada por pruebas experimentales de los más vanguardistas estudios académicos. Como protones o electrones que, según las circunstancias, pueden ser partículas u ondas o estados intermedios de ondas.

Durante toda mi vida profesional, ya sea por temperamento, crianza, educación y muchas otras influencias, he abrazado la visión científica dura y determinista del mundo. Sin embargo, movido por la investigación en la que se basa este capítulo, me encuentro dispuesto a aceptar la para mí radical posibilidad de que quizá un precursor de la mente[432] aún no comprendido pueda ser uno de los elementos fundamentales —como la masa, la gravedad o la carga eléctrica— de los que está hecho el mundo.

La hipótesis que suscribo es que la conciencia y el libre albedrío son cualidades de la mente, y que la mente es más que el cerebro.

CONCLUSIONES CLAVE

◆ La anestesia general no apaga el cerebro de manera global y no siempre produce una ausencia total de conciencia.

◆ Es poco probable que nuestra comprensión actual de la materia por sí sola explique la naturaleza de la mente.

◆ Orch OR puede proporcionar un puente entre la neurociencia y enfoques más espirituales de la conciencia.*

◆ La ciencia posmaterialista sugiere que existe una conexión entre los procesos biomoleculares del cerebro y la estructura básica del universo.

◆ Se ha demostrado que la coherencia cuántica está presente en la fotosíntesis de las plantas, en el sentido de navegación y orientación del cerebro de las aves y en el sentido del olfato humano.

◆ Los mecanismos que subyacen al olfato implican procesos cuánticos. Aunque todavía en etapa experimental, parece razonable suponer que procesos iguales o similares operan en otros receptores activados por pequeñas moléculas como neurotransmisores, hormonas, esteroides, etc.

◆ Nuestros cuerpos y mentes se rigen por una confluencia de leyes clásicas y cuánticas de la física.

---

* Gary E. Schwartz, PhD es profesor de psicología, medicina, neurología, psiquiatría y cirugía en la Universidad de Arizona y director del Laboratorio de Avances en Conciencia y Salud. Ha publicado más de 450 artículos científicos, además de tres libros. *The Energy Healing Experiments: Science Reveals Our Natural Power to Heal*, Atria, Nueva York, 2007. *The Afterlife Experiments: Breakthrough Scientific Evidence of Life After Death*, Atria, Nueva York, 2002. *The Sacred Promise: How Science Is Discovering Spirit's Collaboration with Us in Our Daily Lives*, Simon & Schuster, Nueva York, 2011. Muy recomendables.

10

SIGNIFICADO

Creo que solo a través del escrutinio incesante, el cuestionamiento y el desafío de las ortodoxias puede progresar la ciencia. La información que aparece en las páginas anteriores es un marco coherente internamente que sintetiza investigaciones sustentadas de manera empírica en diversos campos de investigación. Desafía muchos de los principios prevalecientes de la neurociencia.

Pero hace más que eso. La hipótesis de la mente encarnada te beneficiará tanto a nivel personal como social.

Esta hipótesis de la mente encarnada que cambia el paradigma mejorará tu vida de tres maneras distintas. En primer lugar, a medida que la comunidad científica, en particular la fraternidad médica y la industria farmacéutica, lleve gradualmente estas ideas a la práctica, descubrirás nuevos y mejores tratamientos para muchas enfermedades físicas y mentales.

En segundo lugar, gran parte de los estudios reseñados en este libro tratan de los misterios de la memoria. Sabemos que no es solo el cerebro el guardián de nuestras experiencias pasadas. Más bien, la memoria está incrustada en la matriz de nuestros cuerpos. Está en todas partes. Lo que significa que algún día, en el caso de los tumores cerebrales o el Alzheimer, o enfermedades neurológicas similares, habrá terapias capaces de recuperar los recuerdos del cuerpo y devolver a la persona al funcionamiento normal, o al menos muy mejorado, muy parecido al funcionario público francés que mencioné antes cuyo cuerpo realizó esta tarea por sí solo.

El lector atento, ahora familiarizado con la epigenética y con cómo las vidas de los padres y abuelos varias generaciones atrás pueden afectar a sus hijos incluso desde antes de la concepción, tendrá en cuenta esta información y ajustará su estilo de vida en consecuencia si planea tener hijos. Los lectores más allá de esa etapa de la vida pueden llegar a resolver una variedad de problemas emocionales rastreando sus orígenes hasta su vida en el útero y las experiencias de vida de sus antepasados. Tales percepciones pueden ser verdaderamente curativas.

Por último, conociendo muy bien el increíble poder que los pensamientos ejercen sobre nuestros cuerpos, el lector se sumergirá profundamente en su propia mente, identificará cualquier guion contraproducente y autosabotaje que se esconda en los rincones oscuros de su inconsciente y los abandonará para siempre. Por supuesto, esto llevará tiempo y esfuerzo; tal vez incluso precise el apoyo de un terapeuta, psicólogo o psiquiatra. Pero piensa en esto como si fueras a ver a otro médico por una dolencia que se manifiesta físicamente. Recuerda, la perseverancia dará sus frutos.

Salud y enfermedad

Actualmente, el cuidado de pacientes enfermos a menudo se restringe a disciplinas separadas. Los neurólogos se enfocan en los trastornos del cerebro y en los tejidos nerviosos. Los cardiólogos se ocupan de las enfermedades del corazón. La misma actitud ha sido también ampliamente adoptada en la investigación. Sin embargo, tal perspectiva ciega y centrada en los órganos no tiene en cuenta los múltiples sistemas corporales descritos en las páginas anteriores que operan de un modo simultáneo y en sincronía. Aquí es donde será necesario hacer cambios en la práctica.

Un ejemplo de ello es el hecho bien conocido de que los pacientes que padecen insuficiencia cardíaca tienen un mayor riesgo de desarrollar demencia asociada con la edad. Ahora, investigadores del Centro Alemán de Enfermedades Neurodegenerativas[433] han encontrado una posible causa del mayor riesgo de demencia en personas con problemas cardíacos. En sus experimentos, los ratones que padecían insuficiencia cardíaca desarrollaron un deterioro cognitivo. Esto, a su vez, se relacionó con un aumento de las vías de estrés celular y una actividad genética alterada en las neuronas del hipocampo.

Estos cambios patológicos mejoraron con la administración de un fármaco que promueve la salud de las células neuronales.

Basándonos en estos descubrimientos, no sorprende que los expertos del Centro Alemán de Enfermedades Neurodegenerativas pidan enfoques interdisciplinarios y nuevas vías terapéuticas para el tratamiento de los trastornos neurocognitivos.

Entre las enfermedades neurocognitivas, la más común y más temida por las personas mayores es el Alzheimer. Estimaciones recientes indican que la enfermedad de Alzheimer puede ocupar el tercer lugar, justo detrás de las enfermedades cardíacas y el cáncer, como causa de muerte entre las personas mayores en los Estados Unidos. Los cerebros de los pacientes de Alzheimer contienen muchos grupos anormales (placas amiloides) y haces de fibras enredadas (enredos neurofibrilares o tau). La mayoría de las terapias diseñadas para tratar el Alzheimer se centran en esas placas, pero sin mucho éxito.

Es comprensible que las compañías farmacéuticas hayan centrado sus esfuerzos en la patología cerebral. Al hacerlo, han pasado por alto el hecho de que el cerebro está conectado al cuerpo mediante múltiples sistemas de comunicación de doble vía. A través de estos canales, un cambio en cualquier parte del cuerpo afectará al cerebro y viceversa. El cerebro, como he dicho antes, no funciona por sí solo.

Uno de los principales inputs del cerebro proviene de los microbios en nuestro intestino. El microbioma tiene múltiples efectos críticos en nuestros procesos fisiológicos y metabólicos que van desde el desarrollo cerebral prenatal y la modulación del sistema inmunitario hasta, quizá lo más sorprendente, el comportamiento y la cognición. Este microbioma se comunica con el sistema nervioso entérico («el intestino pensante»), el sistema inmunitario y, a través del nervio vago, con el cerebro. Debe enfatizarse que el eje vagal del intestino al cerebro juega un papel fundamental en la motivación y la recompensa. A lo largo de estas rutas, el intercambio de información tiene lugar en ambas direcciones. Estos vínculos representan otras partes constituyentes esenciales de la mente encarnada.

En un nuevo estudio, investigadores de la Facultad de Medicina de la Universidad de California en San Diego vincularon el microbioma intestinal con el comportamiento social[434], incluidos los hallazgos de que las personas con una microbiota más diversa tienden a tener redes sociales más grandes y a ser más sabias. Observaron que la diversidad microbiana reducida generalmente se asocia a una variedad de enfermedades, incluida la obesidad, la enfermedad inflamatoria intestinal y el trastorno depresivo severo.

La relación entre la soledad y la diversidad microbiana es particularmente fuerte en los adultos mayores, lo que sugiere que los adultos mayores pueden ser especialmente vulnerables a las consecuencias de la soledad relacionadas con la salud. En este momento, no sabemos qué viene primero: ¿la soledad conduce a cambios en el microbioma intestinal o, recíprocamente, las alteraciones del ambiente intestinal predisponen a un individuo a sentirse solo?

Los científicos del St. Jude's Children's Research Hospital están estudiando cómo las señales que envían los músculos cuando están estresados[435] afectan al cerebro. Los investigadores descubrieron que las señales de estrés dependen de una enzima llamada amilasa y de su producto, la maltosa. Los científicos demostraron que la liberación de esta enzima promueve el control de la calidad de las proteínas en tejidos distantes como el cerebro y la retina.

Las señales funcionan previniendo la acumulación de moléculas de proteína mal plegadas en las neuronas. Los hallazgos sugieren que la reproducción sintética de la enzima de señalización podría ayudar potencialmente a combatir enfermedades neurodegenerativas como la demencia relacionada con la edad y la enfermedad de Alzheimer.

Pero no son solo los músculos los que envían mensajes al cerebro. Ahora estamos descubriendo que también lo hacen los huesos. Recordarás que en el capítulo sobre la sabiduría del cuerpo aprendimos que hay más en la respuesta al estrés que el cortisol y la adrenalina. Resulta que la osteocalcina, una hormona que se produce en los huesos, regula una gran cantidad de funciones fisiológicas y procesos de desarrollo, en constante crecimiento. Numerosos estudios han encontrado que ayuda a regular el metabolismo, la fertilidad, el desarrollo cerebral y la función muscular. Mejora la memoria y reduce la ansiedad y tiene una relación directa con la biología del envejecimiento.

James Herman[436], de la Universidad de Cincinnati, ha escrito que los mensajes químicos de otras partes del cuerpo también pueden desempeñar un papel en la respuesta al estrés. Los experimentos de su propio laboratorio han identificado un papel potencial relacionado con el estrés para las señales secretadas por el tejido adiposo, el tejido conectivo laxo, que se encuentra debajo de la piel.

Todos los estudios anteriores ilustran el principio fundamental de este trabajo: ningún órgano, ya sea el cerebro, el riñón, el corazón o cualquier otro, es una isla en sí mismo.

Misterios de la memoria

Los estudios en epigenética son particularmente relevantes para este trabajo. En la escuela secundaria nos enseñaron que los genes nos hacen quienes somos. Eso es erróneo. La expresión génica, sí. Y la expresión génica varía, dependiendo de la vida que llevemos. Igualmente importante, antes de que la descendencia sea concebida, es tener en cuenta que las experiencias de vida de los padres y las exposiciones ambientales modifican sus células germinales y, a su vez, afectan al desarrollo y a la salud no solo de sus hijos, sino también de sus nietos y bisnietos. Los mecanismos epigenéticos permiten que los organismos se adapten a los cambios ambientales en muy poco tiempo, a veces de un modo instantáneo, en lugar de durante milenios, como es el caso de la evolución darwiniana.

Ahora existe evidencia biológica sólida de transmisión transgeneracional de trauma a la descendencia por parte de ambos padres. Las madres transmiten el trauma y otras emociones negativas como la ansiedad y la depresión a través de sus proteínas similares a la insulina y la modificación del eje hipotalámico-hipofisiario-suprarrenal de su hijo por nacer; y los padres, a través de sus vesículas extracelulares. Además, los factores familiares probables discutidos previamente son los microARN (miARN) y los lncARN en la circulación, así como los cambios epigenéticos en las células germinales maternas y paternas.

Lo que hace que estos hallazgos sean tan relevantes es que demuestran que nuestro cuerpo —y con esto me refiero a todo nuestro cuerpo, incluido el cerebro— está constantemente en un estado de flujo, en constante cambio. Tanto si ese cambio se inicia de manera interna como externa, cuando un elemento cambia, todas las demás partes del cuerpo, incluido el cerebro, se ven afectadas.

Hemos visto que los óvulos y los espermatozoides transmiten en la concepción no solo instrucciones para construir el cuerpo de un niño, sino también para construir su mente. Nos encontramos aquí por primera vez con la increíble riqueza de información contenida en las células.

A pesar de su minúsculo tamaño, estas diminutas máquinas biológicas son sorprendentemente inteligentes. Las células se comunican con sus células vecinas y les brindan ayuda en caso de que sufran estrés o enfermedad. Las células recuerdan sus orígenes, desde la concepción.

La membrana celular, que posee todas las características de los microchips, además de cumplir otras funciones, también dirige la producción de proteínas que cifran los recuerdos. Esto se aplicaría a todas las células del cuerpo, es decir, tanto a las células corticales como a las células somáticas.

Se ha demostrado que el ADN en el núcleo celular es un medio de almacenamiento de información compacto y estable en biología y tecnología informática. Una vez más, es necesario enfatizar que el ADN tiene el potencial de almacenar una gran cantidad de datos. En la actualidad, sabemos cuál es parte de esta información, pero gran parte sigue siendo un misterio. Es como el lado oscuro de la luna; aunque no podamos verlo, sabemos que existe. En esta área inexplorada del ADN, además de en la membrana celular y en el citoesqueleto, es donde, según mi hipótesis, se almacenan los recuerdos de traumas, miedos, fobias o atributos o talentos especiales.

Durante los últimos cuatrocientos años, el descubrimiento del telescopio marcó el comienzo de una nueva apreciación de la inmensidad del universo a medida que cada generación sucesiva de astrofísicos se daba cuenta de que el universo era más grande de lo que pensaba la generación anterior. Con la introducción en la biología del microscopio electrónico, se produjo una profundización similar en la comprensión de la célula humana. Así, hemos descubierto espacios relativamente grandes dentro de los cuales vive y trabaja el núcleo, con su ADN y ARN, quince orgánulos diminutos y cuarenta y dos millones de moléculas de proteína[437]. Y, ahora, estamos ampliando nuestro conocimiento de los átomos y encontrando una vez más espacios abiertos, más complejidad y más sorpresas ocultas.

Los principales mecanismos por los que funcionan los nervios (neurotransmisores, canales iónicos y sinapsis eléctricas) son utilizados por todas las células del cuerpo. No hay duda de que los procesos y actividades que se cree que representan especializaciones evolutivas recientes del sistema nervioso representan procesos de supervivencia celular antiguos y fundamentales que aún persisten en todas nuestras células en la actualidad. Por lo tanto, las células biológicas en tejidos y órganos trabajan en conjunto con redes neuronales y representan el tercer sistema que comprende la mente encarnada. Sin embargo, no debemos olvidarnos de las células biológicas del sistema circulatorio. Estas están formadas por los glóbulos rojos y los glóbulos blancos. En este último grupo se encuentran las células del sistema inmunitario.

Científicos de todo el mundo están de acuerdo en que las células de memoria del sistema inmunitario recopilan un tesoro de información sobre los depredadores que encuentran a lo largo de su vida para poder luchar contra ellos en caso de que reaparezcan. ¿No tiene sentido al menos considerar la posibilidad de que células tan inteligentes como estas células inmunitarias no contengan también fragmentos de recuerdos de vida, sobre todo porque hay pruebas fiables que apuntan a la existencia de un circuito de retroalimentación complejo entre el sistema inmunitario y el cerebro? Así, el sistema inmunológico junto con los otros sistemas ya descritos, comprende la mente encarnada.

Al comienzo de este capítulo, señalé la importancia de los microbios en nuestro intestino para nuestra salud. Los biólogos saben desde hace décadas que las bacterias pueden utilizar señales químicas para coordinar su comportamiento. El mejor ejemplo, aclarado por Bonnie Bassler de la Universidad de Princeton y otros al comienzo de este capítulo, es la detección de quórum[438], un proceso por el cual las bacterias expulsan moléculas de señalización hasta que una concentración lo suficientemente alta hace que las células formen una biopelícula o inicien algún otro comportamiento colectivo.

Pero Gürol Süel, biofísico de la Universidad de California en San Diego, y otros científicos ahora están descubriendo que las bacterias en las biopelículas[439] también pueden comunicarse entre sí eléctricamente. Al igual que las neuronas, las bacterias aparentemente usan iones de potasio para propagar señales eléctricas. Estamos aprendiendo sobre un modo completamente nuevo de comunicación entre las bacterias. El genetista de génesis bacteriana James Shapiro [440] apoya estos hallazgos. Ha argumentado que las colonias bacterianas podrían ser capaces de poseer una forma de cognición.

Si las colonias de bacterias pueden ser capaces de poseer una forma de cognición, ¿las células de nuestro cuerpo, que son mucho más complejas que las bacterias, no funcionarían tan bien o mejor? De hecho, cada vez hay más evidencia de muchas fuentes que muestran que todas las células y tejidos del cuerpo, no solo las células neuronales, almacenan memoria, informan sobre la codificación genética y se adaptan a los cambios ambientales, formando así la base de la mente encarnada. La memoria celular no es solo una abstracción, sino un hecho científico bien documentado que cambia nuestra comprensión de la memoria.

Los primos cercanos de las células de nuestro cuerpo son los organismos unicelulares como las bacterias y los hongos mucilaginosos. Si bien contienen todas las estructuras de las células ordinarias y, como ellas, no tienen neuronas ni cerebros, son capaces de reproducirse y aprender, tomar decisiones, demostrar comportamiento dirigido a objetivos y memoria. Sienten y exploran su entorno, se comunican con sus vecinos y se remodelan adaptativamente.

¿Cómo encaja el cerebro en la mente encarnada? La sabiduría recibida sostenía hasta hace poco que las sinapsis guardan recuerdos. Esto ya no es verdad. Investigaciones recientes han superado la teoría de las sinapsis, que ha avanzado poco a poco hacia una muerte lenta durante años, a medida que se suceden los cambios generacionales en la academia científica.

Los engramas de memoria se almacenan en las neuronas. Y por supuesto, cada neurona tiene un axón y varios miles de dendritas. Los conos de crecimiento de los axones contienen gran parte de las proteínas involucradas en el crecimiento, el metabolismo y la señalización, mientras que los diminutos compartimentos de las dendritas pueden realizar operaciones complicadas de lógica matemática. Capacidades verdaderamente asombrosas.

Las neuronas en la corteza cerebral están sustentadas por células gliales, las más significativas de las cuales son los astrocitos. Los astrocitos abarcan un gran número de neuronas y millones de sinapsis y parecen contribuir a otro nivel de funcionamiento de las redes neuronales. Algunos investigadores han hablado de redes de astroglías como un sistema potencial de procesamiento de información. Esto es importante porque demuestra el hecho de que las neuronas no son las únicas células del cuerpo que hacen el trabajo pesado en lo que respecta al pensamiento y a la memoria.

Si la sede de toda la memoria fuera realmente el cerebro, como todavía afirman los científicos de la vieja escuela, entonces, para garantizar el almacenamiento de información a largo plazo, las células cerebrales y sus circuitos tendrían que permanecer estables e intactos durante toda la vida. Sin embargo, este no es el caso de los animales que hemos tratado en el capítulo sobre regeneración, hibernación y metamorfosis, en el que vimos que los recuerdos sobreviven a cambios y reordenamientos celulares drásticos.

Una buena ilustración de esto son las lombrices planarias, que, contrariamente a la opinión científica predominante, pueden convertirse en individuos «nuevos» a partir de pequeñas porciones de sus cuerpos «viejos» y recordar lo que aprendieron antes de que se trucaran y perdieran la cabeza. De particular relevancia aquí es la investigación de Shomrat y Levin sobre la planaria que los llevó a concluir que los rastros de la memoria del comportamiento aprendido se retienen fuera del cerebro. Sugirieron que esto se debía a mecanismos que incluyen el citoesqueleto, los circuitos de señalización metabólica y las redes reguladoras de genes. Esta pérdida y reordenamiento de las neuronas cerebrales se observa en los animales que hibernan y es aún más pronunciada en los animales en metamorfosis.

¿Qué explica cómo la experiencia larvaria puede persistir a través de la pupa hasta la edad adulta, en otras palabras, la supervivencia de los recuerdos de estos animales desde su etapa embrionaria temprana (huevos, larvas) mucho antes de que tuvieran un cerebro maduro? La única respuesta creíble a esa pregunta, según la investigación presentada, parece ser que la memoria, además de almacenarse en el cerebro, también se codifica en otras células y tejidos del cuerpo. El cerebro nunca trabaja solo. Todos estamos dotados de sistemas de memoria tanto somáticos como cognitivos que se apoyan mutuamente. Se ha observado que las personas a las que se les extirparon quirúrgicamente partes de los tejidos cerebrales o que nacieron con agua en el cerebro (hidrocefalia) se desempeñan con bastante normalidad, a menudo sin darse cuenta de su discapacidad. Creo que esto no se debe a la neuroplasticidad o al reclutamiento de áreas no afectadas del cerebro, sino a que el cerebro, o lo que queda de él, es, y siempre fue, parte de una red de comunicación mucho más grande en el cuerpo. Este cerebro extendido, el cerebro encarnado, actúa como un sistema de almacenamiento de memoria de respaldo y recarga cualquier dato que falte en el cerebro.

Los humanos no son tan versátiles como las lombrices planarias o los animales que hibernan o sufren metamorfosis. Sin embargo, nuestro cuerpo es perfectamente capaz de curar heridas o huesos rotos, o incluso reemplazar una estructura compleja como el hígado. La reparación de tejidos u órganos dañados no es de arriba abajo sino de abajo arriba, no controlada por el cerebro sino organizada localmente por las células afectadas o conjuntos de células. Es esta capacidad de recordar la propia estructura del cuerpo por parte de cada célula del cuerpo lo que hace posible la curación y regeneración de los tejidos corporales.

Los traumas, como el TEPT, ya sean físicos o psicológicos, o las experiencias de gran carga emocional, están encerrados en todo el cuerpo. Ocasionalmente, nuestros cuerpos hablan en voz alta sobre cosas que preferiríamos no escuchar. Ese es el momento de hacer una pausa y escuchar.

El único órgano de nuestro cuerpo al que realmente deberíamos prestar más atención es nuestro corazón. Existen más expresiones y metáforas sobre el corazón que sobre cualquier otro órgano de nuestro cuerpo. En el lenguaje común, a menudo se habla del corazón como de un centro de pensamiento, sentimiento y personalidad. Sin embargo, casi nunca consideramos que todo esto refleja observaciones científicamente válidas. Resulta que estas expresiones están más cerca de los descubrimientos recientes en la función cardíaca de lo que nadie en la academia suponía anteriormente.

Como el tracto digestivo, incluso más, el corazón está conectado al cerebro por el nervio vago y el sistema nervioso autónomo. El corazón también es parte del sistema endocrino del cuerpo y secreta sus propias hormonas. Además, genera un campo electromagnético único que afecta al resto del cuerpo y se extiende varios metros más allá.

Las señales que el corazón envía continuamente al cerebro influyen en la función de los centros cerebrales superiores involucrados en la percepción, la cognición y el procesamiento emocional, y viceversa. Debido a este ciclo de retroalimentación, no sorprende que las personas que sufren de depresión o esquizofrenia, o simplemente de demasiado estrés, tengan un mayor riesgo de desarrollar enfermedades del corazón que las personas emocionalmente sanas.

El cerebro del corazón consta de una red intrincada de varios tipos de neuronas, neurotransmisores, proteínas y células inmunitarias similares a las que se encuentran en el cerebro craneal. Este cerebro del corazón permite que el corazón actúe independientemente del cerebro craneal: aprender, recordar e incluso sentir y tener sensaciones. Teniendo en cuenta la evidencia de que la información/memoria se almacena en todas las células de nuestro cuerpo, el principio organizador de este libro, parece razonable suponer que las células cardíacas no serían una excepción y, en todo caso, es más probable que lleven datos de naturaleza personal. En consecuencia, no sorprende que los pacientes trasplantados sensibles puedan manifestar cambios de personalidad paralelos a las experiencias, gustos, aversiones y temperamento de sus donantes.

Sabemos que la vida se construye sobre las interacciones de entidades de señalización: comunidades, personas, órganos, células, bacterias e incluso virus. Como se documenta en este libro, las capacidades de las células de nuestro cuerpo se han subestimado durante demasiado tiempo. Seamos conscientes de ello o no, todas las células de nuestro cuerpo (neuronas, células inmunitarias y células somáticas) —en concierto con los tejidos del corazón, nuestro genoma, el sistema nervioso entérico y el microbioma— forman redes que se conectan con el cerebro craneal y forman el semillero para la mente encarnada. Todos los recuerdos, la conciencia y la mente emergen de esta red sensible dinámica y unida.

El poder de la mente

En el capítulo sobre el sistema inmunológico, me referí brevemente a estudios que muestran los efectos de la meditación en los telómeros. Como recordarás, los telómeros protegen los extremos de los cromosomas formando una cubierta muy parecida a la punta de plástico de un cordón de zapato. Sin telómeros, nuestros cromosomas podrían terminar adhiriéndose a los cromosomas vecinos y no funcionar. Los telómeros son más largos al nacer y se acortan con la edad. Una vez que el ADN de una célula pierde su telómero, ya no puede dividirse y muere. Las muertes celulares masivas provocan el envejecimiento. En consecuencia, la longitud de los telómeros se considera comúnmente como un biomarcador potencial del envejecimiento y de las enfermedades relacionadas con la edad. Los telómeros, como las células inmunitarias, responden a las emociones. Las emociones negativas acortan los telómeros, mientras que los sentimientos felices ayudan a mantener su integridad.

Un estudio en Charité-University Medicine Berlin sobre los telómeros[441] lleva este tema un paso más allá. En una muestra de 656 díadas madre-hijo, los investigadores realizaron evaluaciones en serie durante el embarazo para cuantificar el estrés materno, las respuestas emocionales negativas y positivas a los eventos del embarazo, el afecto positivo (estado de ánimo) y el apoyo social percibido. Lo que descubrieron fue que el estrés materno predijo significativamente una longitud más corta de los telómeros del recién nacido y que la resiliencia materna se asoció de manera elocuente con una longitud más larga de los telómeros del recién nacido. A efectos de este estudio, la resiliencia se definió como una medida multidimensional que incorpora el afecto positivo y el apoyo social percibido.

La resiliencia también puede ejercer un efecto protector sobre la longitud de los telómeros a través del sistema inmunitario. Los estados psicológicos positivos y el apoyo social se han asociado a niveles más bajos de citocinas y marcadores inflamatorios y a un menor riesgo de infección.

Se sabe que la resiliencia, la positividad y el apoyo social disminuyen la excitación autónoma relacionada con el estrés y conducen a una recuperación más rápida y completa del estrés. Este efecto beneficioso de la resiliencia destaca la importancia de atender la salud física y mental de la madre durante el embarazo para optimizar tanto su salud como la de su hijo. Naturalmente, esto se aplica no solo a las madres embarazadas sino también al resto de nosotros. Hay muchas investigaciones que respaldan la afirmación de que la buena salud se fomenta mediante el apoyo social, las interacciones cara a cara con familiares y amigos, la participación en clubes sociales y/o lugares de culto, la participación en trabajo voluntario y el disfrute de la compañía de personas del entorno laboral. Estos factores contribuyen a los sentimientos de pertenencia, de formar parte de la humanidad, y esos sentimientos son los mejores antídotos contra el estrés.

En el momento en que estaba escribiendo esto, me llamó la atención un estudio de la Universidad Estatal de Oregón[442] sobre el envejecimiento. Se descubrió que la forma en que las personas pensaban sobre sí mismas a los cincuenta años predecía una amplia gama de resultados de salud futuros hasta cuarenta años después: eventos cardiovasculares, memoria, equilibrio, ganas de vivir, hospitalizaciones e incluso mortalidad. Esta investigación me recuerda el trabajo de Steve Cole en la Escuela de Medicina de la UCLA, a quien cité en el primer capítulo sobre la genética. Tal vez recuerdes que Cole publicó mucho sobre el tema de la autorregulación. Sostiene, y estoy totalmente de acuerdo con él, que podemos ser arquitectos de nuestras propias vidas si hacemos un esfuerzo consciente para hacerlo. Dirigiendo ahora nuestra atención al antiguo enigma cerebro-mente, se han analizado el sueño, los sueños lúcidos, la hipnosis, los placebos, la comunicación simpática y la anestesia general para explorar la conciencia y la mente. Sabemos que los agentes anestésicos no embotan nuestra función cerebral globalmente, sino que ejercen efectos específicos y dependientes de la dosis en los sistemas cerebrales que sustentan la conciencia interna y la percepción del entorno. Cada agente induce distintos estados alterados de conciencia. La anestesia es claramente diferente del sueño fisiológico, pero también comparte muchas similitudes con él. En particular, en el sentido de que las palabras cargadas de emociones, como «Vaya, creo que le corté el nervio cubital», tendrán un efecto fisiológico en la persona, aunque es posible que no lo recuerden después. Lo que significa que la mente siempre está activa. No se toma vacaciones. Siempre está de guardia. El cerebro puede estar dormido, pero la mente está despierta.

La hipnosis se ha utilizado con éxito para inducir la anestesia sin fármacos. La hipnosis, también conocida como hipnoterapia o sugerencia hipnótica, es un estado similar al trance en el que uno ha aumentado el enfoque y la concentración y está más abierto a las sugerencias. Por lo general, un terapeuta que utiliza repetición verbal e imágenes mentales induce la hipnosis.

La hipnosis puede aliviar el dolor debido a quemaduras, cáncer, parto, síndrome del intestino irritable, fibromialgia, problemas de la articulación temporomandibular, procedimientos dentales y dolor de cabeza. La hipnosis se puede utilizar para ayudar a controlar los comportamientos no deseados o para ayudar a sobrellevar mejor la ansiedad o el dolor. La hipnosis ha sido beneficiosa en el tratamiento del insomnio, la enuresis nocturna, el tabaquismo y la sobrealimentación. La hipnosis ha sido valiosa para aliviar los efectos secundarios relacionados con la quimioterapia o la radiación. Es importante saber que, aunque estás más abierto a las sugestiones durante la hipnosis, no pierdes el control sobre tu comportamiento. Tu mente todavía está pendiente de ti.

En un estado de vigilia normal, diferentes regiones del cerebro comparten información entre sí. Investigadores de la Universidad de Turku, en Finlandia[443], descubrieron que, durante la hipnosis, el cerebro cambia a un estado en el que las regiones cerebrales individuales actúan de manera más independiente unas de otras, y las diversas regiones cerebrales ya no están sincronizadas. Esencialmente, la hipnosis altera la forma en que el individuo procesa la información, lo que permite que la mente efectúe cambios fisiológicos en el cuerpo, así como cambios en la personalidad. La mente puede ser una poderosa herramienta de sanación cuando se le da la oportunidad.

Un buen ejemplo de ello, siguiendo los pasos de la hipnosis, es el conocido efecto placebo. El término placebo se refiere a un tratamiento o sustancia inerte que no tiene efectos conocidos, mientras que el término efecto placebo se refiere a los efectos de tomar un placebo que no se pueden atribuir al tratamiento en sí. Cuando ocurre esta respuesta, muchas personas no tienen idea de que están respondiendo a lo que es esencialmente una píldora de azúcar.

El hecho de que el efecto placebo esté ligado a las expectativas de una persona no lo hace imaginario o falso. Se ha demostrado que los placebos producen cambios fisiológicos medibles, como un aumento en la frecuencia cardíaca o la presión arterial. Sin embargo, las enfermedades que se basan en el autoinforme de los síntomas para la medición están fuertemente influenciadas por los placebos, como la depresión, la ansiedad, el síndrome del intestino irritable y el dolor crónico.

Las señales verbales, conductuales y sociales contribuyen a las expectativas de resultados positivos o negativos de una persona. El efecto placebo implica reacciones neurobiológicas complejas que incluyen aumentos en los neurotransmisores para sentirse bien, como las endorfinas y la dopamina, y una mayor actividad en ciertas regiones del cerebro relacionadas con los estados de ánimo, las reacciones emocionales y la autoconciencia.

Todo ello puede tener un beneficio terapéutico. «El efecto placebo es una forma en que el cerebro le dice al cuerpo lo que necesita para sentirse mejor», dice Ted Kaptchuk, del Beth Israel Deaconess Medical Center[444], cuya investigación se centra en el efecto placebo.

La atención y el apoyo emocional que te das a ti mismo a menudo no es algo que puedas medir fácilmente, pero puede ayudarte a sentirte más cómodo en el mundo, y eso puede ser de gran ayuda cuando se trata de la curación.

De ello se deduce que es hora de mover el dial del reloj científico y cuestionar seriamente la visión determinista comúnmente aceptada de la mente como un epifenómeno del cerebro. En su lugar, propongo considerar el concepto de la mente cuántica encarnada, en la que la mente es dependiente e independiente del cerebro y el resto del cuerpo. Al igual que los protones o los electrones que, dependiendo de las circunstancias, pueden ser partículas u ondas o estados intermedios de ondas, la mente es fluida y adaptable.

La comunicación entre las neuronas o cualquier otra célula del cuerpo involucra el movimiento de átomos cargados eléctricamente, llamados iones, de una célula nerviosa a otra para generar resultados como el movimiento de un dedo o pensar en una frase para esta página. Si bien estas células contienen y transmiten información, no creo que podamos atribuirles conciencia o una mente. Solo al unir sus recursos la mente y la conciencia surgen tal como vemos que sucede, en un nivel más primitivo, con las películas bacterianas.

Recuerda la ecuación de Albert Einstein, $E = mc^2$. Establece matemáticamente una ley de la física según la cual la materia puede transformarse en energía.

Recientemente, los científicos del Imperial College London[445] creen haber descubierto cómo convertir la energía directamente en materia. Tanto la energía como la materia son físicas, pero, mientras que la materia codifica la información como partículas discretas separadas en el espacio, la información energética se codifica como campos superpuestos en los que la información se une en totalidades únicas y unificadas. Es una forma de dualismo, pero un dualismo científico basado en la diferencia entre materia y energía. La mente encarnada es tanto material como no material, dependiendo de la presencia de un observador. Cuando estamos en un estado de autorreflexión o en relación con otra persona, actuamos como observadores. La introspección abre puertas para acceder a la sabiduría de la mente encarnada.

Los estudios a los que se hace referencia en estas páginas, y muchos más en la literatura, muestran que la conciencia y la mente, funciones tradicionalmente atribuidas solo al cerebro, existen como parte de la amplia red de sistemas del cuerpo, que incluye —pero ciertamente no se limita— al cerebro. La mente encarnada es fluida y adaptable, pero no está oculta.

La hipótesis de la mente encarnada permite la voluntad del libre albedrío y nos empodera a cada uno de nosotros para vivir plenamente a la altura de nuestro potencial a través de la autorregulación en lugar de las exigencias de un entorno impredecible.

AGRADECIMIENTOS

Escribir este libro ha sido un viaje largo y, en ocasiones, difícil. No podría haberlo completado sin el apoyo constante y cariñoso de mi esposa Sandra, así como de mis hijos David y Lynette, y mis nietos Alec, Sidney, James y Elkah. Lorraine Tadman, mi trabajadora asistente de investigación, hizo un trabajo increíble editando y dando forma a las notas y las referencias, por lo que le estoy profundamente agradecido.

Quiero dar las gracias a los amigos Michael McKenna, Rick Graff, Brendan Howley, Peter Samu y Sy Silverberg, quienes se tomaron el tiempo para revisar varios capítulos y ofrecer sugerencias. Agradezco a mi destacado agente literario, Don Fehr, que me brindara críticas esenciales y una sabia guía durante las etapas preliminares de redacción de la propuesta del libro. Una vez satisfecho, colocó con éxito el manuscrito en Pegasus en Nueva York.

Esto resultó ser excelente. Me encantó trabajar con la editora, Claiborne Hancock, y especialmente con la editora adjunta, Jessica Case. Aprecio mucho su ayuda, paciencia y habilidad.

No hace falta decir que las opiniones expresadas en este libro son solo mías, no de ellos. Yo soy la parte responsable, no ellos.

REFERENCIAS POR CAPÍTULOS

Introducción

1. *Reuters Science News*, julio de 2007, https://www.reuters.com/article/us-brain-tiny/tiny-brain-no-obstacle-to-french-civil-servant-idUSN1930510020070720.

2. Feuillet, L., Dufour, H. y Pelletier, J.: «Brain of a white-collar worker», *Lancet*, 370(9583), 262, 2007.

3. Villemure, J. G., y Rasmussen, T. H.: «Functional hemispherectomy in children», *Neuropediatrics*, 24(1), 53–55, 1993. Battaglia, D., Veggiotti, P., Colosimo, C., *et al.*: «Functional hemispherectomy in children with epilepsy and CSWS due to unilateral early brain injury including thalamus: sudden recovery of CSWS», *Epilepsy Research*, 87(2–3), 290–298, 2009. Schramm, J., Kuczaty, S., Von Lehe, M. *et al.*: «Pediatric functional hemispherectomy: outcome in 92 patients», *Acta Neurochirurgica*, 154(11), 2017–2028, 2012.

4. Carson, B. S., Javedan, S. P., Guarnieri, M., *et al.*: «Hemispherectomy: A hemidecortication approach and review of 52 cases», *Journal of Neurosurgery*, 84(6), 903–911, 1996.

1. ¿Importan los genes?

5. Sapolsky, Robert: *Why Zebras Don't Get Ulcers*, Henry Holt & Company, Nueva York, 2004. 26. Darwin, Charles: *El origen de las especies; La expresión de las emociones en el hombre y en los animales; La fecundación de las orquídeas; Observaciones geológicas en América del Sur; Observaciones geológicas en las islas volcánicas visitadas durante el viaje del HMS Beagle; El origen del hombre; El viaje del Beagle.*

6. Risch, N. J.: «Searching for genetic determinants in the new millennium», *Nature*, 405(6788), 847–856, 2000. Botstein, D. y Risch, N.: «Discovering genotypes underlying human phenotypes: past successes for mendelian disease, future approaches for complex disease», *Nature Genetics*, 33, 228–237, 2003.

7. Dermitzakis, Emmanouil T., *et al.*: «Population Variation and Genetic Control of Modular Chromatin Architecture in Humans», *Cell*, 162(5), 1039–1050, 2015.

8. Meaney, M. J.: «Maternal care, gene expression, and the transmission of individual differences in stress reactivity across generations», *Annual Review of Neuroscience*, 24, 1161–1192, 2001.

9. Kern, Elizabeth M.A., Robinson, Detric, *et al.*: «Correlated evolution of personality, morphology and performance», *Animal Behavior*, 117, 79. doi.org/10.1016/j.anbehav.2016.04.007, 2016.

10. Jose, A. M.: «Heritable Epigenetic Changes Alter Transgenerational Waveforms Maintained by Cycling Stores of Information», *BioEssays*, doi.org/10.1002/bies.201900254, 2020.

11. Yan, Z., Lambert N. C., Guthrie, K. A., Porter, A. J., Nelson, J. L., *et al.*: «Male microchimerism in women without sons: Quantitative assessment and correlation with pregnancy history», *American Journal of Medicine*, 118(8), 899– 906, 2005. Chan, W. F., Gurnot. C., Montine, T. J., Nelson, J. L., *et al.*: «Male microchimerism in the human female brain», *PLoS One*, 7(9), e45592. doi: 10.1371/journal.pone.0045592, 2012.

12. Rowland, Katherine: «We Are Multitudes», *Aeon Magazine*, 2018.

13. Cairns, John, Overbaugh, Julie, y Miller, Stephan: «The origin of mutants». *Nature*, 335, 142–145, 1988.

14. Stahl, F. W.: «Bacterial genetics. A unicorn in the garden», *Nature*, 335, 112, 1988.

15. Bygren, L. O., Kaati, G., y Edvinsson, S.: «Longevity determined by ancestors' overnutrition during their slow growth period», *Acta Biotheoretica*, 49, 53–59, 2001. Bygren, Olov, en Kaati, G., Bygren, L. O., Edvinsson, S.: «Cardiovascular and diabetes mortality determined by nutrition during parents' and grandparents' slow growth period», *European Journal of Human Genetics*, 10, 682–688, 2002.

16. Foster, P. L.: «Mechanisms of stationary phase mutation: a decade of adaptive mutation», *Annual Review of Genetics*, 33, 57–88, 1999.

17. CBS C-elegans (http://cbs.umn.edu/cgc/what-c-elegans).

18. Gebauer, Juliane, Gentsch, Christoph, y Kaleta, Christoph, *et al.*: «A Genome-Scale Database and Reconstruction of *Caenorhabditis elegans* Metabolism», *Cell Systems*, 2(5), 312, 2016.

19. Jobson, M. A., Jordan, J. M., Sandrof, M. A., Baugh. L. R., *et al.*: «Transgenerational Effects of Early Life Starvation on Growth, Reproduction and Stress Resistance in *Caenorhabditis elegans*», *Genetics*, 201(1), 201–212, 2015.

20. Tobi, Elmar W., Slieker, Roderick C., Xu, Kate M., *et al.*: «DNA methylation as a mediator of the association between prenatal adversity and risk factors for metabolic disease in adulthood». *Science Advances*, 4(1), 2018.

21. Pembrey, M., Saffery, R. y Bygren, L. O.: «Network in Epigenetic Epidemiology. Human transgenerational responses to early-life experience: potential impact on development, health and biomedical research», *Journal of Medical Genetics*, 51, 563–572, 2015.

22. Borghol, N., Suderman, M., McArdle, W., Racine, A., Hallett, M., Pembrey, M., Szyf, M., *et al.*: «Associations with early-life socio-economic position in adult DNA methylation», *International Journal of Epidemiology*, 41(1), 62–74, 2012.

23. Almgren, Malin; Chlinzig, Titus; Gomez Cabrero, David; Ekström, Tomas, J., *et al.*: «Cesarean section and hematopoietic stem cell epigenetics in the newborn infant-implications for future health?», *American Journal of Obstetrics and Gynecology*, 211(5), 502.e1–502.e8, 2014. Schlinzig, T., Johansson, S., Gunnar. A., Ekström, T. J., Norman, M.: «Epigenetic modulation at birth-altered DNA-methylation in white blood cells after Caesarean section», *Acta Pædiatrica*, 98, 1096–1099, 2009.

24. Conzen, Suzanne: «Social isolation worsens cancer», Institute for Genomics and Systems Biology, 2009. Recuperado de http://www.igsb.org/news/igsb-fellow-suzanne-d.-conzen-social-isolation-in-mice-worsens-breast-cancer.

25. Slavich, G. M. y Cole, S. W.: «The emerging field of human social genomics», *Clinical Psychological Science*, 1(3), 331–348, 2013.

26. Zayed, Amro y Robinson, Gene E.: «Understanding the Relationship Between Brain Gene Expression and Social Behavior: Lessons from the Honey Bee», *Annual Review of Genetics*, 46, 591–615, 2012.

27. Clayton, D. F. y London, S. E.: «Advancing avian behavioral neuroendocrinology through genomics», *Frontiers in Neuroendocrinology*, 35(1), 58–71, 2014.

28. Weaver, I. C. G., Cervoni, N., Champagne, F. A., Meaney, M. J., *et al.*: «Epigenetic programming by maternal behavior», *Nature Neuroscience*, 7, 847–854, 2004.

29. Roth T. L., Lubin, F. D., Funk, A. J. y Sweatt, J. D.: «Lasting epigenetic influence of early-life adversity on the BDNF gene», *Biological Psychiatry*, 65(9), 760–769, 2009.

30. Roth, Tania L. y Sweatt, J. David: «Epigenetic mechanisms and environmental shaping of the brain during sensitive periods of development», *Journal of Child Psychology and Psychiatry*, 52(4), 398–408, 2011. Roth, Tania L. y Sweatt, J. David: «Epigenetic marking of the BDNF gene by earlylife adverse experiences», *Hormones and Behavior*, número especial: *Behavioral Epigenetics*, 59(3), 315–320, 2011.

31. Bremner, J. D.: «Long-term effects of childhood abuse on brain and neurobiology», *Child and Adolescent Psychiatric Clinics of North America*, 12, 271–292, 2003. Heim, C. y Nemeroff, C. B.: «The role of childhood trauma in the neurobiology of mood and anxiety disorders: preclinical and clinical studies», *Biological Psychiatry*, 49, 1023–1039, 2003. Kaufman, J., Plotsky, P. M., Nemeroff, C. B., y Charney, D. S.: «Effects of early adverse experiences on brain structure and function: clinical implications», *Biological Psychiatry*, 48, 778–790, 2000. Schore, A. N.: «Dysregulation of the right brain: a fundamental mechanism of traumatic attachment and the psychopathogenesis of posttraumatic stress disorder», *Australian and New Zealand Journal of Psychiatry*, 36, 9–30, 2002.

32. Sullivan, Regina, NYU Langone Medical Center/New York University School of Medicine: «Mother's soothing presence makes pain go away, changes gene activity in infant brain», *ScienceDaily*, www.sciencedaily.com/releases/2014/11/141118125432. htm, 18 de noviembre de 2014.

33. Dias, B. G., Maddox, S. A., Klengul, T , y Ressler, K. J.: «Epigenetic mechanisms underlying learning and the inheritance of learned behaviors», *Trends in Neurosciences*, 38(2), 96–107, 2015.

34. Morgan, Christopher P. y Bale, Tracy L.: «Early prenatal stress epigenetically programs dysmasculinization in second-generation offspring via the paternal lineage», *Journal of Neuroscience*, 17, 31(33), 11748–11755, 2011.

35. Yao, Y., Robinson, A. M., Metz, G. A., *et al.*: «Ancestral exposure to stress epigenetically programs preterm birth risk and adverse maternal and newborn outcomes», *BMC Medicine*, 12(1), 121, 2014.

36. McCarthy, Deirdre M., Morgan, Thomas J., Bhide, Pradeep G., *et al.*: «Nicotine exposure of male mice produces behavioral impairment in multiple generations of descendants», *PLoS Biology*, 16(10), e2006497, 2018.

37. Golding, Jean, Ellis, Genette, Pembrey, Marcus, *et al.*: «Grand-maternal smoking in pregnancy and grandchild's autistic traits and diagnosed autism», *Scientific Reports*, 7, article number 46179, 2017.

38. Schrott, R., Acharya, K., Murphy, S. K., *et al.*: «Cannabis use is associated with potentially heritable widespread changes in autism candidate gene DLGAP2 DNA methylation in sperm», *Epigenetics*, 15(1–2), 161–173, 2020.

39. Dietz, D. M., LaPlant, Q., Watts, E. L., Hodes, G. E., Russo, S. J., Feng, J., *et al.*: «Paternal transmission of stress-induced pathologies», *Biological Psychiatry*, 70, 408–414, 2011.

40. Freud, A., y Burlingham, D.: *War and Children*, International University Press, Nueva York, 1942.

41. Mahler, M. S.: «On Human Symbiosis and the Vicissitudes of Individuation», *Journal of the American Psychoanalytic Association*, doi. org/10.1177/000306516701500401, 1968.

42. Brave Heart, M. Y. H., Chase, J., Elkins, J., y Altschul, D. B.: «Historical trauma among indigenous peoples of the Americas: Concepts, research, and clinical considerations», *Journal of Psychoactive Drugs*, 43(4), 282–290, 2011.

43. Volkan, Vamik, D.: «Transgenerational Transmissions and Chosen Traumas». Opening Address, XIII International Congress. International Association of Group Psychotherapy. http://www.vamikvolkan.com/Transgenerational-Transmissions-and-Chosen-Traumas.php, 1998.

44. Barocas, H. A. y Barocas, C. B.: «Wounds of the fathers: The next generation of Holocaust victims», *International Review of Psycho-Analysis*, 1979. Freyberg, J. T.: «Difficulties in separation-individuation as experienced by holocaust survivors», *American Journal of Orthopsychiatry*, 50(1), 87–95, 1980. Fogelman, E. y Savran, B.: «Brief group therapy with offspring of Holocaust survivors: Leaders' reactions», *American Journal of Orthopsychiatry*, 50(1), 96, 1980.

45. Sorscher, N. y Cohen, L. J.: «Trauma in children of Holocaust survivors: Transgenerational effects», *American Journal of Orthopsychiatry*, 67(3), 493, 1997. Yehuda, R., Halligan, S. L., y Grossman, R.: «Childhood trauma and risk for PTSD: relationship to intergenerational effects of trauma, parental PTSD, and cortisol excretion», *Development and Psychopathology*, 13(3), 733–753, 2001. Yehuda, Rachel, Daskalakis, Nikolaos P., Binder, Elisabeth B., *et al.*: «Holocaust Exposure Induced Intergenerational Effects on FKBP5 Methylation», *Biological Psychiatry*, 80(5), 372, doi: 10.1016/j.biopsych.2015.08.005, 2016.

46. Yehuda, R., Daskalakis, N. P., Lehrner, A., Desarnaud, F., Bader, H. N., Makotkine, I., *et al.*: «Influences of maternal and paternal PTSD on epigenetic regulation of the glucocorticoid receptor gene in Holocaust survivor offspring», *American Journal of Psychiatry*, 171(8), 872–8010.1176/appi.ajp.2014.13121571, 2014.

47. Yehuda, R., *et al.*: «Transgenerational Effects of Posttraumatic Stress Disorder in Babies of Mothers Exposed to the World Trade Center Attacks during Pregnancy», *Journal of Clinical Endocrinology & Metabolism*, https://doi.org/10.1210/jc.2005-0550.

48. Sarapas, C., *et al.*: «Genetic markers for PTSD risk and resilience among survivors of the World Trade Center attacks», *Disease Markers*, 30(2-3), 101–110, 2011.

49. Gapp, Katharina, Bohacek, Johannes, Mansuy, Isabelle M., *et al.*: «Potential of Environmental Enrichment to Prevent Transgenerational Effects of Paternal Trauma», *Neuropsychopharmacology*, 2016. Gapp, Katharina, Jawaid, Ali, Sarkies, Peter, Mansuy, Isabelle M, *et al.*: «Implication of sperm RNAs in transgenerational inheritance of the effects of early trauma in mice», *Nature Neuroscience*, 17, 667–669, doi:10.1038/nn.3695, 2014.

50. Branchi, I., Francia, N., y Alleva, E.: «Epigenetic control of neurobehavioral plasticity: the role of neurotrophins», *Behavioral Pharmacology*, 15, 353–362, 2004. Roth, T. L., Lubin, F. D., Sodhi, M., y Kleinman, J. E.: «Epigenetic mechanisms in schizophrenia», *Biochimica et Biophysica Acta (BBA)—General Subjects*, 1790, 869–877, 2009.

51. Korosi, A. y Baram, T. Z.: «The pathways from mother's love to baby's future», *Frontiers in Behavioral Neuroscience*. Epub, 2009. Pryce, C. R. y Feldon, J.: «Longterm neurobehavioral impact of postnatal environment in rats: manipulations, effects and mediating mechanisms», *Neuroscience and Biobehavioral Reviews*, 27, 57–71, 2003. Sánchez, M. M.: «The impact of early adverse care on HPA axis development: Nonhuman primate models», *Hormones and Behavior*, 50, 623–631, 2006.

52. Gapp, Katharina; Bohacek, Johannes; Mansuy, Isabelle M., *et al.*: «Potential of Environmental Enrichment to Prevent Transgenerational Effects of Paternal

Trauma», *Neuropsychopharmacology*, doi: 10.1038/npp.2016.87, 2016. Gapp, Katharina, Jawaid, Ali, Sarkies, Peter, Mansuy, Isabelle M, *et al.*: «Implication of sperm RNAs in transgenerational inheritance of the effects of early trauma in mice», *Nature Neuroscience*, 17, 667–669, doi:10.1038/nn.3695, 2014.

53. Siklenka, Keith; Erkek, Serap; Kimmins, Sarah, *et al.*: «Disruption of histone methylation in developing sperm impairs offspring health transgenerationally», *Science*, 350(6261), 2015.

54. Ebert, M. S. y Sharp, P. A,: «Roles for microRNAs in conferring robustness to biological processes», *Cell*, 149, 515–524, 2012. Biggar, K. K. y Storey, K. B.: «The emerging roles of microRNAs in the molecular responses of metabolic rate depression», *Journal of Molecular Cell Biology*, 3, 167–175, 2011.

55. Morgan, Christopher P. y Bale, Tracy L.: «Early prenatal stress epigenetically programs dysmasculinization in second-generation offspring via the paternal lineage», *Journal of Neuroscience*, 17, 31(33), 11748–11755, 2011.

56. Gapp, Katharina, Jawaid, Ali, Sarkies, Peter, Mansuy, Isabelle M., *et al.*: «Implication of sperm RNAs in transgenerational inheritance of the effects of early trauma in mice», *Nature Neuroscience*, 17, 667–669, doi:10.1038/nn.3695, 2014.

57. Sadanand, Fulzele, Bikash, Sahay, Carlos, M. Isales, *et al.*: «COVID-19 Virulence in Aged Patients Might Be Impacted by the Host Cellular MicroRNAs Abundance/Profile», *Aging and Disease*, 11(3), 509–522, 2020.

58. Morgan, Christopher P. y Bale, Tracy L.: «Early prenatal stress epigenetically programs dysmasculinization in second-generation offspring via the paternal lineage», *Journal of Neuroscience*, 17, 31(33), 11748–11755.

59. Donkin, I. y Barrès, R.: «Sperm epigenetics and influence of environmental factors», *Molecular Metabolism*, 14, 1–11, 2018.

60. Conine, C. C., Sun, F., Rando, O. J., *et al.*: «Small RNAs gained during epididymal transit of sperm are essential for embryonic development in mice», *Developmental Cell*, 46(4), 470–480, 2018.

61. Andaloussi, S. E., Mäger, I., Breakefield, X. O., y Wood, M. J.: «Extracellular vesicles: biology and emerging therapeutic opportunities», *Nature Reviews Drug Discovery*, 12(5), 347–357, 2013.

62. Griffin, Matthew: «Researchers Find Evidence That Ancestors Memories Are Passed Down in DNA», *Enhanced Humans and Biotech.* https://www.311institute. com/researchers-find-evidence-that-ancestors-memories-are-passed-down-in-dna/, 2016.

63. Kaliman, Perla, Álvarez-López, María Jesús, Davidson, Richard J., *et al.*: «Rapid changes in histone deacetylases and inflammatory gene expression in expert meditators», *Psychoneuroendocrinology*, 40, 96–107, 2014.

64. Crum, Alia J. y Langer, Ellen J.: «Mind-Set Matters: Exercise and the Placebo Effect», *Psychological Science*, 18(2), 165–171, 2007.

65. Kanduri, Chakravarthi, Raijas, Pirre, Järvelä, Irma: «The effect of listening to music on human transcriptome», *PeerJ*, 23, e830, doi: 10.7717/peerj.830, 2015.

66. Noreen, Faiza, Röösli, Martin, Gaj, Pawel, *et al.*: «Modulation of Ageand Cancer-Associated DNA Methylation Change in the Healthy Colon by Aspirin and Lifestyle», *Journal of the National Cancer Institute*, 07/2014, 106(7), 2014.

67. Cole, Steve W.: «Social Regulation of Human Gene Expression», *Current Directions in Psychological Science*, 18(3), 132–137, 2009.

68. Rasmussen, H. N., Scheier, M. F., y Greenhouse, J. B.: «Optimism and physical health: A meta-analytic review», *Annals of Behavioral Medicine*, 37(3), 239–256, 2009.

69. Hittner, E. F., Stephens, J. E., Turiano, N. A., Gerstorf, D., Lachman, M. E., y Haase, C. M.: «Positive Affect Is Associated With Less Memory Decline: Evidence From a 9-Year Longitudinal Study», *Psychological Science*, 0956797620953883, 2020.

70. Ossola, Paolo, Garrett, Neil, Sharot, Tali, y Marchesi, Carlo: «Belief updating in bipolar disorder predicts time of recurrence», *eLife*, 9, 2020.

71. Zenger, M., Glaesmer, H., Höckel, M., y Hinz, A.: «Pessimism predicts anxiety, depression, and quality of life in female cancer patients», *Japanese Journal of Clinical Oncology*, 41(1), 87–94, 2011.

72. Costa, E., Chen, Y., Dong, E., Grayson, D. R., Kundakovic, M., y Guidotti, A.: «GABAergic promoter hypermethylation as a model to study the neurochemistry of schizophrenia vulnerability», *Expert Review of Neurotherapeutics*, 9, 87– 98, 2009. McGowan, P. O. y Szyf, M.: «The epigenetics of social adversity in early life: Implications for mental health outcomes», *Neurobiology of Disease*, 39(1), 66–72, 2010. McGowan, P. O., Meaney, M. J., y Szyf, M.: «Diet and the epigenetic (re) programming of phenotypic differences in behavior», *Brain Research*, 1237, 12–24, 2008.

73. Lane, Michelle, Robker, Rebecca L. y Robertson, Sarah A.: «Parenting from before conception», *Science*, 756–760, 15 de agosto de 2014.

74. Tsankova, N., Renthal, W., Kumar, A., Nestler, E. J.: «Epigenetic regulation in psychiatric disorders», *Nature Reviews Neuroscience*, 8, 355–367, 2007.

75. Yehuda, R. y Lehrner, A.: «Intergenerational transmission of trauma effects: putative role of epigenetic mechanisms», *World Psychiatry*, 17(3), 243–257, 2018.

2. El cerebro: cómo recuerda lo que recuerda

76. Schmidt, A. y Thews, G.: «Autonomic Nervous System» en Janig, W., *Human Physiology* (2.ª ed.), Springer-Verlag, 333–370, Nueva York, 1989.

77. Eyal, G., Verhoog, M. B., Segev, I., *et al.*: «Unique membrane properties and enhanced signal processing in human neocortical neurons», *eLife*, 5, e16553, 2016.

78. Fields, R. Douglas: *The Other Brain*, Simon & Schuster, Nueva York, 2011.

79. Jab, Ferris: «Know Your Neurons: What Is the Ratio of Glia to Neurons in the Brain?», *Scientific American*, 2012.

80. Fields, R. Douglas: «Visualizing Calcium Signaling in Astrocytes», *Science Signaling*, 3(147), 2010.

81. Christianson, S. A.: «Emotional stress and eyewitness memory: a critical review», *Psychological Bulletin*, 112(2), 284–309, 1992.

82. Myhrer, T.: «Neurotransmitter systems involved in learning and memory in the rat: a meta-analysis based on studies of four behavioral tasks», *Brain Research Reviews*, 41(2–3), 268–287, 2003.

83. Gonzalez, Walter G.; Zhang, Hanwen; Harutyunyan, Anna; y Lois, Carlos: «Persistence of neuronal representations through time and damage in the hippocampus», *Science*, 365(6455), 821–825, 2019.

84. Bruel-Jungerman, E., Davis, S., y Laroche, S.: «Brain plasticity mechanisms and memory: a party of four», *The Neuroscientist*, 13, 492–505, 2007, doi: 10.1177/1073858407302725.

85. Gaydos, Susan: «Memories lost and found: Drugs that help mice remember reveal role for epigenetics in recall», 2013.

86. Delgado-García, J. M. y Gruart, A.: «Neural plasticity and regeneration: myths and expectations», en *Brain Damage and Repair: From Molecular Research to Clinical Therapy*, T. Herdegen y J. M. Delgado-García, eds., Springer, Dordrecht, Países Bajos, 259–273, 2004. Delgado-García, J. M.: «Cajal and the conceptual weakness of neural sciences», *Frontiers in Neuroanatomy*, 9, 128, 2015, doi: 10.3389/fnana.2015.00128.

87. Wagner, A. D. y Davachi, L.: «Cognitive neuroscience: forgetting of things past», *Current Biology*, 11, R964–967, 2001. Buchanan, Tony W.: «Retrieval of Emotional Memories», *Psychological Bulletin*, 61–779, 2007, doi.org/10.1037/0033-2909.133.5.761.

88. Kandel, Eric R.: «The Molecular Biology of Memory Storage: A Dialog Between Genes and Synapses», *Science*, 21(5), 567, 2002.

89. Kandel, E. R., *In Search of Memory: The Emergence of a New Science of Mind*, W. W. Norton, Nueva York, 2007.

90. Fusi, S. y Abbott, L. F.: «Limits on the memory storage capacity of bounded synapses», *Nature Neuroscience*, 10(4), 485, 2007. Firestein, S.: *Ignorance: How It Drives Science*, Oxford University Press, Nueva York, 2012.

91. Chen, Shanping, Cai, Diancai, Glanzman, David L., *et al.*: «Reinstatement of long-term memory following erasure of its behavioral and synaptic expression in Aplysia», *eLife*, 3, e03896, 2014.

92. Shelley L. Berger: «Metabolic enzyme fuels molecular machinery of memory», *Penn Medicine News*, 31 de mayo de 2017. El estudio de Penn encuentra que la epigenética es clave para establecer memorias espaciales en el cerebro del ratón, proporcionando posibles nuevos medicamentos neurológicos. https://www. pennmedicine.org/news/news-releases/2017/may/metabolic-enzyme-fuels-molecular-machinery-of-memory.

93. Mews, Philipp, Donahue, Greg, Berger, Shelley L., *et al.*: «Acetyl-CoA synthetase regulates histone acetylation and hippocampal memory», *Nature*, 2017. Gräff, J. y L. H. Tsai: «Histone acetylation: molecular mnemonics on the chromatin», *Nature Reviews Neuroscience*, 14, 97–111, 2013.

94. Myhrer, T.: «Neurotransmitter systems involved in learning and memory in the rat: a meta-analysis based on studies of four behavioral tasks», *Brain Research Reviews*, 41(2–3), 268–287, 2003.

95. Gonzalez, Walter G., Zhang, Hanwen, Harutyunyan, Anna, Lois, Carlos: «Persistence of neuronal representations through time and damage in the hippocampus», *Science*, 365(6455), 821–825, 2019.

96. Trettenbrein, P. C.: «The demise of the synapse as the locus of memory: A looming paradigm shift?», *Frontiers in Systems Neuroscience*, 10, 88, 2016.

97. «Scientists advance search for memory's molecular roots: Architecture of the cytoskeleton in neurons», *ScienceDaily*, 26 de agosto de 2019, consultado el 22 de noviembre de 2020 en www.sciencedaily.com/releases/2019/08/190826150658.htm.

98. Gidon, A., Zolnik, T. A., Larkum, M. E., *et al.*: «Dendritic action potentials and computation in human layer 2/3 cortical neurons», *Science*, 367(6473), 83–87, 2020.

99. Gary Marcus; Cepelewicz, Jordana: «Hidden Computational Power Found in the Arms of Neurons», *Quanta Magazine,* 14 de enero de 2020. Consultado en https://www.quantamagazine.org/neural-dendrites-reveal-their-computational-power-20200114/.

100. Poulopoulos, A. y Macklis, J. D., *et al.*: «Subcellular transcriptomes and proteomes of developing axon projections in the cerebral cortex», *Nature*, 565(7739), 356–360, 2019.

101. Fields, R. Douglas: «Human Brain Cells Make Mice Smart», *Scientific American*, 2013.

102. Pinto-Duarte, A., Roberts, A. J., Ouyang, K., y Sejnowski, T. J.: «Impairments in remote memory caused by the lack of Type 2 IP3 receptors», *Glia*, 10.1002/glia.23679, 2013.

103. Lee, H. S., Ghetti, A., Pinto-Duarte, A., Wang, X., Dziewczapolski, G., Galimi, F., y Sejnowski, T. J.: «Astrocytes contribute to gamma oscillations and recognition memory», *Proceedings of the National Academy of Sciences*, 111(32), E3343–E3352, 2014.

104. Han, X., Chen, M., Silva, A. J., *et al.*: «Forebrain engraftment by human glial progenitor cells enhances synaptic plasticity and learning in adult mice», *Cell Stem*, 12(3), 342–353, 2013.

105. Colombo, J. A. y Reisin, H. D.: «Interlaminar astroglia of the cerebral cortex: A marker of the primate brain», *Brain Research*, 1006, 126–131, 2004.

106. Holleran, Laurena, Kelly, Sinead, Donoho, Gary, *et al.*: «The Relationship Between White Matter Microstructure and General Cognitive Ability in Patients with Schizophrenia and Healthy Participants in the ENIGMA Consortium», *American Journal of Psychiatry*, appi.ajp.2019.1, 2020.

107. Robert Malenka en Fields, R. Douglas: «Human Brain Cells Make Mice Smart», *Scientific American*, 2013. Fields, Douglas; «"Brainy" Mice with Human Brain Cells: Chimeras of Mice and Men». *BrainFacts*, 2013.

108. Vahdat, Shahabeddin, Lungu, Doyon, Ovidiu, Julien, *et al.*: «Simultaneous Brain-Cervical Cord fMRI Reveals Intrinsic Spinal Cord Plasticity during Motor Sequence Learning», *PLoS*, 2015, http://dx.doi.org/10.1371/journal.pbio.1002186.

109. Gershon, Michael, D.: «The thoughtful bowel». *Acta Physiologica*, 228(1), e13331, 2020.

110. Gershon, Michael, D.: *The Second Brain*, HarperCollins, Nueva York, 1998.

111. Schemann, M., Frieling, T., y Enck, P.: «To learn, to remember, to forget— How smart is the gut?», *Acta Physiologica*, 228(1), e13296, 2020.

112. Trettenbrein, P.: «The Demise of the Synapse as the Locus of Memory: A Looming Paradigm Shift?», *Frontiers in Systems Neuroscience*, 10, 2016, doi: 10.3389/fnsys.2016.00088.

113. Stacho, Martin, Herold, Christina, Güntürkün, Onur, *et al.*: «A cortex-like canonical circuit in the avian forebrain», *Science*, 2020.

114. Beblo, Julienne: «Are You Smarter Than an Octopus?», National Marine Sanctuary Foundation, 16 de octubre de 2018, https://marinesanctuary.org/blog/are-you-smarter-than-an-octopus/.

115. McClelland III, S. y Maxwell, R. E.: «Hemispherectomy for intractable epilepsy in adults: The first reported series», *Annals of Neurology*, 61(4), 372–376, 2007.

116. Villemure, J. G. y Rasmussen, T. H.: «Functional hemispherectomy in children», *Neuropediatrics*, 24(01), 53–55, 1993. Battaglia, D., Veggiotti, P., Lettori, D., Tamburrini, G., Tartaglione, T., Graziano, A., Colosimo, C.: «Functional hemispherectomy in children with epilepsy and CSWS due to unilateral early brain injury including thalamus: sudden recovery of CSWS», *Epilepsy Research*, 87(2–3), 290–298, 2009. Schramm,J., Kuczaty, S., Sassen, R., Elger, C. E., y Von Lehe, M.: «Pediatric functional hemispherectomy: outcome in 92 patients», *Acta Neurochirurgica*, 154(11), 2017–2028, 2012.

117. Carson, B. S., Javedan, S. P., Guarnieri, M., *et al.*: «Hemispherectomy: a hemidecortication approach and review of 52 cases», *Journal of Neurosurgery*, 84(6), 903–911, 1996.

118. Vining, E. P., Freeman, J. M., Pillas, D. J., Uematsu, S., Zuckerberg, A., *et al.*: «Why would you remove half a brain? The outcome of 58 children after hemispherectomy—the Johns Hopkins experience: 1968 to 1996», *Pediatrics*, 100(2), 163–171, 1997.

119. Feng Yu, Qing-jun Jiang, Xi-yan Sun, Rong-wei Zhang: «A new case of complete primary cerebellar agenesis: clinical and imaging findings in a living patient», *Brain*, 138(6), e353, 2015.

120. Muckli, Lars: «Scientists reveal secret of girl with "all seeing eye"», University of Glasgow, 2009. http://www.gla.ac.uk/news/archiveofnews/2009/july/headline_125704_en.html.

121. Lewin, R.: «Is your brain really necessary?», *Science*, 210(4475), 1232–1234, 10.1126/science.6107993, 1980. Lorber J.: «Is Your Brain Really Necessary?», *Archives of Disease in Childhood*, 53(10), 834–835, 1978.

122. Lorber J.: «Is Your Brain Really Necessary?», *Archives of Disease in Childhood*, 53(10), 834–835, 1978.

123. Feuillet, L.; Dufour, H.; Pelletier, J.: «Brain of a white-collar worker», *Lancet*, 370(9583), 262, 2007.

124. «What I find amazing to this day»: "Tiny brain no obstacle to French civil servant", Reuters.

125. Wojtowicz, J. M.: «Adult neurogenesis. From circuits to models», *Behavioral Brain Research*, Epub, 2011, 10.1016/j.bbr.2011.08.013.

126. Majorek, M. B.: «Does the brain cause conscious experience?», *Journal of Consciousness Studies*, 19, 121–144, 2012.

127. Markovich, Matt: «Blow to the head turns Tacoma man into a genius», *Komono News*, 2015, https://komonews.com/news/local/knocked-out-in-bar-fight-man-wakes-up-as-a-genius-11-21-2015.

128. Treffert, Darald: *Extraordinary People: Understanding the Savant Syndrome*, iUniverse, Lincoln, Neb, 2006, originalmente publicado por Ballantine y Treffert, Darold, 2015. «Genetic Memory: How We Know Things We Never Learned», *Scientific American*.

129. Gazzaniga, Michael S.: *The Mind's Past*, University of California Press, Berkeley, 2000.

130. Zamroziewicz, Marta K., Paul, Erick J., Aron, K., *et al.*: «Determinants of fluid intelligence in healthy aging: Omega-3 polyunsaturated fatty acid status and frontoparietal cortex structure», *Nutritional Neuroscience*, 1–10, 2017. Gu, Y., Vorburger, R. S., Brickman, A. M., *et al.*: «White matter integrity as a mediator in the relationship between dietary nutrients and cognition in the elderly», *Annals of Neurology*, 79(6), 1014–1025, 2016.

131. Lauretti, E., Iuliano, L., y Praticò, D.: «Extra-virgin olive oil ameliorates cognition and neuropathology of the 3xTg mice: role of autophagy», *Annals of Clinical and Translational Neurology*, 4(8), 564–574, 2017.

132. Steffener, Jason, Habeck, Christian, Stern, Yaakov, *et al.*: «Differences between chronological and brain age are related to education and self-reported physical activity», *Neurobiology of Aging*, 40, 138, 2016.

133. Tilley, Sara, Neale, Chris, Patuano, Agnès, y Cinderby, Steve, «Older People's Experiences of Mobility and Mood in an Urban Environment: A Mixed Methods Approach Using Electroencephalography (EEG) and Interviews», *International Journal of Environmental Research and Public Health*, 14(2), 151, 2017. Consultar httpoı//medicalxpress.com/news/2017-04-green-spaces-good-grey.html#jCp.

134. Colombo, J. A. y Reisin, H. D.: «Interlaminar astroglia of the cerebral cortex: a marker of the primate brain», *Brain Research*, 1006, 126–131, 2004.

135. Wixted, J. T., Squire, L. R., Steinmetz, P. N., *et al.*: «Sparse and distributed coding of episodic memory in neurons of the human hippocampus», *Proceedings of the National Academy of Sciences*, 111(26), 9621–9626.1, 2014.

3. El sistema inmunitario: este médico hace visitas a domicilio

136. Bevington, S. L., Cauchy, P., Cockerill, P. N., *et al.*: «Inducible chromatin priming is associated with the establishment of immunological memory in T cells», *The EMBO Journal*, 35(5), 515–535, 2016.

137. Dörner, T. y Radbruch, A.: «Antibodies and B cell memory in viral immunity», *Immunity*, 27(3), 384–392, 2007.

138. Stary, V., Pandey, R. V., Stary, G., *et al.*: «A discrete subset of epigenetically primed human NK cells mediates antigen-specific immune responses», *Science Immunology*, 5(52), 2020.

139. Suan, D., Nguyen, A., Kaplan, W., *et al.*: «T follicular helper cells have distinct modes of migration and molecular signatures in naive and memory immune responses», *Immunity*, 42(4), 704–718, 2015.

140. Moran, I., Nguyen, A., Munier, C.M.L., *et al.*: «Memory B cells are reactivated in subcapsular proliferative foci of lymph nodes», *Nature Communications*, 9(1), 1–14, 2018.

141. Jochen Hühn, Cording, S., Hühn, J., Pabst, O., *et al.*: «The intestinal micro-environment imprints stromal cells to promote efficient Treg induction in gut-draining lymph nodes», *Mucosal Immunology*, 7(2), 359–368, 2013.

142. Glennie, N. D., Yeramilli, V. A., Beiting, D. P., Volk, S. W., Weaver, C. T., y Scott, P.: «Skin-resident memory CD4+ T cells enhance protection against Leishmania major infection», *Journal of Experimental Medicine*, jem-20142101, 2015. Scott, P.: «Skin-resident memory CD4+ T cells enhance protection against Leishmania major infection», *Journal of Experimental Medicine*, jem-20142101, 2015.

143. Bachiller, S., Jiménez-Ferrer, I., Boza-Serrano, A., *et al.*: «Microglia in neurological diseases: a road map to braindisease dependent-inflammatory response», *Frontiers in Cellular Neuroscience*, 12, 488, 2018.

144. Derecki, N. C., Cardani, A. N., Yang, C. H., Quinnies, K. M., Crihfield, A., Lynch, K. R., y Kipnis, J.: «Regulation of learning and memory by meningeal immunity: a key role for IL-4», *Journal of Experimental Medicine*, 207(5), 1067–1080, 2010.

145. Warre-Cornish, K., Perfect, L., Srivastav, Deepak P., McAlonan, G., *et al.*: «Interferon-γ signaling in human iPSC–derived neurons recapitulate neurodevelopmental disorder phenotypes», *Science Advances*, 6(34), eaay9506, 2020.

146. Filiano, A. J., Gadani, S. P., y Kipnis, J.: «Interactions of innate and adaptive immunity in brain development and function», *Brain Research*, 1617, 18–27, 2015.

147. Dickerson, F., Adamos, M., Yolken, R. H., *et al.*: «Adjunctive probiotic microorganisms to prevent rehospitalization in patients with acute mania: a randomized controlled trial», *Bipolar Disorders*, 20(7), 614–621, 2018.

148. Ohio State University: «Immune system and postpartum depression linked? Research in rats shows inflammation in brain region after stress during pregnancy», *ScienceDaily*, 6 de noviembre de 2018.

149. Fredrickson, B. L., Grewen, K. M., Cole, S. W., *et al.*: «A functional genomic perspective on human well-being», *Proceedings of the National Academy of Sciences*, 110(33), 13684–13689, 2013.

150. Davidson, R. J., Kabat-Zinn, J., Sheridan, J. F., *et al.*: «Alterations in brain and immune function produced by mindfulness meditation», *Psychosomatic Medicine*, 65(4), 564–570, 2003.

151. Pace, T. W., Cole, S. P., Raison, C. L., *et al.*: «Effect of compassion meditation on neuroendocrine, innate immune and behavioral responses to psychosocial stress», *Psychoneuroendocrinology*, 34(1), 87–98, 2009.

152. Morgan, N., Irwin, M. R., Chung, M., y Wang, C.: «The effects of mind-body therapies on the immune system: meta-analysis», *PLoS One*, 9(7), e100903, 2014.

153. Fang, C. Y., Reibel, D. K., Longacre, M. L., Douglas, S. D., *et al.*: «Enhanced psychosocial well-being following participation in a mindfulness-based stress reduction program is associated with increased natural killer cell activity», *The Journal of Alternative and Complementary Medicine*, 16(5), 531–538, 2010.

154. Epel, E., Daubenmier, J., Moskowitz, J. T., Folkman, S., y Blackburn, E.: «Can meditation slow rate of cellular aging? Cognitive stress, mindfulness, and telomeres», *Annals of the New York Academy of Sciences*, 1172(1), 34–53, 2009.

155. Westermann, J., Lange, T., Textor, J., y Born, J.: «System consolidation during sleep—A common principle underlying psychological and immunological memory formation», *Trends in Neurosciences*, 38(10), 585–597, 2015.

156. Rao, G. y Rowland, K.: «Zinc for the common cold—not if, but when», *The Journal of Family Practice*, 60(11), 669, 2011.

157. Bayan, L., Koulivand, P. H., y Gorji, A.: «Garlic: A review of potential therapeutic effects», *Avicenna Journal of Phytomedicine*, 4(1), 1, 2014.

158. Ataide, Marco A., Komander, Karl, Kastenmüller, Wolfgang, *et al*.: «BATF3 programs CD8 T cell memory», *Nature Immunology*, 1–11, 2020.

4. Misterios de la célula humana

159. Cardamone, M. D., Tanasa, B., Perissi, V., *et al*.: «Mitochondrial retrograde signaling in mammals is mediated by the transcriptional cofactor GPS2 via direct mitochondria-to-nucleus translocation», *Molecular Cell*, 69(5), 757–772, 2018.

160. Tuszynski, Jack A.: *The Emerging Physics of Consciousness*, Springer-Verlag, Berlín, 2006.

161. Chong, Yolanda, Moffat, Jason, Andrews, Brenda J., *et al*.: «Yeast Proteome Dynamics from Single Cell Imaging and Automated Analysis», *Cell*, 161, 1413–1424, 2015.

162. Ho, B., Baryshnikova, A., y Brown, G. W.: «Comparative analysis of protein abundance studies to quantify the *Saccharomyces cerevisiae* proteome», *bioRxiv*, 104919, 2017.

163. Atom. En Wikipedia. Consultado en https://en.wikipedia.org/wiki/Atom.

164. Johnson, George: «Physicists Recover from a Summer's Particle "Hangover"», *New York Times*.

165. Potter, G. D., Byrd, T. A., Mugler, Andrew, y Sun, Bo: «Communication shapes sensory response in multicellular networks», *Proceedings of the National Academy of Sciences*, 113(37), 10334–10339, 2016.

166. Nordenfelt, P., Elliott, H. L., y Springer, T. A.: «Coordinated integrin activation by actin-dependent force during T-cell migration», *Nature Communications*, 7, 13119, 2016. Marston, D. J., Anderson, K. L., Hanein, D., *et al*.: «High Rac1 activity is functionally translated into cytosolic structures with unique nanoscale cytoskeletal architecture», *Proceedings of the National Academy of Sciences*, 116(4), 1267–1272, 2019.

167. Barone, V., Lang, M., Heisenberg, C. P., *et al*.: «An effective feedback loop between cell-cell contact duration and morphogen signaling determines cell fate», *Developmental Cell*, 43(2), 198–211, 2017.

168. Carvalho, R. N. y Gerdes, H. H.: «Cellular Nanotubes: Membrane Channels for Intercellular Communication», en *Medicinal Chemistry and Pharmacological Potential of Fullerenes and Carbon Nanotubes*, Springer, Dordrecht, Países Bajos, 363–372, 2008. Callier, Viviane: «Cells Talk and Help One Another via Tiny Tube Networks», *Quanta Magazine*, 2018.

169. Murillo, O. D., Thistlethwaite, W., Kitchen, R. R., *et al*.: «exRNA atlas analysis reveals distinct extracellular RNA cargo types and their carriers present across human biofluids», *Cell*, 177(2), 463–477, 2019.

170. Ramilowski, J. A., Goldberg, T., Forrest, A. R., *et al*.: «A draft network of ligand–receptor-mediated multicellular signaling in human», *Nature Communications*, 6, 2015.

171. Yan, Jian, Enge, Martin, Taipale, Minna, Taipale, Jussi, *et al*.: «Transcription Factor Binding in Human. Cells Occurs in Dense Clusters Formed around Cohesin Anchor Sites», *Cell*, 154(4), 801, 2013.

172. Zarnitsyna, V. I., Huang, J., Zhu, C., *et al*.: «Memory in receptor–ligand-mediated cell adhesion», *Proceedings of the National Academy of Sciences*, 104(46), 18037–18042, 2007.

173. Nasrollahi, S., Walter, C., Pathak, A., *et al*.: «Past matrix stiffness primes epithelial cells and regulates their future collective migration through a mechanical memory», *Biomaterials*, 146, 146–155, 2017.

174. Jadhav, U., Cavazza, A., Shivdasani, R. A., *et al*.: «Extensive recovery of embryonic enhancer and gene memory stored in hypomethylated enhancer DNA», *Molecular Cell*, 74(3), 542–554, 2019.

175. Peterson, Eric: «Stem Cells Remember Tissues' Past Injuries», *Quanta Magazine*, 2018.

176. Evolution News & Science Today (EN): «Memory—New Research Reveals Cells Have It, Too», 2018, https://evolutionnews.org/2018/11/memory-new-research-reveals-cells-have-it-too/.

177. Naik, S., Larsen, S. B., Cowley, C. J., y Fuchs, E.: «Two to tango: dialog between immunity and stem cells in health and disease», *Cell*, 175(4), 908–920, 2018.

178. Yoney, A., Etoc, F., Brivanlou, A. H., *et al*.: «WNT signaling memory is required for ACTIVIN to function as a morphogen in human gastruloids», *eLife*, 7, e38279, 2018.

179. Blackiston, D. J., Silva, Casey E., y Weiss, M. R.: «Retention of memory through metamorphosis: can a moth remember what it learned as a caterpillar?», *PLoS One*, 3(3), e1736, 2008.

180. Alvarez, L., Friedrich, B. M., Gompper, G. y Kaupp, U. B.: «The computational sperm cell», *Trends in Cell Biology*, 24, 198–207, 2014.

181. Zhu, L., Aono, M., Kim, S. J. y Hara, M.: «Amoeba-based computing for traveling salesman problem: Long-term correlations between spatially separated individual cells of *Physarum polycephalum*», *BioSystems*, 112, 1–10, 2013.

182. Caudron, F. y Barral, Y.: «A super-assembly of Whi3 encodes memory of deceptive encounters by single cells during yeast courtship», *Cell*, 155, 1244–1257, 2013.

183. Grémiaux, A., Yokawa, K., Mancuso, S. y Baluška, F.: «Plant anesthesia supports similarities between animals and plants: Claude Bernard's forgotten studies», *Plant Signaling and Behavior*, 9, e27886, 2014.

184. Turner, C. H., Robling, A. G., Duncan, R. L., y Burr, D. B.: «Do bone cells behave like a neuronal network?», *Calcified Tissue International*, 70, 435–442, 2002.

185. Zoghi, M.: «Cardiac memory: Do the heart and the brain remember the same?», *Journal of Interventional Cardiac Electrophysiology*, 11, 177–182, 2004.

186. McCaig, C. D., Rajnicek, A. M., Song, B., y Zhao, M.: «Controlling cell behavior electrically: Current views and future potential», *Physiological Reviews*, 85(3), 943–978, 2005. Inoue, J.: «A simple Hopfield-like cellular network model of plant intelligence», *Progress in Brain Research*, 168, 169–174, 2008. Chakravarthy, S. V. y Ghosh, J.: «On Hebbian-like adaptation in heart muscle: a proposal for "cardiac memory"», *Biological Cybernetics*, 76(3), 207–215, 1997. Allen, K., Fuchs, E. C., Jaschonek, H., Bannerman, D. M., y Monyer, H.: «Gap Junctions between Interneurons Are Required for Normal Spatial Coding in the Hippocampus and Short-Term Spatial Memory», *Journal of Neuroscience*, 31(17), 6542–6552, 2011. Bissiere, S., Zelikowsky, M., Fanselow, M. S., et al.: «Electrical synapses control hippocampal contributions to fear learning and memory», *Science* 331(6013), 87–91, 2011. Wu, C. L., Shih, M. F., Chiang, A. S., et al.: «Heterotypic Gap Junctions between Two Neurons in the Drosophila Brain Are Critical for Memory», *Current Biology*, 21(10), 848–854, 2011. Tseng, A. y Levin, M.: «Cracking the bioelectric code: Probing endogenous ionic controls of pattern formation», *Communicative & Integrative Biology*, 6(1), 1–8, 2013.

187. Levin, Mike: «Remembrance of Brains Past», *The Node*, 2013. Consultado en http://thenode.biologists.com/remembrance-of-brains-past/research/.

188. Ehlen, J. C., Brager, A. J., Joseph S., Takahashi, J., et al.: «Bmal1 function in skeletal muscle regulates sleep», *eLife*, 6, 2017.

189. Moelling, Karin: «Are viruses our oldest ancestors?». *EMBO Reports*, 13(12), 1033, 2012.

190. Lipton, B. H.: «Insight into cellular consciousness», *Bridges*, 12(1), 5, 2001.

191. Lipton, B. H.: *The Biology of Belief: Unleashing the Power of Consciousness, Matter & Miracles*, Mountain Of Love/Elite Books, Santa Rosa, California, 2005.

192. Contera, S.: *Nano Comes to Life: How Nanotechnology Is Transforming Medicine and the Future of Biology*, Princeton University Press, Princeton, N. J., 2019.

193. Cornell, B. A., BraachMaksvytis, V., Pace R., et al.: «A biosensor that uses ion-channel switches», *Nature*, 387, 580–583, 1997.

194. Nili, Hussein, Walia, Sumeet, Sriram, Sharath, et al.: «Donor-Induced Performance Tuning of Amorphous SrTiO3 Memristive Nanodevices: Multistate Resistive Switching and Mechanical Tunability», *Advanced Functional Materials*, 25(21), 3172–3182, 2015.

195. Yang Fu-liang en Savage, Sam: «Scientists Create World's Smallest Microchip», RedOrbit.com, 2010, https://www.redorbit.com/news/technology/1966110/scientists_create_worlds_smallest_microchip/.

196. June, Catharine: «Michigan Micro Mote (M3) makes history as the world's smallest computer», University of Michigan, 2015, https://ece.engin.umich.edu/stories/michigan-micro-mote-m3-makes-history-as-the-worlds-smallest-computer.

197. Templeton, G.: «Smart dust: a complete computer that's smaller than a grain of sand», *ExtremeTech*. Consultado en: http://www.extremetech.com/extreme/155771-smart-dust-a-complete-computer-thats-smaller-than-a-grain-of-sand; acceso 30 de enero de 2014.

198. Hus, S. M., Ge, R., Akinwande, D., *et al.*: «Observation of single-defect memristor in an MoS2 atomic sheet», *Nature Nanotechnology*, 1–5, 2020.

199. Chen, A. Y., Zhong, C., Lu, T. K.: «Engineering living functional materials», *ACS Synthetic Biology*, 4(1), 8–11, 2015.

200. Goldman, N., Bertone, P., Chen, S., Dessimoz, C., LeProust, E. M., Sipos, B., y Birney, E.: «Towards practical, high-capacity, low-maintenance information storage in synthesized DNA», *Nature*, 494(7435), 77–80, 2013.

201. Shipman, Seth L., Nivala, Jeff, Macklis, Jeffrey D., y Church, George M.: «CRISPR–Cas encoding of a digital movie into the genomes of a population of living bacteria», *Nature*, nature23017, 2017.

202. Church, G. M., Gao, Y., y Kosuri, S.: «Next-generation digital information storage in DNA», *Science*, 1226355, 2012.

5. La inteligencia de los organismos unicelulares

203. «The difference between organism and animal», en Wikipedia: http://wikidiff.com/organism/animal.

204. Humphreys, Lloyd G.: «The construct of general intelligence», *Intelligence*, 3(2), 105–120, 1979.

205. Guan, Q., Haroon, S., Gasch, A. P., *et al.*: «Cellular memory of acquired stress resistance in *Saccharomyces cerevisiae*», *Genetics*, 192(2), 495–505, 2012.

206. Rennie, John y Reading-Ikkanda, Lucy: «Seeing the Beautiful Intelligence of Microbes», *Quanta Magazine*, 2017.

207. Bacteria: en Wikipedia. https://en.wikipedia.org/wiki/Bacteria.

208. Ladouceur, A. M., Parmar, B., Weber, S. C., *et al.*: «Clusters of bacterial RNA polymerase are biomolecular condensates that assemble through liquid-liquid phase separation», *bioRxiv*, 2020.

209. Heler, R., Samai, P., Marraffini, L. A., *et al.*: «Cas9 specifies functional viral targets during CRISPR-Cas adaptation», *Nature*, 519(7542), 199, 2015.

210. Nuñez, J. K., Lee, A. S., Engelman, A., y Doudna, J. A.: «Integrase-mediated spacer acquisition during CRISPR–Cas adaptive immunity». *Nature*, 519(7542), 193, 2015.

211. Nuñez, J. K., Lee, A. S., Engelman, A., y Doudna, J. A.: «Integrase-mediated spacer acquisition during CRISPR–Cas adaptive immunity». *Nature*, 519(7542), 193, 2015.

212. Wolf, D. M., Fontaine-Bodin, L., Arkin, A. P., *et al.*: «Memory in microbes: quantifying history-dependent behavior in a bacterium», *PLoS One*, 3(2), e1700, 2008.

213. Vaidyanathan, G.: «Science and Culture: Could a bacterium successfully shepherd a message through the apocalypse?», *Proceedings of the National Academy of Sciences*, 114(9), 2094–2095, 2017.

214. Kim, M. K., Ingremeau, F., Zhao, A., Bassler, B. L., y Stone, H. A.: «Local and global consequences of f low on bacterial quorum sensing», *Nature Microbiology*, 1(1), 1–5, 2016.

215. Dubey, G. P. y Ben-Yehuda, S.: «Intercellular nanotubes mediate bacterial communication», *Cell*, 144(4), 590–600, 2011.

216. Prindle, A., Liu, J., Süel, G. M., *et al.*: «Ion channels enable electrical communication in bacterial communities», *Nature*, 527(7576), 59–63, 2015.

217. Gandhi, S. R., Yurtsev, E. A., Korolev, K. S., y Gore, J.: «Range expansions transition from pulled to pushed waves as growth becomes more cooperative in an experimental microbial population», *Proceedings of the National Academy of Sciences*, 113(25), 6922–6927, 2016.

218. Koshland Jr., D. E.: «Bacterial chemotaxis in relation to neurobiology», *Annual Review of Neuroscience*, 3(1), 43–75, 1980. Lyon, P.: «The cognitive cell: bacterial behavior reconsidered», *Frontiers in Microbiology*, 6, 2015. https://www.flinders.edu.au/biofilm-research-innovation-consortium.

219. Chimileski, Scott y Kolter, Roberto: «Microbial Life: A Universe at the Edge of Sight», 2018. https://hmnh.harvard.edu/microbial-life-universe-edge-sight.

220. Baluška, F. y Mancuso, S.: «Deep evolutionary origins of neurobiology: Turning the essence of "neural" upside-down», *Communicative & Integrative Biology*, 2(1), 60–65, 2009.

221. Landau, Elizabeth: «Mitochondria May Hold Keys to Anxiety and Mental Health», *Quanta Magazine*, 2020.

222. Sampson, T. R. y Mazmanian, S. K.: «Control of brain development, function, and behavior by the microbiome», *Cell Host & Microbe*, 17(5), 565–576, 2015.

223. Clarke, G., O'Mahony, S. M., Dinan, T. G., y Cryan, J. F.: «Priming for health: gut microbiota acquired in early life regulates physiology, brain and behaviour», *Acta Paediatrica*, 103(8), 812–819, 2014. Janik, R., Thomason, L. A., Stanisz, A. M., Stanisz, G. J., *et al.*: «Magnetic resonance spectroscopy reveals oral Lactobacillus promotion of increases in brain GABA, N-acetyl aspartate and glutamate», *Neuroimage*, 125, 988–995, 2016.

224. Sampson, T. R. y Mazmanian, S. K.: «Control of brain development, function, and behaviour by the microbiome», *Cell Host & Microbe*, 17(5), 565–576, 2015.

225. Ogbonnaya, E. S., Clarke, G., y O'Leary, O. F.: «Adult hippocampal neurogenesis is regulated by the microbiome», *Biological Psychiatry*, 78(4), e7–e9, 2015.

226. Qin, J., Li, R., Mende, D. R., *et al.*: «A human gut microbial gene catalogue established by metagenomic sequencing», *Nature*, 464(7285), 59–65, 2010.

227. Russell, W. R., Hoyles, L., Flint, H. J., y Dumas, M. E.: «Colonic bacterial metabolites and human health», *Current Opinion in Microbiology*, 16(3), 246–254, 2013. Tan, J., McKenzie, C., Potamitis, M., Macia, L., *et al.*: «The role of short-chain fatty acids in health and disease», *Advances in Immunology*, 121(91), e119, 2014.

228. Grenham, S., Clarke, G., Dinan, T. G., *et al.*: «Brain–gut–microbe communication in health and disease», *Frontiers in Physiology*, 2, 2011. Montiel-Castro, A. J., González-Cervantes, R. M., y Pacheco-López, G.: «The microbiota-gut-brain axis: neurobehavioral correlates, health and sociality», *Frontiers in Integrative Neuroscience*, 7, 2013.

229. Han, W., Tellez, L. A., Kaelberer, M. M., *et al.*: «A neural circuit for gut-induced reward», *Cell*, 175(3), 665–678, 2018.

230. Han, W., Tellez, L. A., Kaelberer, M. M., *et al.*: «A neural circuit for gut-induced reward», *Cell*, 175(3), 665–678, 2018.

231. Gershon, Michael D.: «How smart is the gut?», *Acta Physiologica*, 228, e13296, 2020. Gershon, Michael D.: *The Second Brain*, HarperCollins, 1998. Rao, M. y Gershon, M. D.: «The dynamic cycle of life in the enteric nervous system», *Nature Reviews Gastroenterology & Hepatology*, 14(8), 453–454, 2017. Mungovan, K. y Ratcliffe, E. M.: «Influence of the Microbiota on the Development and Function of the "Second Brain"—The Enteric Nervous System», en *The Gut-Brain Axis, Academic Press*, 403–421, 2016.

232. Schemann, M., Frieling, T. y Enck, P.: «To learn, to remember, to forget—How smart is the gut?», *Acta Physiologica*, 228(1), e13296, 2020.

233. Dinan, T. G. y Cryan, J. F.: «Melancholic microbes: a link between gut microbiota and depression», *Neurogastroenterology and Motility*, 25(9), 713–719, 2013.

234. Vandvik, P. O., Wilhelmsen, I., y Farup, P. G.: «Comorbidity of irritable bowel syndrome in general practice: A striking feature with clinical implications», *Alimentary Pharmacology & Therapeutics*, 20(10), 1195–1203, 2004. Dinan, T. G. y Cryan, J. F.: «Melancholic microbes: a link between gut microbiota and depression», *Neurogastroenterology and Motility*, 25(9), 713–719, 2013.

235. «The rise of 'psychobiotics'? 'Poop pills' and probiotics could be game changers for mental illness», Sharon Kirkey. *National Post*, 8 de octubre de 2019.

236. European College of Neuropsychopharmacology: «Scientists find psychiatric drugs affect gut contents», *ScienceDaily*, 9 de septiembre de 2019.

237. Faraco, G., Brea, D., Sugiyama, Y., *et al.*: «Dietary salt promotes neurovascular and cognitive dysfunction through a gut-initiated TH17 response», *Nature Neuroscience*, 21(2), 240–249, 2018.

238. Hu, S., Dong, T. S. y Chang, E. B.: «The microbe-derived short chain fatty acid butyrate targets miRNA-dependent p21 gene expression in human colon cancer», *PloS One*, 6(1), e16221, 2011. Shenderov, B. A.: «Gut indigenous microbiota and epigenetics», *Microbial Ecology in Health and Disease*, 23(1), 17195, 2012.

239. Hartsough, L. A., Kotlajich, M. V., Tabor, J. J., *et al.*: «Optogenetic control of gut bacterial metabolism», *eLife*, 2020.

240. Younge, N., McCann, J. R. y Seed, P. C., *et al.*: «Fetal exposure to the maternal microbiota in humans and mice». *JCI Insight*, 2019.

241. Koenig, J. E., Spor, A., Ley, R. E., *et al.*: «Succession of microbial consortia in the developing infant gut microbiome», *Proceedings of the National Academy of Sciences*, 108 (suplemento 1), 4578–4585, 2011.

242. Faa, G., Gerosa, C., Fanos, V., *et al.*: «Factors influencing the development of a personal tailored microbiota in the neonate, with particular emphasis on antibiotic therapy», *The Journal of Maternal-Fetal & Neonatal Medicine*, 26(sup2), 35–43, 2013.

243. Reddivari, Lavanya; Veeramachaneni, D. N.; Rao, Vanamala; Jairam, K. P., *et al.*: «Perinatal Bisphenol A Exposure Induces Chronic Inflammation in Rabbit Offspring via Modulation of Gut Bacteria and Their Metabolites», *mSystems*, 2(5), 2017.

244. Prindle, A., Liu, J., Süel, G. M., *et al.*: «Ion channels enable electrical communication in bacterial communities», *Nature*, 527(7576), 59–63, 2015.

245. Allman, J. M. *Evolving Brains*, Scientific American Library, Nueva York, 1999. Damasio, A. R.: «The feeling of what happens: Body and emotion in the making of consciousness», *New York Times Book Review*, 104, 8–8, 1999. Greenspan, R. J.: *An Introduction to Nervous Systems*, Cold Spring Harbor Laboratory Press, Cold Spring Harbor, Nueva York, 2007.

246. Baldauf, Sandra, en Zimmer, Carl: «Can Answers to Evolution Be Found in Slime?», *New York Times*, 2011.

247. Bonner, John: *The Social Amoebae: The Biology of the Cellular Slime Molds*, Princeton University Press, Princeton, N.J., 2009.

248. McDonnell Genome Institute: http://genome.wustl.edu/genomes/detail/ physarum-polycephalum/

249. Whiting, J. G., Jones, J., Bull, L., Levin, M., y Adamatzky, A.: «Towards a Physarum learning chip», *Scientific Reports*, 6, 2016.

250. Reid, C. R., MacDonald, H., Mann, R. P., Marshall, J. A., Latty, T., y Garnier, S.: «Decision-making without a brain: How an amoeboid organism solves the two-armed bandit», *Journal of the Royal Society Interface*, 13(119), 20160030,

2016. Chris Reid's web page: http://sydney.edu.au/science/biology/socialinsects/profiles/chris-reid.shtml. Smith-Ferguson, J., Reid, C. R., Latty, T., y Beekman, M.: «Hänsel, Gretel and the slime mould–how an external spatial memory aids navigation in complex environments», *Journal of Physics D: Applied Physics*, 50(41), 414003, 2017.

251. Nakagaki, T., Yamada, H., y Hara, M.: «Smart network solutions in an amoeboid organism», *Biophysical Chemistry*, 107(1), 1–5, 2004. Shirakawa, T. y Gunji, Y. P.: «Emergence of morphological order in the network formation of *Physarum polycephalum*», *Biophysical Chemistry*, 128(2), 253–260, 2007.

252. Adamatzky, A. y Jones, J.: «Road planning with slime mould: if Physarum built motorways it would route M6/M74 through Newcastle», *International Journal of Bifurcation and Chaos*, 20(10), 3065–3084, 2010. Nakagaki, T., Yamada, H., y Tóth, Á.: «Intelligence: Maze-solving by an amoeboid organism», *Nature*, 407(6803), 470, 2000.

253. Adamatzky, A. I.: «Route 20, autobahn 7, and slime mold: approximating the longest roads in USA and Germany with slime mold on 3-D terrains», *IEEE Transactions on Cybernetics*, 44(1), 126–136, 2014.

254. Zhu, L., Aono, M., Kim, S. J., y Hara, M.: «Amoeba-based computing for traveling salesman problem: Long-term correlations between spatially separated individual cells of *Physarum polycephalum*», *BioSystems*, 112(1), 1–10, 2013.

255. Nakagaki, T., Yamada, H., y Hara, M.: «Smart network solutions in an amoeboid organism», *Biophysical Chemistry*, 107(1), 1–5, 2004.

256. Tsuda, S., Aono, M., y Gunji, Y. P.: «Robust and emergent Physarum logical-computing», *BioSystems*, 73(1), 45–55, 2004.

257. Saigusa, T., Tero, A., Nakagaki, T., y Kuramoto, Y.: «Amoebae anticipate periodic events», *Physical Review Letters*, 100(1), 018101, 2008.

258. James Shapiro en Ball, P.: «Cellular memory hints at the origins of intelligence», *Nature*, 451, 385, 2008.

259. Blaser, Martin J.: «The Way You're Born Can Mess with the Microbes You Need to Survive», 2014.

260. Brown, D! G., Soto, R. y Fujinami, R. S.: «The microbiota protects from viral-induced neurologic damage through microglia-intrinsic TLR signaling», *eLife*, 8, e47117, 2019.

261. Brown, D. G., Soto, R. y Fujinami, R. S.: «The microbiota protects from viral-induced neurologic damage through microglia-intrinsic TLR signaling», *eLife*, 8, e47117, 2019.

262. Allen, J. M., Mailing, L. J, Woods, J. A., *et al.*: «Exercise alters gut microbiota composition and function in lean and obese humans», *Medicine and Science in Sports and Exercise*, 50(4), 747–757, 2018.

263. Thompson, S. V., Bailey, M. A. y Holscher, H. D.: «Avocado Consumption Alters Gastrointestinal Bacteria Abundance and Microbial Metabolite Concentrations among Adults with Overweight or Obesity: A Randomized Controlled Trial», *The Journal of Nutrition*, 2020.

264. Thomas, R. L., Jiang, L., Orwoll, E. S., *et al.*: «Vitamin D metabolites and the gut microbiome in older men», *Nature Communications*, 11(1), 1–10, 2020.

265. Bräuer, J., Hanus, D., y Uomini, N.: «Old and New Approaches to Animal Cognition: There Is Not "One Cognition"», *Journal of Intelligence*, 8(3), 28, 2020.

266. Sommer, F. y Bäckhed, F.: «The gut microbiota-masters of host development and physiology», *Nature Reviews Microbiology*, 11(4), 227, 2013.

6. Regeneración, hibernación y metamorfosis

267. Umesono, Y., Tasaki, J., Nishimura, K., Inoue, T., y Agata, K.: «Regeneration in an evolutionarily primitive brain—the planarian Dugesia japonica model», *European Journal of Neuroscience*, 34, 863–869, 2011.

268. Baldscientist: «Playing With Worms», 2011, consultado en https://baldscientist. wordpress.com/2011/09/23/playing-with-wormies/.

269. Gentile, L., Cebria, F. y Bartscherer, K.: «The planarian flatworm: an in vivo model for stem cell biology and nervous system regeneration», *Disease Models & Mechanisms*, 4(1), 12–9, 2011. Lobo, D., Beane, W. S., y Levin, M.: «Modeling planarian regeneration: A primer for reverse-engineering the worm», *PLoS Computational Biology*, 8(4), e1002481, 2012.

270. Sarnat, H. B. y Netsky, M. G.: «The brain of the planarian as the ancestor of the human brain», *Canadian Journal of Neurological Sciences*, 12(4), 296–302, 1985.

271. McConnell, J. V., Jacobson, A. L., y Kimble, D. P.: «The effects of regeneration upon retention of a conditioned response in the planarian», *Journal of Comparative and Physiological Psychology*, 52, 1–5, 1959.

272. Shomrat, T. y Levin, M.: «An automated training paradigm reveals long-term memory in planarians and its persistence through head regeneration», *The Journal of Experimental Biology*, 216(20), 3799–3810, 2013.

273. Robert Sternberg in Tufts University News: «Biologist Michael Levin Joins Tufts University», *News release*, 2008, consultado en http://now.tufts.edu/news-releases/biologist-michael-levin-joins-tufts-university.

274. Shomrat, T. y Levin, M.: «An automated training paradigm reveals long-term memory in planarians and its persistence through head regeneration», *The Journal of Experimental Biology*, 216(20), 3799–3810, 2013.

275. Inoue, T., Kumamoto, H., Okamoto, K., Umesono, Y., Sakai, M., Sánchez Alvarado, A., y Agata, K.: «Morphological and functional recovery of the planarian

photosensing system during head regeneration», *Zoological Science*, 21, 275–283, 2004.

276. Levin, M.: «Reprogramming cells and tissue patterning via bioelectrical pathways: Molecular mechanisms and biomedical opportunities», *Wiley Interdisciplinary Reviews: Systems Biology and Medicine*, 5, 657–676, 2013. Thurler, K.: «Flatworms lose their heads but not their memories», 2013, consultado en https://now.tufts.edu/news-releases/flatworms-lose-their-heads-not-their-memories. Mustard, J. y Levin, M.: «Bioelectrical mechanisms for programming growth and form: Taming physiological networks for soft body robotics», *Soft Robotics*, 1(3), 169–191, 2014. Blackiston, D. J., Casey, E. S., y Weiss, M. R.: «Retention of memory through metamorphosis: Can a moth remember what it learned as a caterpillar?», *PLoS One*, 3(3), e1736, 2008. Blackiston, D. J., Shomrat, T., y Levin, M.: «The stability of memories during brain remodeling: A perspective», *Communicative & Integrative Biology*, 8(5), e1073424, 2015.

277. Humphries, M. M., Thomas, D. W., y Kramer, D. L.: «The role of energy availability in mammalian hibernation: A cost-benefit approach», *Physiological and Biochemical Zoology*, 76(2), 165–179, 2003.

278. Millesi, E., Prossinger, H., Dittami, J. P., y Fieder, M.: «Hibernation effects on memory in European ground squirrels (*Spermophilus citellus*)», *Journal of Biological Rhythms*, 16, 264–271, 2001.

279. Hadj-Moussa, H. y Storey, K. B.: «Micromanaging freeze tolerance: the biogenesis and regulation of neuroprotective microRNAs in frozen brains», *Cellular and Molecular Life Sciences*, 75(19), 3635–3647, 2018.

280. Clemens, L. E., Heldmaier, G., y Exner, C.: «Keep cool: Memory is retained during hibernation in Alpine marmots», *Physiology & Behavior*, 98(1), 78–84, 2009.

281. Ruczynski, I. y Siemers, B. M.: «Hibernation does not affect memory retention in bats», *Biology Letters*, 7(1), 153–155, 2011.

282. Lázaro, J., Dechmann, D. K., LaPoint, S., Wikelski, M., y Hertel, M.: «Profound reversible seasonal changes of individual skull size in a mammal», *Current Biology*, 27(20), R1106–R1107, 2017.

283. Sullivan, K. J. y Storey, K. B.: «Environmental stress responsive expression of the gene li16 in Rana sylvatica, the freeze tolerant wood frog», *Cryobiology*, 64, 192–200, 2012.

284. Sheiman, I. M. y Tiras, K. L.: «Memory and morphogenesis in planaria and beetle», en C. I. Abramson, Z. P. Shuranova, y Y. M. Burmistrov (eds.), *Russian Contributions to Invertebrate Behavior*, Praeger, Westport, Conn., 1996.

285. Synnøve Ressem: «Inside a moth's brain», *Gemini Magazine*, 2010.

286. Blackiston, D. J., Casey, E. S., y Weiss, M. R: «Retention of memory through metamorphosis: Can a moth remember what it learned as a caterpillar?», *PLoS One*, 3(3), e1736, 2008.

287. Blackiston, D. J., Casey, E. S., and Weiss, M. R. (2008). "Retention of memory through metamorphosis: Can a moth remember what it learned as a caterpillar?», *PLoS One*, 3(3), e1736, 2008.

288. Matsumoto, Y. y Mizunami, M.: «Lifetime olfactory memory in the cricket *Gryllus bimaculatus*», *Journal of Comparative Physiology A-Neuroethology Sensory Neural and Behavioral Physiology*, 188, 295–299, 2002.

289. Hepper, P. G. y Waldman, B.: «Embryonic olfactory learning in frogs», *Quarterly Journal of Experimental Psychology*, Section B, 44(3–4), 179–197, 1992.

290. Mathis, A., Ferrari, M. C., Windel, N., Messier, F., y Chivers, D. P.: «Learning by embryos and the ghost of predation future», *Proceedings Biological Sciences*, 275, 2603–2607, 2008.

291. Rietdorf, K. y Steidle, J. L. M.: «Was Hopkins right? Influence of larval and early adult experience on the olfactory response in the granary weevil *Sitophilus granarius* (*Coleoptera, Curculionidae*)», *Physiological Entomology*, 27, 223–227, 2002.

292. Trewavas, A.: «Plant intelligence: Mindless mastery», *Nature*, 415(6874), 841–841, 2002.

293. Trewavas, A.: «Green plants as intelligent organisms», *Trends in Plant Science*, 10(9), 413–419, a2005.

294. Trewavas, A.: «Plant intelligence», *Naturwissenschaften*, 92(9), 401–413, b2005.

295. Ressem, Synnøve: «Inside a moth's brain», *Gemini Magazine*, 2010.

7. La sabiduría del cuerpo

296. Dudas, M., Wysocki, A., Gelpi, B., y Tuan, T. L.: «Memory encoded throughout our bodies: molecular and cellular basis of tissue regeneration», *Pediatric Research*, 63(5), 502–551, 2008.

297. Van der Kolk, B. A.: «The body keeps the score: Memory and the evolving psychobiology of posttraumatic stress», *Harvard Review of Psychiatry*, 1(5), 253–265, 1994.

298. Gallwey, W. Timothy: *The Inner Game of Tennis: The Classic Guide to the Mental Side of Peak*, Random House, Nueva York, 1997.

299. Rutherford, O. M. y Jones, D. A.: «The role of learning and coordination in strength training», *European Journal of Applied Physiology and Occupational Physiology*, 55, 100–105, 1986.

300. Staron, R. S., Leonardi, M. J., Karapondo, D. L., Malicky, E. S., Falkel, J. E., Hagerman, F. C., y Hikida, R. S.: «Strength and skeletal muscle adaptations in heavy-resistance-trained women after detraining and retraining», *Journal of Applied Physiology*, 70, 631–640, 1991. Taaffe, D. R. y Marcus, R.: «Dynamic muscle strength alterations to detraining and retraining in elderly men», *Clinical Physiology*, 17, 311–324, 1997.

301. Egner, I. M., Bruusgaard, J. C., Eftestøl, E., y Gundersen, K.: «A cellular memory mechanism aids overload hypertrophy in muscle long after an episodic exposure to anabolic steroids», *The Journal of Physiology*, 591(24), 6221–6230, 2013.

302. Lee, Hojun, Kim, Boa, Kawata, Keisuke, *et al.*: «Cellular Mechanism of Muscle Memory: Effects on Mitochondrial Remodeling and Muscle Hypertrophy», *Medicine and Science in Sports and Exercise*, 47(5S), 101–102, 2015. www.sciencedaily.com/releases/2017/08/170803145629.htm.

303. Meyer, K., Köster, T., Staiger, D., *et al.*: «Adaptation of iCLIP to plants determines the binding landscape of the clockregulated RNA-binding protein At GRP7», *Genome Biology*, 18(1), 204, 2017.

304. UT Southwestern Medical Center: «Muscle, not brain, may hold answers to some sleep disorders», *ScienceDaily*, 2017.

305. Premio Nobel de Medicina, 2017, https://www.nobelprize.org/nobel_prizes/medicine/laureates/2017/.

306. Duffy, J. F., Cain, S. W., Chang, A. M., Phillips, A. J., Münch, M. Y., Gronfier, C., y Czeisler, C. A.: «Sex difference in the near-24-hour intrinsic period of the human circadian timing system», *Proceedings of the National Academy of Sciences*, 108 (suplemento 3), 15602–15608, 2011.

307. El-Athman, R., Genov, N. N., Relógio, A., *et al.*: «The Ink4a/Arf locus operates as a regulator of the circadian clock modulating RAS activity», *PLoS Biology*, 15(12), e2002940, 2017.

308. Dudas, M., Wysocki, A., Gelpi, B., y Tuan, T. L.: «Memory encoded throughout our bodies: molecular and cellular basis of tissue regeneration», *Pediatric Research*, 63(5), 502–512, 2008.

309. Naik, S., Larsen, S. B., Fuchs, E., *et al.*: «Inflammatory memory sensitizes skin epithelial stem cells to tissue damage», *Nature*, 550(7677), 475–480, 2017.

310. Denk, F., Crow, M., Didangelos, A., Lopes, D. M. y McMahon, S. B.: «Persistent alterations in microglial enhancers in a model of chronic pain», *Cell Reports*, 15(8), 1771–1781, 2016.

311. Kikkert, S., Kolasinski, J., Makin, T. R., *et al.*: «Revealing the neural fingerprints of a missing hand», *eLife*, 5, e15292, 2016.

312. James, William: «What Is an Emotion?», *Mind*, os-IX(34), 188–205, 1884. James, William: «What is an Emotion», en Richardson, R. D. (ed.), *The Heart of William James*, Cambridge, Mass., 2012.

313. Wittmann, Marc: *Felt Time: The Psychology of How We Perceive Time*, MIT Press, Cambridge, 2016. Wittmann, Marc: *Altered States of Consciousness: Experiences Out of Time and Self*, MIT Press, Cambridge, Mass, 2016.

314. Oofana, Ben: «Dissolving the Layers of Emotional Body Armor», 15 de abril de 2018, https://benoofana.com/dissolving-the-layers-of-emotional-body-armor.

315. Upledger, John E.: *Your Inner Physician and You: Craniosacral Therapy and Somatoemotional Release*, Atlantic Books, Berkeley, Calif., 1997.

316. American Psychiatric Association: *Diagnostic and statistical manual of mental disorders* (DSM-5), American Psychiatric Publishing, Washington, 2013.

317. Appelfeld, A.: «The war sits in all my bones», Geschichte eines Lebens, Rowohlt, Berlín, 2005.

318. Fuchs, T.: «Body memory and the unconscious. In Founding Psychoanalysis Phenomenologically», 69–82, Springer, Dordrecht, Países Bajos, 2012.

319. Obri, A., Khrimian, L., Karsenty, G., y Oury, F.: «Osteocalcin in the brain: from embryonic development to age-related decline in cognition», *Nature Reviews Endocrinology*, 14(3), 174, 2018.

320. Herman, James: en «Fight or Flight May Be in Our Bones», Diana Kwon, *Scientific American*, 12 de septiembre de 2019.

321. De Kloet, A. D. y Herman, J. P.: «Fat-brain connections: Adipocyte glucocorticoid control of stress and metabolism», *Frontiers in Neuroendocrinology*, 48, 50–57, 2018.

322. Obri, A., Khrimian, L., Karsenty, G., y Oury, F.: «Osteocalcin in the brain: from embryonic development to age-related decline in cognition», *Nature Reviews Endocrinology*, 14(3), 174, 2018.

323. Egner, I. M., Bruusgaard, J. C., Eftestøl, E., y Gundersen, K.: «A cellular memory mechanism aids overload hypertrophy in muscle long after an episodic exposure to anabolic steroids», *The Journal of Physiology*, 591(24), 6221–6230, 2013.

324. American Psychiatric Association: *Diagnostic and statistical manual of mental disorders*, 4.ª edición, American Psychiatric Press, Washington, 2000. Van der Kolk, B. A.: *Psychological Trauma*, American Psychiatric Press, Washington, 1987.

325. Fogel, Alan: «PTSD is a chronic impairment of the body sense: Why we need embodied approaches to treat trauma», en *Body Sense*, blog *online* de *Psychology Today*, 2010, https://www.psychologytoday.com/blog/body-sense201006/ptsd-is-chronic-impairment-the-body-sense-why-we-need-embodied-approaches.

326. Earnshaw, Averil: *Time Will Tell*, A and K Enterprises, Sídney, Australia, 1995.

8. Trasplantes de corazón: ¿trasplantes de personalidad?

327. Merck Manual, consultado en http://www.merckmanuals.com/en-ca/home/heart-and-blood-vessel-disorders/biology-of-the-heart-and-blood-vessels/biology-of-the-heart.

328. Bu, L., Jiang, X., Chien, K. R., *et al.*: «Human ISL1 heart progenitors generate diverse multipotent cardiovascular cell lineages», *Nature*, 460(7251), 113, 2009.

329. Tirziu, D., Giordano, F. J., y Simons, M.: «Cell communications in the heart», *Circulation*, 122(9), 928–937, 2010.

330. Armour, J.: «Anatomy and function of the intrathoracic neurons regulating the mammalian heart», en *Reflex Control of the Circulation*, 1–37, I. H. Zucker y J. P. Gilmore, eds., CRC Press, Boca Ratón, 1991. Armour, J. A.: «Potential clinical relevance of the 'little brain' on the mammalian heart», *Experimental Physiology*, 93(2), 165–176, 2008.

331. Chakravarthy, S. V. y Ghosh, J.: «On Hebbian-like adaptation in heart muscle: a proposal for "cardiac memory"», *Biological Cybernetics*, 76(3), 207–215, 1997.

332. Merck Manual, consultado en http://www.merckmanuals.com/en-ca/home/heart-and-blood-vessel-disorders/biology-of-the-heart-and-blood-vessels/biology-of-the-heart.

333. Rosenbaum, M. B., Sicouri, S. J., Davidenko, J. M., y Elizari, M. V.: «Heart rate and electrotonic modulation of the T wave: a singular relationship», *Cardiac Electrophysiology and Arrhythmias*, Grune and Stratton, Nueva York, 1985.

334. Chakravarthy, S. V. y Ghosh, J.: «On Hebbian-like adaptation in heart muscle: a proposal for 'cardiac memory'», *Biological Cybernetics*, 76(3), 207–215, 1997.

335. Forssmann, W. G., Hock, D., Mutt, V., *et al.*: «The right auricle of the heart is an endocrine organ», *Anatomy and Embryology*, 168(3), 307–313, 1983. Ogawa, T. y De Bold, A. J.: «The heart as an endocrine organ», *Endocrine Connections*, 3(2), R31–R44, 2014.

336. Cantin, M. y Genest, J.: «The heart as an endocrine gland», *Clinical and Investigative Medicine*, 9(4), 319–327, 1986.

337. De Dreu, C. K. y Kret, M. E.: «Oxytocin conditions intergroup relations through upregulated in-group empathy, cooperation, conformity, and defense», *Biological Psychiatry*, 79(3), 165–173, 2016.

338. Wakeup-world.com, 2012, consultado en https://wakeup-world.com/2012/02/29/hearts-have-their-own-brain-and-consciousness/.

339. McCraty, R. y Tomasino, D.: «The coherent heart: Heartbrain interactions, psychophysiological coherence, and the emergence of system wide order», publicación n.º 06022, HeartMath Research Center, Institute of HeartMath, Boulder Creek, Calif., 2006.

340. Goldstein, P., Weissman-Fogel, I., Dumas, G., y Shamay-Tsoory, S. G.: «Brain-to-brain coupling during handholding is associated with pain reduction», *Proceedings of the National Academy of Sciences*, 201703643, 2018.

341. Muller, V. y Lindenberger, U.: «Cardiac and Respiratory Patterns Synchronize between Persons during Choir Singing», *PLoS One* 6(9), e24893, 2011.

342. Gordon, I., Gilboa, A., Siegman, S., *et al.*: «Physiological and Behavioral Synchrony predict Group cohesion and performance», *Scientific Reports*, 10(1), 1–12, 2020.

343. Zayed, Amro y Robinson, Gene E.: «Understanding the Relationship Between Brain Gene Expression and Social Behavior: Lessons from the Honey Bee», *Annual Review of Genetics*, 46, 591–615, 2012.

344. Madsen, N. L., *et al.*: «Risk of Dementia in Adults With Congenital Heart Diseaooi Population-Based Cohort Study», *Circulation*, 2018.

345. Glassman, A. H., Bigger, J. T., y Gaffney, M.: «Heart Rate Variability in Acute Coronary Syndrome Patients with Major Depression, influence of Sertraline and Mood Improvement», *Archives of General Psychiatry*, 64, 9, 2007.

346. Chirinos, D. A., Ong, J. C., Garcini, L. M., Alvarado, D., y Fagundes, C.: «Bereavement, self-reported sleep disturbances, and inflammation: Results from Project HEART», *Psychosomatic Medicine*, 81(1), 67–73, 2019.

347. Ignaszewski, M. J., Yip, A., y Fitzpatrick, S.: «Schizophrenia and coronary artery disease», *British Columbia Medical Journal*, 57(4), 154–157, 2015.

348. Kugathasan, P., Johansen, M. B., Jensen, M. B., Aagaard, J., y Jensen, S. E.: «Coronary artery calcification in patients diagnosed with severe mental illness», *Circulation, Cardiovascular Imaging*, 2018, https://doi.org/10.1161/circimaging.118.008236.

349. Powers, Jenny: «Increased Risk of Mortality From Heart Disease in Patients With Schizophrenia», presentado en EPA, 2018. https://www.firstwordpharma.com/node/1547343.

350. Hennekens, C. H., Hennekens, A. R., Hollar, D., y Casey, D. E.: «Schizophrenia and increased risks of cardiovascular disease», *American Heart Journal*, 150(6), 1115–1121, 2005. Jindal, R., MacKenzie, E. M., Baker, G. B., y Yeragani, V. K.: «Cardiac risk and schizophrenia» *Journal of Psychiatry and Neuroscience*, 30(6), 393, 2005.

351. Yeragani, V. K., Rao, K. A., Smitha, M. R., Pohl, R. B., Balon, R., y Srinivasan, K.: «Diminished chaos of heart rate time series in patients with major depression», *Biological Psychiatry*, 51, 733–44, 2002. Yeragani, V. K., Nadella, R., Hinze, B., Yeragani, S., y Jampala, V. C.: «Nonlinear measures of heart period variability: Decreased measures of symbolic dynamics in patients with panic disorder», *Depression and Anxiety*, 12, 67–77, 2000.

352. Kubzansky, Laura en Rimer, S. y Drexler, M.: «The biology of emotion and what it may teach us about helping people to live longer», *Harvard Public Health Review*, Invierno, 813, 2011. Consultado en https://www.hsph.harvard.edu/news/magazine/happiness-stress-heart-disease/.

353. Kubzansky, L. D. y Thurston, R. C.: «Emotional vitality and incident coronary heart disease: benefits of healthy psychological functioning», *Archives of General Psychiatry*, 64(12), 1393–1401, 2007.

354. Armour, J. y Ardell, J.: *Neurocardiology*, Oxford University Press, Nueva York, 1994.

355. Sandman, C. A., Walker, B. B., y Berka, C.: «Influence of afferent cardiovascular feedback on behavior and the cortical evoked potential», *Perspectives in Cardiovascular Medicine*, 1982. Van der Molen, M. W., Somsen, R. J. M. y Orlebeke, J. F.: «The rhythm of the heart beat in information processing», *Advances in Psychophysiology*, 1, 1–88, 1985. McCraty, R.: «Heart–brain Neurodynamics: The Making of Emotions», 1985, publicación n.º 03–015, *HeartMath Research Center*, 2003.

356. Chen, Shanping, Cai, Diancai, Glanzman, David L., *et al.*: «Reinstatement of long-term memory following erasure of its behavioral and synaptic expression in Aplysia», *eLife*, 3, e03896, 2014.

357. Bédécarrats, A., Chen, S., Glanzman, D. L., *et al.*: «RNA from trained Aplysia can induce an epigenetic engram for long-term sensitization in untrained Aplysia», *eNeuro*, 5(3), 2018. Pearce, K., Cai, D., Roberts, A. C., *et al.*: «Role of protein synthesis and DNA methylation in the consolidation and maintenance of long-term memory in Aplysia», *eLife*, 6, 2017.

358. Berger, Shelley L., en conferencia pública: University of Pennsylvania, «Metabolic enzyme fuels molecular machinery of memory», *Penn Medicine News*, 31 de mayo de 2017. El estudio de Penn encuentra que la epigenética es clave para establecer memorias espaciales en el cerebro del ratón, proporcionando posibles nuevos medicamentos neurológicos. https://www.pennmedicine.org/news/news-releases/2017/may/metabolic-enzyme-fuels-molecular-machinery-of-memory.

359. Shomrat, T. y Levin, M.: «An automated training paradigm reveals long-term memory in planarians and its persistence through head regeneration», *Journal of Experimental Biology*, 216(20), 3799–3810, 2013.

360. Bunzel, B., SchmidlMohl, B., Grundböck, A., y Wollenek, G.: «Does changing the heart mean changing personality? A retrospective inquiry on 47 heart transplant patients», *Quality of Life Research*, 1(4), 251–256, 1992.

361. Inspector, Y., Kutz, I., y Daniel, D.: «Another person's heart: Magical and rational thinking in the psychological adaptation to heart transplantation», *The Israel Journal of Psychiatry and Related Sciences*, 41(3), 161, 2004.

362. Liester, Mitchell y Liester, Maya: «Personality changes following heart transplants: can epigenetics explain these transformations?», *Medical Hypotheses*, 135(3), 0.1016/j.mehy.2019.109468, 2019. Liester, Mitchell y Liester, Maya: «A Retrospective Phenomenological Review of Acquired Personality Traits Following Heart Transplantation», abril de 2019, *Conference: 27th European Congress of Psychiatry*, Varsovia.

363. Pearsall, Paul, *et al.*: «Organ transplants and cellular memories», *Nexus Magazine*, 12, 3, abril/mayo de 2005.

364. Pearsall, P., Schwartz, G. E., y Russek, L. G.: «Changes in heart transplant recipients that parallel the personalities of their donors», *Journal of Near-Death Studies*, 20(3), 191–206, 2002.

365. Pearsall, P., Schwartz, G. E., y Russek, L. G.: «Changes in heart transplant recipients that parallel the personalities of their donors», *Journal of Near-Death Studies*, 20(3), 191–206, 2002.

366. Sylvia, Claire: *A Change of Heart*, Warner Books, Nueva York, 1998.

367. Schroeder, John en *Skeptic's Dictionary Online*: http://skepdic.com/cellular.html.

368. Ross, Heather en De Giorgio, Lorriana: «Can a heart transplant change your personality?», *Toronto Star*, 28 de marzo de 2012, consultado en https://www.thestar.com/news/world/2012/03/28/can_a_heart_transplant change_your_personality.html#:~:text=Dr.,that%20such%20a%20thing%20happens.

369. Lunde, D. T.: «Psychiatric complications of heart transplants», *American Journal of Psychiatry*, 124, 1190–1195, 1967. Mai, F. M.: «Graft and donor denial in heart transplant recipients», *American Journal of Psychiatry*, 143, 1159–1161, 1986. Kuhn, W. F., *et al.*: «Psychopathology in heart transplant candidates», *The Journal of Heart Transplantation*, 7, 223–226, 1988.

370. Wagner, M., Helmer, C., Samieri, C., *et al.*: «Evaluation of the concurrent trajectories of cardiometabolic risk factors in the 14 years before dementia», *JAMA Psychiatry*, 75(10), 1033–1042, 2018.

371. Rimm, E. B., Appel, L. J., Lichtenstein, A. H., *et al.*: «Seafood long-chain n-3 polyunsaturated fatty acids and cardiovascular disease: A science advisory from the American Heart Association», *Circulation*, 138(1), e35–e47, 2018.

372. Cohen, S., Syme, S., eds., *Social Support and Health*, Academic Press, Orlando, Fla., 1985. Uchino, B. N., Cacioppo, J. T., Kiecolt-Glaser, J. K.: «The relationship between social support and physiological processes: a review with emphasis on underlying mechanisms and implications for health», *Psychological Bulletin*, 119(3), 1996, https://doi.org/10.1037/0033-2909.119.3.488. Ornish, D. *Love and Survival: The Scientific Basis for the Healing Power of Intimacy*, HarperCollins, Nueva York, 1998.

373. McCraty, R.: «Psychophysiological coherence: A link between positive emotions, stress reduction, performance, and health». *Proceedings of the Eleventh International Congress on Stress*, Mauna Lani Bay, Hawái, 2000.

374. Chua, E. F. y Ahmed, R.: «Electrical stimulation of the dorsolateral prefrontal cortex improves memory monitoring», *Neuropsychologia*, 85, 74–79, 2016.

9. El enigma cerebro-mente y el surgimiento de la biología cuántica

375. Chalmers, David: «Facing Up to the Problem of Consciousness», *Journal of Consciousness Studies*, 2(3), 200–219, 1995.

376. Flanagan, Owen: *The Science of the Mind*. 2.ª ed., MIT Press, Cambridge, Mass., 1991.

377. Morsella, E., Godwin, C. A., Gazzaley, A., *et al.*: «Homing in on consciousness in the nervous system: An action-based synthesis», *Behavioral and Brain Sciences*, 39, 2016.

378. Blackburn, Simon: *The Oxford Dictionary of Philosophy*, 2.ª ed. rev., Oxford University Press, Oxford, UK, 2016.

379. Dennett, D. C.: *Consciousness Explained*, Little Brown, Boston, 1991.

380. Pal, D., Dean, J. G., Hudetz, A. G., *et al.*: «Differential role of prefrontal and parietal cortices in controlling level of consciousness», *Current Biology*, 28, 2145. e5–2152.e5., 2018, doi: 10.1016/j.cub.2018.05.025.

381. Boly, M., Massimini, M., Tsuchiya, N., Postle, B. R., Koch, C., y Tononi, G.: «Are the neural correlates of consciousness in the front or in the back of the cerebral cortex? Clinical and neuroimaging evidence», *Journal of Neuroscience*, 37, 9603–9613, 2017.

382. Eccles, J. C.: «Evolution of consciousness», *Proceedings of the National Academy of Sciences*, 897320–7324, 1992.

383. Pribram, Karl: *Quantum Implications: Essays in Honour of David Bohm*, capítulo «The Implicate Brain», Routledge, 1987.

384. Declaración de Cambridge sobre la Conciencia: http://worldanimal.net/images/stories/documents/Cambridge-Declaration-on-Consciousness.pdf.

385. Bonhomme, V., Staquet, C., Vanhaudenhuyse, A., Gosseries, O., *et al.*: «General Anesthesia: A Probe to Explore Consciousness», *Frontiers in Systems Neuroscience*, 13, 36, 2019.

386. Scheinin, A., Kallionpää, R. E., Revonsuo, A., *et al.*: «Differentiating drug-related and state-related effects of dexmedetomidine and propofol on the electroencephalogram», *Anesthesiology: The Journal of the American Society of Anesthesiologists*, 129(1), 22–36, 2018.

387. Seth, Anil K.: «The real problem: It looks like scientists and philosophers might have made consciousness far more mysterious than it needs to be», *Aeon Magazine*, 2017.

388. Libet, B.: «Unconscious cerebral initiative and the role of conscious will in voluntary action», *Behavioral and Brain Sciences*, 8(4), 529–539, 1985.

389. Saigle, Victoria, Dubljević, Veljko, y Racine, Eric: «The Impact of a Landmark Neuroscience Study on Free Will: A Qualitative Analysis of Articles Using Libet and Colleagues' Methods», *AJOB Neuroscience*, 9(1), 29, 2018.

390. Brass, M. y Haggard, P.: «The what, when, whether model of intentional action», *The Neuroscientist*, 14(4), 319–325, 2008.

391. Penrose, R.: *The Emperor's New Mind*, Oxford University Press, Oxford, UK, 1989. Penrose, R.: *Shadows of the Mind: A Search for the Missing Science of Consciousness*, Oxford University Press, Oxford, UK, 1994.

392. Penrose, R.: *The Emperor's New Mind*, Oxford University Press, Oxford, UK, 1989.

393. Bierman, D. J.: «New developments in presentiment research, or the nature of time», presentación del Simposio de la Fundación Bial, Oporto, Portugal. Radin, D. I., Taft, R., y Yount, G.: «Possible effects of healing intention on cell cultures and truly random events», *Journal of Alternative and Complementary Medicine*, 10, 103–112, 2004.

394. Emoto, Masaru: *Mensajes del agua*, La Liebre de Marzo, 2003.

395. Chamberlain, David: *Babies Remember Birth*, Jeremy P. Tarcher, Los Ángeles, 1988.

396. Hergenhahn, B. y Henley, T.: *An Introduction to the History of Psychology*, Cengage Learning, Andover, UK, 2013.

397. Jensen, M. P., Jamieson, G. A., Santarcangelo, E. L., Terhune, D. B., *et al.*: «New directions in hypnosis research: strategies for advancing the cognitive and clinical neuroscience of hypnosis», *Neuroscience of Consciousness*, 2017(1), nix004, 2017.

398. Holdevici, I.: «A brief introduction to the history and clinical use of hypnosis», *Romanian Journal of Cognitive Behavioral Therapy and Hypnosis*, 1(1), 1–5, 2014.

399. De Craen, A. J., Roos, P. J., De Vries, A. L., y Kleijnen, J.: «Effect of colour of drugs: systematic review of perceived effect of drugs and of their effectiveness», *BMJ*, 313(7072), 1624–1626, 1996.

400. Tabas, A., Mihai, G., Kiebel, S., Trampel, R., y Von Kriegstein, K.: «Abstract rules drive adaptation in the subcortical sensory pathway», *eLife*, 9, e64501, 2020.

401. Parnia, S., Spearpoint, K., Wood, M., *et al.*: «AWARE—AWAreness during REsuscitation—A prospective study», *Resuscitation*, 85(12), 1799–1805, 2014.

402. Playfair, Guy Lyon: *Twin Telepathy: The Psychic Connection*, Vega Books, Nueva York, 2003.

403. Stevenson, Ian: «American Children Who Claim To Remember Previous Lives», *Journal of Nervous and Mental Disease*, 171, 742–748, 1984.

404. Hameroff, Stuart: «Consciousness, Microtubules, and "Orch OR": A "Space-time Odyssey"», *Journal of Consciousness Studies*, 21(3–4), 126–158, 2014. Volk, Steve: «Down The Quantum Rabbit Hole», *Discover*, 2018.

405. Volk, Steve: «Down The Quantum Rabbit Hole», *Discover*, 2018.

406. Volk, Steve: «Down The Quantum Rabbit Hole», *Discover*, 2018.

407. Hameroff, Stuart: «Is your brain really a computer, or is it a quantum orchestra tuned to the universe?», *Interalia Magazine*, noviembre de 2015, consultado en https://www.interaliamag.org/articles/stuart-hameroff-is-your-brain-really-a-computer-or-is-it-a-quantum-orchestra-tuned-to-the-universe/.

408. Elsevier «Discovery of quantum vibrations in "microtubules" corroborates theory of consciousness», *Physics of Life Reviews*, 2014.

409. Lambert, N., Chen, Y. N., Cheng, Y. C., Li, C. M., Chen, G. Y., y Nori, F.: «Quantum biology», *Nature Physics*, 9(1), 10, 2013.

410. Volk, Steve: «Down The Quantum Rabbit Hole», *Discover*, 2018.

411. Open Science: *Manifesto for a Post-Materialist Science*, Open Sciences, 2018, http://opensciences.org/about/manifesto-for-a-post-materialist-science.

412. Open Science: *Manifesto for a Post-Materialist Science*, Open Sciences, http://opensciences.org/about/manifesto-for-a-post-materialist-science.

413. Schrödinger, E.: *What Is Life? With Mind and Matter and Autobiographical Sketches*, Cambridge University Press, Cambridge, UK, 1967.

414. Lowdin, P. O.: «Quantum genetics and the aperiodic solid. Some aspects on the Biological problems of heredity, mutations, aging and tumors in view of the quantum theory of the DNA molecule», *Advances in Quantum Chemistry*, 2, 213–360, 1965.

415. Ball, Philip: «Quantum common sense: Despite its confounding reputation, quantum mechanics both guides and helps explain human intuition» *Aeon Magazine*, 2017.

416. Collier, Sandra: *Wake Up to Your Dreams*, Scholastic Canada, Toronto, 1996.

417. Thigpen, C. H. y Cleckley, H. M.: *The 3 Faces of Eve*, McGraw-Hill, Nueva York, 1957.

418. American Psychiatric Association: *Diagnostic and statistical manual of mental disorders* (DSM-5), American Psychiatric Publishing, Washington, 2013.

419. «Double quantum-teleportation milestone is Physics World 2015 Breakthrough of the Year physicsworld.com», Physicsworld.com.

420. Sell, C. S.: «On the unpredictability of odor», *Angewandte Chemie International Edition*, 45, 6254–6261, 2006.

421. Turin, Luca: *The Secret of Scent: Adventures in Perfume and the Science of Smell*, Ecco, Nueva York, 2006.

422. Schillinger, Liesl: «Odorama», *New York Times*, 2003. Olender, T., Lancet, D., Nebert, D. W.: «Update on the olfactory receptor (OR) gene superfamily», *Human Genomics*, 3, 87–97, 2008–2009.

423. Olender, T., Lancet, D., Nebert, D. W.: «Update on the olfactory receptor (OR) gene superfamily», *Human Genomics*, 3, 87–97, 2008-2009.

424. Brookes, J. C., Horsfield, A. P., y Stoneham, A. M.: «The swipe card model of odorant recognition», *Sensors*, 12(11), 15709–15749, 2012.

425. Brookes, J. C., Hartoutsiou, F., Horsfield, A. P., y Stoneham, A. M.: «Could humans recognize odor by phonon assisted tunneling?», *Physical Review Letters*, 98(3), 038101, 2007.

426. Kauffman, S., Niiranen, S., y Vattay, G.: U.S. Patent No. 8,849,580. Washington: U.S. Patent and Trademark Office, 2014.

427. Kauffman, S.: «Is There A 'Poised Realm' Between the Quantum and Classical Worlds?», *Cosmos and Culture*, 2010.

428. Whitehead, A. N.: *Process and Reality*, MacMillan, Nueva York, 1929. Whitehead, A. N.: *Adventures of Ideas*, MacMillan, Londres, 1933.

429. Kauffman, S.: «Is There A 'Poised Realm' Between the Quantum and Classical Worlds?», *Cosmos and Culture*, 2010. Kauffman, S.: *Humanity in a Creative Universe*, Oxford University Press, Oxford, UK, 2016.

430. Radin, D.: *Entangled Minds*, Pocket Books, Nueva York, 2006. Kauffman, S.: «Is There A 'Poised Realm' Between the Quantum and Classical Worlds?», *Cosmos and Culture*, 2010. Persinger, M.: «Cerebral Biophoton Emission as a Potential Factor in Non-Local Human-Machine Interaction», *NeuroQuantology*, 12(1), 1–11, 2014.

431. Hameroff, S. y Chopra, D.: «The "quantum soul": A scientific hypothesis», en Moreira-Almeida, A. y Santos, F. S. (eds.), *Exploring Frontiers of the Mind–Brain Relationship*, 79–93, Springer, Nueva York, 2011.

432. Frank, Adam: «Minding Matter», *Aeon Magazine*, 2017.

10. Significado

433. Islam, M. R., Lbik, D., Sakib, M. S., Maximilian Hofmann, R., Berulava, T., Jiménez Mausbach, M., y Fischer, A.: «Epigenetic gene expression links heart failure to memory impairment», *EMBO Molecular Medicine*, 13(3), e11900, 2021.

434. Nguyen, T. T., Zhang, X., Wu, T. C., Liu, J., Le, C., Tu, X. M., y Jeste, D. V.: «Association of Loneliness and Wisdom with Gut Microbial Diversity and Composition: An Exploratory Study», *Frontiers in Psychiatry*, 12, 395, 2021.

435. Rai, Mamta, Coleman, Zane, Demontis, Fabio, *et al.*: «Proteasome stress in skeletal muscle mounts a long-range protective response that delays retinal and brain aging», *Cell Metabolism*, 2021.

436. Herman, James, en «Fight or Flight May Be in Our Bones», Diana Kwon, *Scientific American*, 12 de septiembre de 2019.

437. Ho, B., Baryshnikova, A., y Brown, G. W.: «Unification of protein abundance datasets yields a quantitative *Saccharomyces cerevisiae* proteome», *Cell Systems*, 6(2), 192–205, 2018.

438. Wong, G. C., Antani, J. D., Bassler, Bonnie, Dunkel, J., *et al.*: «Roadmap on emerging concepts in the physical biology of bacterial biofilms: from surface sensing to community formation», *Physical Biology*, 2021.

439. Ang, C. Y., Bialecka-Fornal, M., Weatherwax, C., Larkin, J. W., Prindle, A., Liu, J., y Süel, G. M.: «Encoding membranepotential-based memory within a microbial community», *Cell Systems*, 10(5), 417–423, 2020. Popkin, Gabriel: «Bacteria Use Bursts of Electricity to Communicate», *Quanta Magazine*, 2017.

440. Shapiro, J. A.: «Bacteria are small but not stupid: cognition, natural genetic engineering and socio-bacteriology», *Studies in History and Philosophy of Science Part C: Studies in History and Philosophy of Biological and Biomedical Sciences*, 38(4), 807–819, 2007.

441. Verner, G., Epel, E., y Entringer, S.: «Maternal psychological resilience during pregnancy and newborn telomere length: A prospective study», *American Journal of Psychiatry*, 178, 2, 2021.

442. Turner, S. G. y Hooker, K.: «Are Thoughts About the Future Associated with Perceptions in the Present? Optimism, Possible Selves, and Self-Perceptions of Aging», *The International Journal of Aging and Human Development*, 0091415020981883, 2020.

443. Tuominen, J., Kallio, S., Kaasinen, V., y Railo, H.: «Segregated brain state during hypnosis», *Neuroscience of Consciousness*, niab002, 2021(1).

444. Kaptchuk, Ted, en «The Power of the Placebo Effect», https://www.health. harvard.edu/mental-health/the-power-of-the-placebo-effect#:~:text="22The"20plac.

445. Rodgers, Paul: «Einstein Was Right: You Can Turn Energy Into Matter», 2014, https://www.forbes.com/sites/paulrodgers/2014/05/19/einstein-was-right-you-can-turn-energy-into-matter/?sh=2c58c85126ac.

BIBLIOGRAFÍA

Abdo, H., Calvo-Enrique, L., y Ernfors, P.: «Specialized cutaneous Schwann cells initiate pain sensation», *Science*, 365(6454), 695–699, 2019.

Adamatzky, A. I.: «Route 20, autobahn 7, and slime mold: approximating the longest roads in USA and Germany with slime mold on 3D terrains», *IEEE Transactions on Cybernetics*, 44(1), 126–136, 2014.

Adamatzky, A. y Jones, J.: «Road planning with slime mould: If Physarum built motorways it would route M6/M74 through Newcastle», *International Journal of Bifurcation and Chaos*, 20(10), 3065–3084, 2010.

Albrecht-Buehler, G.: «Is cytoplasm intelligent too?», en *Cell and Muscle Motility* (1–21), Springer, Dordrecht, Países Bajos, 1981.

Allen, J. M., Mailing, L. J., Woods, J. A., *et al.*: «Exercise alters gut microbiota composition and function in lean and obese humans», *Medicine and Science in Sports and Exercise*, 50(4), 747–757, 2018.

Allen, K., Fuchs, E. C., Jaschonek, H., Bannerman, D. M., y Monyer, H.: «Gap Junctions between Interneurons Are Required for Normal Spatial Coding in the Hippocampus and Short-Term Spatial Memory», *Journal of Neuroscience*, 31(17): 6542–6552, 2011.

Allman, J. M.: *Scientific American Library*, Nueva York, 1999.

Almgren, Malin, Schlinzig, Titus, Gomez-Cabrero, David, Ekström, Tomas J., *et al.*: «Cesarean section and hematopoietic stem cell epigenetics in the newborn infant—implications for future health?», *American Journal of Obstetrics and Gynecology*, 22(5), 502.e1–502.e8, 2014.

Alvarez, L., Friedrich, B. M., Gompper, G. y Kaupp, U. B.: «The computational sperm cell», *Trends in Cell Biology*, 24, 198–207, 2014.

American Academy of Pediatrics (AAP): «Breastfeeding and the use of human milk», *Pediatrics*, 129, e827–e841, 2012. http://pediatrics. aappublications.org/content/129/3/e827.full.pdf+html.

American College of Obstetricians and Gynecologists Committee on Obstetric Practice. Committee opinion no. 637: «Marijuana use during pregnancy and lactation», *American Journal of Obstetrics and Gynecology*, 126(1), 234–238, 2015.

American Psychiatric Association: *Diagnostic and statistical manual of mental disorders (DSM-5)*, American Psychiatric Publishing, Washington, 2013.

American Psychiatric Association: *Diagnostic and statistical manual of mental disorders*, 3.ª ed., American Psychiatric Publishing, Washington, 1987.

American Psychiatric Association: *Diagnostic and statistical manual of mental disorders*, 4.ª ed., American Psychiatric Publishing, Washington, 1987.

Andaloussi, S. E., Mäger, I., Breakefield, X. O., y Wood, M. J.: «Extracellular vesicles: biology and emerging therapeutic opportunities», *Nature Reviews Drug Discovery*, 12(5), 347–357, 2013.

Ang, C. Y., Bialecka-Fornal, M., Weatherwax, C., Larkin, J. W., Prindle, A., Liu, J., y Süel, G. M.: «Encoding membrane-potential-based memory within a microbial community», *Cell Systems*, 10(5), 417–423, 2020.

Anthony Hudetz y Robert Pearce (eds.): *Suppressing the Mind: Anesthetic Modulation of Memory and Consciousness. Contemporary Clinical Neuroscience*, Humana Press, Nueva York, 2010.

Appelfeld, A.: *Geschichte eines Lebens*, Rowohlt, Berlín, 2005.

Armitage, R., Flynn, H., Marcus, S., *et al.*: «Early developmental changes in sleep in infants: The impact of maternal depression», *Sleep*, 32(5), 693–696, 2005.

Armour, J.: «Anatomy and function of the intrathoracic neurons regulating the mammalian heart», *Reflex Control of the Circulation*, I. H. Zucker y J. P. Gilmore, eds., CRC Press, Boca Raton, Fla., 1991, 1–37.

Armour, J. A.: «Potential clinical relevance of the "little brain" on the mammalian heart», *Experimental Physiology*, 93(2), 165–176, 2008.

Armour, J. y Ardell, J.: *Neurocardiology*, Oxford University Press, Nueva York, 1994.

Arntz, W. (productor), y Arntz, W. (director): *What the Bleep Do We Know!?* [película]. Samuel Goldwyn Films, Estados Unidos, 2004.

Association for Pre and Perinatal Psychology and Health (APPPAH) birthpsychology.com

Ataide, Marco A.; Komander, Karl; Kastenmüller, Wolfgang, *et al*.: «BATF3 programs CD8 T cell memory», *Nature Immunology*, 1–11, 2020.

Atom: en Wikipedia, consultado en https://en.wikipedia.org/wiki/Atom.

Axness, M.: «To Be or Not to Be: Prenatal Origins of the Existential "Yes" v. the Self Struggle», *Journal of Prenatal & Perinatal Psychology & Health*, 31(2), 2016.

Bachiller, S., Jiménez-Ferrer, I., Boza-Serrano, A., *et al*.: «Microglia in neurological diseases: a road map to brain-disease dependent-inflammatory response», *Frontiers in Cellular Neuroscience*, 12, 488, 2018.

Bacteria: en Wikipedia, consultado en https://en.wikipedia.org/wiki/Bacteria.

Bagge, C. N., Henderson, V. W., Laursen, H. B., Adelborg, K., Olsen, M., y Madsen, N. L.: «Risk of Dementia in Adults With Congenital Heart Disease: Population-Based Cohort Study», *Circulation*, 2018.

Baldscientist: *Playing With Worms*, 2011, consultado en https://baldscientist. wordpress.com/2011/09/23/playing-with-wormies/.

Ball, Philip: «Quantum common sense: Despite its confounding reputation, quantum mechanics both guides and helps explain human intuition», *Aeon Magazine*, 2017.

Baluška, F. y Levin, M.: «On having no head: cognition throughout biological systems», *Frontiers in Psychology*, 7, 902, 2016.

Baluška, F. y Mancuso, S.: «Deep evolutionary origins of neurobiology: Turning the essence of "neural" upside-down», *Communicative & Integrative Biology*, 2(1), 60–65, 2009.

Barocas, H. A. y Barocas, C. B.: «Wounds of the fathers: The next generation of Holocaust victims», *International Review of Psycho-Analysis*, 1979.

Barone, V., Lang, M., Heisenberg, C. P., *et al*.: «An effective feedback loop between cell-cell contact duration and morphogen signaling determines cell fate», *Developmental Cell*, 43(2), 198–211, 2017.

Battaglia, D., Veggiotti, P., Lettori, D., Tamburrini, G., Tartaglione, T., Graziano, A., y Colosimo, C.: «Functional hemispherectomy in children with epilepsy and CSWS due to unilateral early brain injury including thalamus: sudden recovery of CSWS», *Epilepsy Research*, 87(2–3), 290–298, 2009.

Bayan, L., Koulivand, P. H. y Gorji, A.: «Garlic: a review of potential therapeutic effects», *Avicenna Journal of Phytomedicine*, 4(1), 1, 2014.

Beblo, Julienne: «Are You Smarter Than an Octopus?», *National Marine Sanctuary*, 16 de octubre de 2018, consultado en https://marinesanctuary.org/blog/are-you-smarter-than-an-octopus/?gclid=EAIaIQobChMIxMD9qZa04QIVhyaGCh2Zhgy8EAAYASAAEgKTGPD_BwE.

Bédécarrats, A., Chen, S., Glanzman, D. L., *et al.*: «RNA from trained Aplysia can induce an epigenetic engram for long-term sensitization in untrained Aplysia», *eNeuro*, 5(3), 2018.

Benenson, J. F.: «Greater preference among females than males for dyadic interaction in early childhood», *Child Development*, 64(2), 544–555, 1993.

Beth Israel Deaconess Medical Center: «Insight into the seat of human consciousness», *ScienceDaily*, 2016.

Bevington, Sarah L. Cauchy, Cockerill, Peter N., *et al.*: «Inducible chromatin priming is associated with the establishment of immunological memory in T cells», *The EMBO Journal*, 2016, https://pubmed.ncbi.nlm.nih.gov/26796577/.

Bierman, D. J.: «New developments in presentiment research, or the nature of time», Presentación del Simposio de la Fundación Bial, Oporto, Portugal.

Biggar K. K., Storey, K. B.: «The emerging roles of microRNAs in the molecular responses of metabolic rate depression», *Journal of Molecular Cell Biology*, 3, 167–175, 2011.

Bissiere, S., Zelikowsky, M., Fanselow, M. S., *et al.*: «Electrical synapses control hippocampal contributions to fear learning and memory», *Science*, 331(6013), 87–91, 2011.

Blackburn, Simon: *The Oxford Dictionary of Philosophy* (2.ª ed. rev.), Oxford University Press, 2008.

Blackiston, D. J., Shomrat, T., y Levin, M.: «The stability of memories during brain remodeling: a perspective», *Communicative & Integrative Biology*, 8(5), e1073424, 2015.

Blackiston, D. J., Silva, Casey E., y Weiss, M. R.: «Retention of memory through metamorphosis: can a moth remember what it learned as a caterpillar?», *PLoS ONE* 3(3), e1736, 2008.

Blaser, Martin J.: «The Way You're Born Can Mess with the Microbes You Need to Survive», 2014, www.wired.

Blatt, S. J., Zuroff, D. C., *et al.*: «Predictors of sustained therapeutic change», *Psychotherapy Research*, 20(1), 37–54, 2010.

Boly, M., Massimini, M., Tsuchiya, N., Postle, B. R., Koch, C., y Tononi, G.: «Are the neural correlates of consciousness in the front or in the back of the cerebral cortex? Clinical and neuroimaging evidence», *Journal of Neuroscience*, 37, 9603–9613, 2017.

Bonner, John: *First Signals: The Evolution of Multicellular Development*, Princeton University Press, Princeton, N.J., 2000.

Bonner, John: *Life Cycles: Reflections of an Evolutionary Biologist*, Princeton University Press, Princeton, N.J., 1992.

Bonner, John: *Lives of a Biologist: Adventures in a Century of Extraordinary Science*, Harvard University Press, Cambridge, Mass., 2002.

Bonner, John: *Sixty Years of Biology: Essays on Evolution and Development*, Princeton University Press, Princeton, N.J., 1996.

Bonner, John: *The Social Amoebae: The Biology of the Cellular Slime Molds*, Princeton University Press, Princeton, N.J., 2009.

Bonner, John: *Why Size Matters: From Bacteria to Blue Whales*, Princeton University Press, Princeton, N.J., 2006.

Borghol, N., Suderman, M., McArdle, W., Racine, A., Hallett, M., Pembrey, M., y Szyf, M.: «Associations with early-life socio-economic position in adult DNA methylation», *International Journal of Epidemiology*, 41(1), 62–74, 2012.

Bormann, J. E. y Carrico, A. W.: «Increases in Positive Reappraisal Coping During a Group-Based Mantram Intervention Mediate Sustained Reductions in Anger in HIV-Positive Persons»,

International Journal of Behavioral Medicine, 16, 74, 2009. doi:10.1007/s12529-008-9007-3.

Botstein, D. y Risch, N.: «Discovering genotypes underlying human phenotypes: Past successes for mendelian disease, future approaches for complex disease», *Nature Genetics*, 33, 228–237, 2003.

Branchi, I., Francia, N., y Alleva, E.: «Epigenetic control of neurobehavioral plasticity: the role of neurotrophins», *Behavioral Pharmacology*, 15, 353–362, 2004. [PubMed: 15343058].

Brass, M. y Haggard, P.: «The what, when, whether model of intentional action», *The Neuroscientist*, 14(4), 319–325, 2008.

Bräuer, J., Hanus, D., y Uomini, N.: «Old and New Approaches to Animal Cognition: There Is Not "One Cognition"», *Journal of Intelligence*, 8(3), 28, 2020.

Braun, J. M., Kalkbrenner, A. E., Calafat, A. M., Yolton, K., Ye, X., Dietrich, K. N., y Lanphear, B. P.: «Impact of early-life bisphenol A exposure on behavior and executive function in children», *Pediatrics*, 128(5), 873–882, 2011.

Brave Heart, M. Y. H., Chase, J., Elkins, J., y Altschul, D. B.: «Historical trauma among indigenous peoples of the Americas: Concepts, research, and clinical considerations», *Journal of Psychoactive Drugs*, 43(4), 282–290, 2011.

Bremner, J. D.: «Long-term effects of childhood abuse on brain and neurobiology», *Child & Adolescent Psychiatric Clinics of North America*, 12, 271–292, 2003. [PubMed: 12725012].

Brenman, Patricia A., Mednick, Sarnoff A., *et al.*: «Relationship of Maternal Smoking During Pregnancy With Criminal Arrest and Hospitalization for Substance Abuse in Male and Female Adult Offspring», *The American Journal of Psychiatry*, 59(1), 48–54, 2002.

Brezinka, C., Huter, O., Biebl, W., y Kinzl, J.: «Denial of Pregnancy: Obstetrical aspects», *Journal of Psychosomatic Obstetrics and Gynecology*, 15, 1–8, 1994.

Brinkworth, J. F. y Alvarado, A. S.: «Cell-Autonomous Immunity and The PathogenMediated Evolution of Humans: Or How Our Prokaryotic and Single-Celled Origins Affect The Human Evolutionary Story», *The Quarterly Review of Biology*, 95(3), 215–246, 2020.

Britannica. https://www.britannica.com/science/morphogenesis.

Brookes, J. C., Hartoutsiou, F., Horsfield, A. P., y Stoneham, A. M.: «Could humans recognize odor by phonon assisted tunneling?», *Physical Review Letters*, 98(3), 038101, 2007.

Brookes, J. C., Horsfield, A. P., y Stoneham, A. M.: «The swipe card model of odorant recognition», *Sensors*, 12(11), 15709–15749, 2012.

Brown, D. G., Soto, R., Fujinami, R. S., *et al.*: «The microbiota protects from viral-induced neurologic damage through microglia-intrinsic TLR signaling», *eLife*, 8, e47117, 2019.

Bruel-Jungerman, E., Davis, S., y Laroche, S.: «Brain plasticity mechanisms and memory: a party of four», *The Neuroscientist*, 13, 492–505, 2007, doi: 10.1177/1073858407302725.

Bu, L., Jiang, X., Martin-Puig, S., Caron, L., Zhu, S., Shao, Y., y Chien, K. R.: «Human ISL1 heart progenitors generate diverse multipotent cardiovascular cell lineages» *Nature*, 460(7251), 113, 2009.

Buchanan, Tony W.: «Retrieval of Emotional Memories», *Psychological Bulletin*, 61–779, 2007, doi: 10.1037/0033-2909.133.5.761.

Buka, S. L., Shenassa, E. D., y Niaura, R.: «Elevated risk of tobacco dependence among offspring of mothers who smoked during pregnancy: A 30-year prospective study», *American Journal of Psychiatry*, 160(11), 1978–1984, 2003.

Bunzel, B., Schmidl-Mohl, B., Grundböck, A., y Wollenek, G.: «Does changing the heart mean changing personality? A retrospective inquiry on 47 heart transplant patients», *Quality of Life Research*, 1(4), 251–256, 1992.

Burkett, J. P., Andari, E., Young L. J., *et al.*: «Oxytocin-dependent consolation behavior in rodents», *Science*, 351(6271), 375–378, 2016, doi: 10.1126/science.aac4785.

Burton, N. O., Furuta, T., Webster, A. K., Kaplan, R. E., Baugh, L. R., Arur, S., y Horvitz, H. R.: «Insulin-like signaling to the maternal germline controls progeny response to osmotic stress», *Nature Cell Biology*, 19(3), 252–257, 2017.

Buss, C., Entringer, S., Swanson, J. M., y Wadhwa, P. D.: «The Role of Stress in Brain Development: The Gestational Environment's

Long-Term Effects on the Brain», *Cerebrum: the Dana Forum on Brain Science*, 4, 2012.

Buss, Claudia, Davis, Elysia Poggi, Sandman, Curt A., *et al.*: «High pregnancy anxiety during mid-gestation is associated with decreased gray matter density in 6–9-year-old children», *Psychoneuroendocrinology*, 35(1), 141–153, 2010.

Bustan, Muhammad N. y Coker, Ann L.: «Maternal Attitude toward Pregnancy and the Risk of Neonatal Death», *American Journal of Public Health*, 4(3), 411–414, 1994.

Bygren, L. O., Kaati, G., y Edvinsson, S.: «Longevity determined by ancestors' overnutrition during their slow growth period», *Acta Biotheoretica*, 49, 53–59, 2001.

Bygren, Olov, en Kaati, G., Bygren, L. O., y Edvinsson, S.: «Cardiovascular and diabetes mortality determined by nutrition during parents' and grandparents' slow growth period», *European Journal of Human Genetics*, 10, 682–688, 2002.

Cairney, S. A., Lindsay, S., Paller, K. A., y Gaskell, M. G.: «Sleep Preserves Original and Distorted Memory Traces», *Cortex*, 1–19, 2017.

Cairns, John, Overbaugh, Julie, y Miller, Stephan: «The origin of mutants», *Nature*, 335, 142–145, 1988.

Callier, Viviane: «Cells Talk and Help One Another via Tiny Tube Networks», *Quanta Magazine*, 2018.

Canadian Alcohol and Drug Use Monitoring Survey: *Summary of results for 2012*, Ottawa: http://www.hc-sc.gc.ca/hc-ps/drugsdrogues/stat/_2012/summary-sommaire-eng.php.

Cannon, W. B. *The Wisdom of the Body*, W. W. Norton, Washington, 1963.

Cantey, J. B., Bascik, S. L., Sánchez, P. J., *et al.*: «Prevention of Mother-to-Infant Transmission of Influenza during the Postpartum Period», *American Journal of Perinatology*, 30(3), 233–240, 2012.

Cantin, M. y Genest, J.: «The heart as an endocrine gland», *Clinical and Investigative Medicine*, 9(4), 319–327, 1986.

Cardamone, M. D., Tanasa, B., Perissi, V., *et al.*: «Mitochondrial retrograde signaling in mammals is mediated by the transcriptional cofactor GPS2 via direct mitochondria-to-nucleus translocation», *Molecular Cell*, 69(5), 757–772, 2018.

Carpenter, S.: «That gut feeling», *Monitor on Psychology*, 43, 50–55, 2012.

Carson, B. S., Javedan, S. P., Freeman, J. M., Vining, E. P., Zuckerberg, A. L., Lauer, J. A., y Guarnieri, M.: «Hemispherectomy: A hemidecortication approach and review of 52 cases», *Journal of Neurosurgery*, 84(6), 903–911, 1996.

Carvalho, R. N. y Gerdes, H. H.: «Cellular Nanotubes: Membrane Channels for Intercellular Communication», en *Medicinal Chemistry and Pharmacological Potential of Fullerenes and Carbon Nanotubes*, 363–372, Springer, Dordrecht, Países Bajos, 2008.

Caswell, J., Dotta, B., y Persinger, M.: «Cerebral Biophoton Emission as a Potential Factor in Non-Local Human-Machine Interaction», *NeuroQuantology*, 12(1), 1–11, 2014.

Caudron, F. y Barral, Y.: «A super-assembly of Whi3 encodes memory of deceptive encounters by single cells during yeast courtship», *Cell*, 155, 1244–1257, 2013.

CBS C-elegans, http://cbs.umn.edu/cgc/what-c-elegans.

CDC, Center for Disease Control and Prevention, Autism 2012, https://www.cdc.gov/ncbddd/autism/addm.html.

Center for Behavioral Health Statistics and Quality: *National Survey on Drug Use and Health: Methodological Summary and Definitions*, Substance Abuse and Mental Health Services Administration, 2015.

Chakravarthy, S. V. y Ghosh, J.: «On Hebbian-like adaptation in heart muscle: A proposal for "cardiac memory"», *Biological Cybernetics*, 76(3), 207–215, 1997.

Chalmers, David: «Facing Up to the Problem of Consciousness», *Journal of Consciousness Studies*, 2(3), 200–219, 1995.

Chamberlain, David: *Babies Remember Birth*, Jeremy P. Tarcher, Los Ángeles, 1988.

Chamberlain, David: *Windows to the Womb*, North Atlantic Books, Berkeley, Calif., 2013.

Chan, W. F., Gurnot, C., Montine, T J., Nelson, J. L., et al.: «Male microchimerism in the human female brain», PLoS One, 7(9), e45592, 2012, doi: 10.1371/journal.pone.0045592.

Charil, A., Laplante, D. P., Vaillancourt, C., y King, S.: «Prenatal stress and brain development», Brain Research Reviews, 65, 56–79, 2010.

Chen, A. Y., Zhong, C., Lu, T. K.: «Engineering living functional materials», ACS Synthetic Biology 4(1), 8–11, 2015.

Chen, Shanping, Cai, Diancai, Glanzman, David L., et al.: «Reinstatement of long-term memory following erasure of its behavioral and synaptic expression in Aplysia», eLife, 3, e03896, 2014.

Chena, Yining, Mathesonb, Laura E., y Sakataa, Jon T.: «Mechanisms underlying the social enhancement of vocal learning in songbirds», Proceedings of the National Academy of Sciences, 2016, publicado en línea antes de su impresión: doi:10.1073/pnas.1522306113, Thomas D. Albright (ed.), The Salk Institute for Biological Studies, La Jolla, Calif.

Chhatre, Sumedha, Metzger, David S., Nidich, Sanford, et al.: «Effects of behavioral stress reduction Transcendental Meditation intervention in persons with HIV», Journal of AIDS Care, Psychological and Socio-medical Aspects of AIDS/HIV, 25(10), 1291–1297, 2013.

Chicago: American Medical Association, 20 de junio de 2011: http://www.Ama-assn.org/ama/pub/news/news/2011-new-policies-adopted.page. Consultado el 6 de diciembre de 2011.

Chirinos, D. A., Ong, J. C., Garcini, L. M., Alvarado, D., y Fagundes, C.: «Bereavement, self-reported sleep disturbances, and inflammation: Results from Project HEART», Psychosomatic Medicine, 81(1), 67–73, 2019.

Chong, Yolanda, Moffat, Jason, Andrews, Brenda J., et al.: «Yeast Proteome Dynamics from Single Cell Imaging and Automated Analysis», Cell, 161, 1413–1424, 2015.

Chris Reid, página web: http://sydney.edu.au/science/biology/socialinsects/profiles/chris-reid.shtml.

Christianson, S. A.: «Emotional stress and eyewitness memory: a critical review», Psychological Bulletin, 112(2), 284–309, 1992.

Chua, E. F. y Ahmed, R.: «Electrical stimulation of the dorsolateral prefrontal cortex improves memory monitoring», *Neuropsychologia*, 85, 74–79, 2016.

Church, G. M., Gao, Y., y Kosuri, S.: «Next-generation digital information storage in DNA», *Science*, 1226355, 2012.

Cirujano General de EE. UU., Departamento de Salud y Servicios Humanos de EE. UU.: Llamada a la acción del Cirujano General para apoyar la lactancia materna.

Clarke, G., O'Mahony, S. M., Dinan, T. G., y Cryan, J. F.: «Priming for health: Gut microbiota acquired in early life regulates physiology, brain and behavior», *Acta Paediatrica*, 103(8), 812–819, 2014.

Clayton, D. F. y London, S. E.: «Advancing avian behavioral neuroendocrinology through genomics», *Frontiers in Neuroendocrinology*, 35(1), 58–71, 2014.

Clemens, L. E., Heldmaier, G., y Exner, C.: «Keep cool: Memory is retained during hibernation in Alpine marmots», *Physiology & Behavior*, 98(1), 78–84, 2009.

Cohen, S. y Syme, S. (eds.): *Social Support and Health*, Academic Press, Orlando, Fla., 1985.

Cole, Steve W.: «Social Regulation of Human Gene Expression», *Current Directions in Psychological Science*, 18(3), 132–137, 2009.

Coleman, I.: «Low birth weight, developmental delays predict adult mental health disorders», presentación del «3rd International Congress on Developmental Origins of Health and Disease», 2005.

Collier, Sandra: *Wake Up to Your Dreams*, Scholastic Canada, Toronto, 1996.

Colombo, J. A. y Reisin, H. D.: «Interlaminar astroglia of the cerebral cortex: a marker of the primate brain», *Brain Research*, 1006, 126–131, 2004.

Conine, C. C., Sun, F., y Rando, O. J., et al.: «Small RNAs gained during epididymal transit of sperm are essential for embryonic development in mice», *Developmental Cell*, 46(4), 470–480, 2018.

Connolly, J. D., Goodale, M. A., Menon, R. S., y Munoz, D. P.: «Human fMRI evidence for the neural correlates of preparatory set», *Nature Neuroscience*, 5, 1345–1352, 2002.

Contera, S.: *Nano Comes to Life: How Nanotechnology Is Transforming Medicine and the Future of Biology*, Princeton University Press, Princeton, N.J., 2019.

Conzen, Suzanne: «Social isolation worsens cancer», Institute for Genomics and Systems Biology, 2009, consultado en http://www.igsb.org/news/igsb-fellow-suzanne-d.-conzen-social-isolation-in-mice-worsens-breast-cancer.

Cording, S., Hühn, J., Pabot, O., *et al.*: «The intestinal micro-environment imprints stromal cells to promote efficient Treg induction in gut-draining lymph nodes», *Mucosal Immunology*, 7(2), 359–368, 2013.

Cornell, B. A., Braach-Maksvytis, V., King, L., Osman, P., Raguse, B., Wieczorek, L. y Pace, R.: «A biosensor that uses ion-channel switches», *Nature*, 387, 580–583, 1997.

Corsi, D. J., Donelle, J., Sucha, E., *et al.*: «Maternal cannabis use in pregnancy and child neurodevelopmental outcomes», *Nature Medicine*, 2002.

Costa, E., Chen, Y., Dong, E., Grayson, D. R., Kundakovic, M., y Guidotti, A.: «GABAergic promoter hypermethylation as a model to study the neurochemistry of schizophrenia vulnerability», *Expert Review of Neurotherapeutics*, 9, 87–98, 2009. [PubMed: 19102671].

Craddock, T. J., Tuszynski, J. A., y Hameroff, S.: «Cytoskeletal signaling: is memory encoded in microtubule lattices by CaMKII phosphorylation?», *PLoS Computational Biology*, 2012.

Craddock, T. J., Tuszynski, J. A., Priel, A., y Freedman, H.: «Microtubule ionic conduction and its implications for higher cognitive functions», *Journal of Integrative Neuroscience*, 9(2), 103–122, 2010.

Crum, Alia J. y Langer, Ellen J.: «Mind-Set Matters: Exercise and the Placebo Effect», *Psychological Science*, 18(2), 165–171, 2007.

Dadds, M. R., *et al.*: «Attention to the eyes and fear-recognition deficits in child psychopathy», *British Journal of Psychiatry*, septiembre, 189, 2801, 2006.

Dadds, Mark R.; Moul, Caroline; Dobson-Stone, Carol, *et al.*: «Polymorphisms in the oxytocin receptor gene are associated with the development of psychopathy», *Development and Psychopathy*, 26(1), 21–31, 2014, doi: https://doi.org/10.1017/S0954579413000485.

Damasio, A. R.: «The Feeling of What Happens: Body and Emotion in the Making of Consciousness», *New York Times Book Review*, 104, 8–8, 1999.

Darwin, Charles: *El origen de las especies; La expresión de las emociones en el hombre y en los animales; La fecundación de las orquídeas; Observaciones geológicas en América del Sur; Observaciones geológicas en las islas volcánicas visitadas durante el viaje del HMS Beagle; El origen del hombre; El viaje del Beagle.*

Davidson, R. J., Kabat-Zinn, J., Sheridan, J. F., *et al.*: «Alterations in brain and immune function produced by mindfulness meditation», *Psychosomatic Medicine*, 65(4), 564–570, 2003.

Dawson, S., Glasson, E. J., Dixon. G., y Bower, C.: «Birth defects in children with autism spectrum disorders: A population-based, nested case-control study», *American Journal of Epidemiology*, 169(11), 1296–1303, 2009.

Day, N. L., Richardson, G. A., Geva, D., *et al.*: «Effect of prenatal marijuana exposure on the cognitive development of children at age three», *Neurotoxicology and Teratology*, 16(2), 169–175, 1994.

Day, N., Sambamoorthi, U., Jasperse, D., *et al.*: «Prenatal marijuana use and neonatal outcome», *Neurotoxicology and Teratology*, 13(3), 329–334, 1991.

De Craen, A. J., Roos, P. J., De Vries, A. L., y Kleijnen, J.: «Effect of colour of drugs: Systematic review of perceived effect of drugs and of their effectiveness», *BMJ*, 313(7072), 1624–1626, 1996.

De Dreu, C. K. y Kret, M. E.: «Oxytocin conditions intergroup relations through upregulated in-group empathy, cooperation, conformity, and defense», *Biological Psychiatry*, 79(3), 165–173, 2016.

De Kloet, A. D. y Herman, J. P.: «Fat-brain connections: Adipocyte glucocorticoid control of stress and metabolism», *Frontiers in Neuroendocrinology*, 48, 50–57, 2018.

Declaración de Cambridge sobre la Conciencia: http://worldanimal.net/images/stories/documents/Cambridge-Declaration-on-Consciousness.pdf.

Delgado-García, J. M.: «Cajal and the conceptual weakness of neural sciences», *Frontiers in Neuroanatomy*, 9, 128, 2015, doi: 10.3389/fnana.2015.00128.

Delgado-García, J. M. y Gruart, A.: «Neural plasticity and regeneration: Myths and expectations», en *Brain Damage and Repair: From Molecular Research to Clinical Therapy*, T. Herdegen y J. M. Delgado-García, eds., Springer, 259–273, Dordrecht, Países Bajos, 2004.

DeMause, Lloyd: «The Fetal Origins of History», *The Journal of Psychohistory*, 1982.

Demirtas-Tatlidede, Asli; Freitas, Catarina; Cromer, Jennifer R., *et al.*: «Safety and Proof of Principle Study of Cerebellar Vermal Theta Burst Stimulation in Refractory Schizophrenia», *Schizophrenia Research*, 124(1–3), 91–100, 2010, publicado *on-line* el 22 de agosto de 2014, doi: 10.1093/brain/awu239 PMCID: PMC461413.

Denk, F., Crow, M., Didangelos, A., Lopes, D. M., y McMahon, S. B.: «Persistent alterations in microglial enhancers in a model of chronic pain», *Cell Reports*, 15(8), 1771–1781, 2016.

Dennett, D. C. *Consciousness Explained*, Little, Brown, Boston, 1991.

Derecki, N. C., Cardani, A. N., Yang, C. H., Quinnies, K. M., Crihfield, A., Lynch, K. R., y Kipnis, J.: «Regulation of learning and memory by meningeal immunity: A key role for IL-4», *Journal of Experimental Medicine*, 207(5), 1067–1080, 2010.

Dermitzakis, Emmanouil T., *et al.*: «Population Variation and Genetic Control of Modular Chromatin Architecture in Humans», *Cell*, 162(5), 1039–1050, 2015.

Diamanti-Kandarakis, E., Bourguignon, J. P., Giudice, L. C., Hauser, R., Prins, G. S., Soto, A. M., y Gore, A. C.: «Endocrine-disrupting chemicals: An Endocrine Society scientific statement», *Endocrine Reviews*, 30(4), 293–342, 2009.

Dias, B. G., Maddox, S. A., Klengel, T., y Ressler, K. J.: «Epigenetic mechanisms underlying learning and the inheritance of learned behaviors», *Trends in Neurosciences*, 38(2), 96–107, 2015.

Dickerson, F., Adamos, M., y Yolken, R. H.: «Adjunctive probiotic microorganisms to prevent rehospitalization in patients with acute mania: A randomized controlled trial», *Bipolar Disorders*, 20(7), 614–621, 2018.

Dickson, D. A., Paulus, J. K., Feig, L. A., *et al.*: «Reduced levels of miRNAs 449 and 34 in sperm of mice and men exposed to early life stress», *Translational Psychiatry*, 8(1), 1–10, 2018.

Dietz, D. M., LaPlant, Q., Watts, E. L., Hodes, G. E., Russo, S. J., Feng, J., *et al*.: «Paternal transmission of stress-induced pathologies», *Biological Psychiatry*, 70, 408–414, 2011.

Dietz, David M. y Nestler, Eric J.: «From Father to Offspring: Paternal Transmission of Depressive-Like Behaviors», *Neuropsychopharmacology Reviews*, 37, 311–312, 2012, https://doi.org/10.1038/npp.2011.167.

Diferencia entre organismo y animal: http://wikidiff.com/organism/animal.

Dinan, T. G. y Cryan, J. F. «Melancholic microbes: A link between gut microbiota and depression?», *Neurogastroenterology and Motility*, 25(9), 713–719, 2013.

Dobbing, J. y Sands, J.: «Quantitative growth and development of human brain», *Archives of Diseases of Childhood*, 48, 757–767, 1973.

Dodonova, S. O., Diestelkoetter-Bachert, P., Beck, R., Beck, M., *et al*.: «A structure of the COPI coat and the role of coat proteins in membrane vesicle assembly», *Science*, 349(6244), 195, 2015.

Donkin, I. y Barrès, R.: «Sperm epigenetics and influence of environmental factors», *Molecular Metabolism*, 14, 1–11, 2018.

Dörner, T. y Radbruch, A.: «Antibodies and B cell memory in viral immunity», *Immunity*, 27(3), 384–392, 2007.

Dubey, G. P. y Ben-Yehuda, S.: «Intercellular nanotubes mediate bacterial communication», *Cell*, 144(4), 590–600, 2011.

Dudas, M., Wysocki, A., Gelpi, B. y Tuan, T. L.: «Memory encoded throughout our bodies: Molecular and cellular basis of tissue regeneration», *Pediatric Research*, 63(5), 502–512, 2008.

Duffy, J. F., Cain, S. W., Chang, A. M., Phillips, A. J., Münch, M. Y., Gronfier, C., y Czeisler, C. A.: «Sex difference in the near-24-hour intrinsic period of the human circadian timing system», *Proceedings of the National Academy of Sciences*, 108 (suplemento 3), 15602–15608, 2011.

Dworkin, M.: «Tactic behavior of *Myxococcus xanthus*», *Journal of Bacteriology*, 154, 452–459, 1983.

Ebert, M. S. y Sharp, P. A.: «Roles for microRNAs in conferring robustness to biological processes», *Cell*, 149, 515–524, 2012.

Eccles, J. C.: «Evolution of consciousness», *Proceedings of the National Academy of Sciences*, 89, 7320–7324, 1992.

Egner, I. M., Bruusgaard, J. C., Eftestøl, E., y Gundersen, K.: «A cellular memory mechanism aids overload hypertrophy in muscle long after an episodic exposure to anabolic steroids», *The Journal of Physiology*, 591(24), 6221–6230, 2013.

Ehlen, J. C., Bruger, A. J., Baggs, J., Pinckney, L., Gray, C. L., DeBruyne, J. P., Paul, K. N., Esser, K. A., Joseph, S., y Takahashi, J. S.: «Bmal1 function in skeletal muscle regulates sleep», *eLife*, 6, 2017.

El Marroun, H., Tiemeier, H., Steegers, E. A., y Huizink, A. C.: «Intrauterine cannabis exposure affects fetal growth trajectories: the Generation R Study», *Journal of the American Academy of Child & Adolescent Psychiatry*, 48(12), 1173–1181, 2009.

El-Athman, R., Genov, N. N., Mazuch J., Zhang, K., Yu, Y., Fuhr, L., Relógio, A., *et al.*: «The Ink4a/Arf locus operates as a regulator of the circadian clock modulating RAS activity», *PLoS Biology*, 15(2), e2002940, 2017.

Elsevier: «Discovery of quantum vibrations in "microtubules" corroborates theory of consciousness», 2014, consultado en https://phys.org/news/2014-01-discovery-quantum-vibrations-microtubules-corroborates.html#jCp.

Emoto, Masaru: *Mensajes del agua*, La Liebre de Marzo, 2003.

Epel, E. S., Lin, J., Wilhelm, F. H., *et al.*: «Cell aging in relation to stress arousal and cardiovascular disease risk factors», *Psychoneuroendocrinology*, 31(3), 277–287, 2006. [PubMed: 16298085].

Epel, E., Blackburn, E., Lin, J., *et al.*: «Accelerated telomere shortening in response to exposure to life stress», *Proceedings of the National Academy of Sciences*, 101, 17312–17315, 2004. [PubMed: 15574496].

Epel, E., Daubenmier, J., Moskowitz, J. T., Folkman, S., y Blackburn, E.: «Can meditation slow rate of cellular aging? Cognitive stress, mindfulness, and telomeres», *Annals of the New York Academy of Sciences*, 1172(1), 34–53, 2009.

Essex, Marilyn J., Boyce, W., Thomas, Kobor, y Michael, S.: «Epigenetic Vestiges of Early Developmental Adversity: Childhood Stress Exposure and DNA Methylation in Adolescence», *Child Development*, 2011, https://doi.org/10.1111/j.1467-8624.2011.01641.x.

European College of Neuropsychopharmacology: «Scientists find psychiatric drugs affect gut contents», *ScienceDaily*, 9 de septiembre de 2019.

European Society of Cardiology: «Loneliness is bad for the heart», *ScienceDaily*, 9 de junio de, 2018, consultado 10 de junio de 2018.

Evertz, Klaus, Janus, Ludwig, y Linder, Rupert: *Lehrbuch der Prenatalen Psychologie*, Mattes Verlag, Heidelberg, Alemania, 2014.

Evolution News & Science Today (EN): «Memory—New Research Reveals Cells Have It, Too», 2018, https://evolutionnews.org/2018/11/memory-new-research-reveals-cells-have-it-too/.

Extremophile, en Wikipedia: https://en.wikipedia.org/wiki/Extremophile.

Eyal, G., Verhoog, M. B., Testa-Silva, G., Deitcher, Y., Lodder, J. C., Benavides-Piccione, R., y Segev, I.: «Unique membrane properties and enhanced signal processing in human neocortical neurons», *eLife*, 5, e16553, 2016.

Faa, G., Gerosa, C., Fanni, D., Nemolato, S., van Eyken, P., y Fanos, V.: «Factors influencing the development of a personal tailored microbiota in the neonate, with particular emphasis on antibiotic therapy», *The Journal of Maternal-Fetal & Neonatal Medicine*, 26(sup2), 35–43, 2013.

Fahrbach, S. E.: «Structure of the mushroom bodies of the insect brain», *Annual Review of Entomology*, 51, 209–232, 2006.

Fang, C. Y., Reibel, D. K., Longacre, M. L., Douglas, S. D., *et al.*: «Enhanced psychosocial well-being following participation in a mindfulness-based stress reduction program is associated with increased natural killer cell activity», *The Journal of Alternative and Complementary Medicine*, 16(5), 531–538, 2010.

Faraco, G., Brea, D., Sugiyama, Y., *et al.*: «Dietary salt promotes neurovascular and cognitive dysfunction through a gut-initiated TH17 response», *Nature Neuroscience*, 21(2), 240–249, 2018.

Farrant, Graham: «An Interview with Dr. Graham Farrant by Steven Raymond», *Pre&Perinatal Psychology News*, 2(2), verano, 1988.

Fauci, Anthony S. y Harrison, T. R., eds.: *Harrison's Principles of Internal Medicine*, (17.ª ed.), McGraw-Hill Medical, 2339–2346, Nueva York, 2008.

Feng Yu, Qing-jun Jiang, Xi-yan Sun, y Rong-wei Zhang: «A new case of complete primary cerebellar agenesis: Clinical and imaging findings in a living patient», *Brain*, 138(6), e353, 2015, doi: 10.1093/brain/awu239.

Fessenden, Jim: «Changes to small RNA in sperm may help fertilization. Research in mouse embryos sheds new light on inheritance of traits», *UMass Medical School Communications*, 2018, https://www.umassmed.edu/news/news-archives/2018/07/changes-to-small-rna-in-sperm-may-help-fertilization/.

Feuillet, L., Dufour, H., y Pelletier, J.: «Brain of a white-collar worker», *Lancet*, 370(9583), 262, 2007.

Fields, Douglas: «"Brainy" Mice with Human Brain Cells: Chimeras of Mice and Men», *BrainFacts/Society for Neuroscience*, 2013.

Fields, R. Douglas: «Human Brain Cells Make Mice Smart», *Scientific American*, 2013.

Fields, R. Douglas: *The Other Brain*, Simon & Schuster, Nueva York, 2011.

Fields, R. Douglas: «Visualizing Calcium Signaling in Astrocytes», *Science Signaling*, 3(147), 2010.

Filiano, A. J., Gadani, S. P., y Kipnis, J.: «Interactions of innate and adaptive immunity in brain development and function», *Brain Research*, 1617, 18–27, 2015.

Filiano, Anthony J., Litvak, Vladimir, Kipnis, Jonathan, *et al.*: «Unexpected role of interferon-γ in regulating neuronal connectivity and social behavior», *Nature*, 535(7612), 425–429, 2016.

Finigan, V.: «Breastfeeding and diabetes: Part 2». *The Practising Midwife*, 15(11), 33–34, 36, 2012.

Flanagan, Owen: *The Science of the Mind* (2.ª ed.), MIT Press, Cambridge, Mass., 1991.

Flinders University: *Biofilm Research and Innovation*, Consortium, 2020. https://www.flinders.edu.au/biofilm-research-innovation-consortium.

Fogel, Alan: «PTSD is a chronic impairment of the body sense: Why we need embodied approaches to treat trauma in Body Sense», blog *on-line* de *Psychology Today* 2010, https://www.psychologytoday.com/blog/body-sense/201006/ptsd-is-chronic-impairment-the-body-sense-why-we-need-embodied-approaches.

Fogelman, E. y Savran, B.: «Brief group therapy with offspring of Holocaust survivors: Leaders' reactions», *American Journal of Orthopsychiatry*, 50(1), 96, 1980.

Forssmann, W. G., Hock, D., Lottspeich, F., Henschen, A., Kreye, V., Christmann, M., y Mutt, V.: «The right auricle of the heart is an endocrine organ», *Anatomy and Embryology*, 168(3), 307–313, 1983.

Foster, P. L.: «Mechanisms of stationary phase mutation: A decade of adaptive mutation», *Annual Review of Genetics*, 33, 57–88, 1999.

Frank, Adam: «Minding Matter», *Aeon Magazine*, 2017.

Franklin, Robin J. M. y Bussey, Timothy J.: «Do Your Glial Cells Make You Clever?», *Cell Stem Cell*, 2013.

Franklin, Tamara B., Saab, Bechara J., y Mansuy, Isabelle M.: «Neural Mechanisms of Stress Resilience and Vulnerability», *Neuron*, 75(5), 747–761, 2012.

Fredrickson, B. L., Grewen, K. M., Cole, S. W., *et al.*: «A functional genomic perspective on human well-being», *Proceedings of the National Academy of Sciences*, 110(33), 13684–13689, 2013.

Freitas, Joao: «Teacher Shows Students How Negative Words Can Make Rice Moldy», 2017, consultado en https://www.goodnewsnetwork.org/teacher-shows-students-how-negative-words-makes-rice-moldy/.

Freud, A. y Burlingham, D.: *War and Children*, International Universities Press, Nueva York, 1942.

Freyberg, J. T.: «Difficulties in separation-individuation as experienced by holocaust survivors» *American Journal of Orthopsychiatry*, 50(1), 87–95, 1980.

Fried, P. A. «Pregnancy», en F. Grotenhermen y E. Russo (eds.): *Cannabis and cannabinoids: Pharmacology, toxicology, and therapeutic potential*, Haworth Integrative Healing Press, 269–278, Nueva York, 2002.

Fried, P. A. y Watkinson, B.: «36- and 48-month neurobehavioral follow-up of children prenatally exposed to marijuana, cigarettes, and alcohol», *Journal of Developmental and Behavioral Pediatrics*, 11(2), 49–58, 1990.

Fuchs, T.: «Body memory and the unconscious», en *Founding Psychoanalysis Phenomenologically*, 69–82, Springer, Dordrecht, Países Bajos, 2012.

Gaidos, Susan: «Memories lost and found: Drugs that help mice remember reveal role for epigenetics in recall», *Science News*, 2013.

Gallwey, W. Timothy: *The Inner Game of Tennis: The Classic Guide to the Mental Side of Peak*, Random House, Nueva York, 1997.

Gandhi, S. R., Yurtsev, E. A., Korolev, K. S., y Gore, J.: «Range expansions transition from pulled to pushed waves as growth becomes more cooperative in an experimental microbial population», *Proceedings of the National Academy of Sciences*, 113(25), 6922–6927, 2016.

Gapp, Katharina, Bohacek, Johannes, Mansuy, Isabelle M., *et al.*: «Potential of Environmental Enrichment to Prevent Transgenerational Effects of Paternal Trauma», *Neuropsychopharmacology*, 2016, doi: 10.1038/npp.2016.87.

Gapp, Katharina, Jawaid, Ali, Sarkies, Peter, Mansuy, Isabelle M., *et al.*: «Implication of sperm RNAs in transgenerational inheritance of the effects of early trauma in mice», *Nature Neuroscience*, 17, 667–669, doi:10.1038/nn.3695, 2014.

Gary Marcus; Cepelewicz, Jordana: «Hidden Computational Power Found in the Arms of Neurons», *Quanta Magazine*, 14 de enero de 2020. Consultado en https://www.quantamagazine.org/neural-dendrites-reveal-their-computational-power-20200114/.

Gattinoni, L., Lugli, E., Restifo, N. P.: «A human memory T cell subset with stem cell-like properties», *Nature Medicine*, 18;17(10), 1290–1297, 2011.

Gaydos, Laura J., Wang, Wenchao, y Strome, Susan: «H3K27me and PRC2 transmit a memory of repression across generations and during development», *Science*, 345(6203), 1515–1518. doi: 10.1126/science.1255023, 2014.

Gazzaniga, Michæl S.: *The Mind's Past*, University of California Press, Berkeley, 2000.

Gebauer, Juliane, Gentsch, Christoph, Kaleta, Christoph, *et al.*: «A Genome-Scale Database and Reconstruction of *Caenorhabditis elegans* Metabolism», *Cell Systems*, 2(5), 312. https://doi.org/10.1016/j.cels.2016.04.017.

Gentile, L., Cebria, F.. y Bartscherer, K.: «The planarian flatworm: An in vivo model for stem cell biology and nervous system regeneration», *Disease Models & Mechanisms*, 4(1), 12-9, 2011.

Gershon, Michael, D.: *The Second Brain*, HarperCollins, Nueva York, 1998.

Gershon, M. D.: «The Thoughtful Bowel», *Acta Physiologica*, 228(1), e13331, 2020.

Gidon, A., Zolnik, T. A., Larkum, M. E., *et al.*: «Dendritic action potentials and computation in human layer 2/3 cortical neurons», *Science*, 367(6473), 83–87, 2020.

Gilbert, S. F.: «Developmental Biology», Sinauer Associates, Inc, Sunderland, 1–838, 2003.

Glassman, A. H., Bigger, J. T., y Gaffney, M.: «Heart Rate Variability in Acute Coronary, Syndrome Patients with Major Depression, influence of Sertraline and Mood Improvement», *Archives of General Psychiatry*, 64, 9, 2007.

Glennie, N. D., Yeramilli, V. A., Beiting, D. P., Volk, S. W., Weaver, C. T., y Scott, P.: «Skin-resident memory CD4+ T cells enhance protection against Leishmania major infection», *Journal of Experimental Medicine*, jem-20142101, 2015.

Goldilocks and the Three Bears, [17 de junio de 2017]. En Wikipedia. Consultado en https://en.wikipedia.org/w/index.php?title=Goldilocks_and_the_Three_Bears&oldid=786195942).

Golding, Jean, Ellis, Genette, Pembrey, Marcus, *et al.*: «Grand-maternal smoking in pregnancy and grandchild's autistic traits and diagnosed autism», *Scientific Reports* 7, artículo número 46179, 2017.

Goldman, N., Bertone, P., Chen, S., Dessimoz, C., LeProust, E. M., Sipos, B., y Birney, E.: «Towards practical, high-capacity, low-maintenance information storage in synthesized DNA», *Nature*, 494(7435), 77–80, 2013.

Goldstein, P., Weissman-Fogel, I., Dumas, G., y Shamay-Tsoory, S. G.: «Brain-to-brain coupling during handholding is associated with pain reduction», *Proceedings of the National Academy of Sciences*, 201703643, 2018.

Gonzalez, Walter G., Zhang, Hanwen, Harutyunyan, Anna, Lois, Carlos: «Persistence of neuronal representations through time and damage in the hippocampus», *Science*, 365(6455), 821–825, 2019.

Gordon, I., Gilboa, A., Siegman, S., *et al.*: «Physiological and Behavioral Synchrony predict Group cohesion and performance», *Scientific Reports*, 10(1), 1–12, 2020.

Grace, Katherine: «30 days of love, hate and indifference: Rice and water experiment #1.», 2017, consultado en https://yayyayskitchen.com/2017/02/02/30-days-of-love-hate-and-indifference-rice-and-water-experiment-1/.

Gräff, J., y Tsai, L. H.: «Histone acetylation: molecular mnemonics on the chromatin», *Nature Reviews Neuroscience*, 14, 97–111, 2013.

Greenspan, R. J.: *An Introduction to Nervous Systems*, Cold Spring Harbor Laboratory Press, Cold Spring Harbor, N.Y., 2007.

Grémiaux, A., Yokawa, K., Mancuso, S., y Baluška, F.: «Plant anesthesia supports similarities between animals and plants», *Claude Bernard's Forgotten Studies*, 9, e27886, 2014.

Grenham, S., Clarke, G., Cryan, J. F., y Dinan, T. G.: «Brain–gut–microbe communication in health and disease», *Frontiers in Physiology*, 2, 2011.

Gribble, Karleen D.: «Mental health, attachment and breastfeeding: Implications for adopted children and their mothers», *International Breastfeeding Journal*, 1, 5, 2006.

Griesler, P. C., Kandel, D. B., y Davies, M.: «Maternal smoking in pregnancy, child behavior problems, and adolescent smoking», *Journal of Research on Adolescence*, 8, 159–185, 1998, doi:10.1207/s15327795jra0802_1.

Griffin, Matthew: «Researchers Find Evidence That Ancestors Memories Are Passed Down in DNA», *Enhanced Humans and Biotech*, 29 de agosto de 2016, https://www.311institute.com/researchers-find-evidence-that-ancestors-memories-are-passed-down-in-dna/.

Grossmann, Klaus E., Grossmann, Karin, y Waters, Everett: *Attachment from Infancy to Adulthood: The Major Longitudinal Studies*, Guilford Press, Nueva York, 2005.

Gu, Y., Vorburger, R. S., Gazes, Y., Habeck, C. G., Stern, Y., Luchsinger, J. A., y Brickman, A. M.: «White matter integrity as a mediator in the relationship between dietary nutrients and cognition in the elderly», *Annals of Neurology*, 79(6), 1014–1025, 2016.

Guan, Q., Haroon, S., Bravo, D. G., Will, J. L., y Gasch, A. P.: «Cellular memory of acquired stress resistance in *Saccharomyces cerevisiae*», *Genetics*, 192(2), 495–505, 2012.

Gulliver's Travels, (n.d.) en Wikipedia, consultado el 2 de agosto de 2017 en https://en.wikipedia.org/wiki/Gulliver%27s_Travels.

Hackett, Jamie A., Sengupta, Roopsha, Surani, M. Azim, *et al.*: «Germline DNA demethylation dynamics and imprint erasure through 5-hydroxymethylcytosine», *Science*, 339(6118), 448–452, American Association for the Advancement of Science, 2013.

Hadj-Moussa, H. y Storey, K. B.: «Micromanaging freeze tolerance: The biogenesis and regulation of neuroprotective microRNAs in frozen brains», *Cellular and Molecular Life Sciences*, 75(19), 3635–3647, 2018.

Hameroff, S. y Chopra, D.: «The "quantum soul": A scientific hypothesis», en Moreira-Almeida, A. y Santos, F. S. (eds.), *Exploring Frontiers of the Mind–Brain Relationship*, Springer, Nueva York, 2012.

Hameroff, Stuart: «Consciousness, Microtubules, & "Orch OR": A "Space-time Odyssey"», *Journal of Consciousness Studies*, 21(3–4), 126–158, 2014.

Hameroff, Stuart: «Is your brain really a computer, or is it a quantum orchestra tuned to the universe?», *Interalia Magazine*, noviembre de 2015, consultado en https://www.interaliamag.org/articles/stuart-hameroff-is-your-brain-really-a-computer-or-is-it-a-quantum-orchestra-tuned-to-the-universe/.

Hamilton, T. C.: «Behavioral plasticity in protozoans», en *Aneural Organisms in Neurobiology*, Eisenstein, E. M. (ed.), 111–130, Plenum Press, Nueva York, 1975.

Han, W., Tellez, L. A., Kaelberer, M. M., *et al.*: «A neural circuit for gut-induced reward», *Cell*, 175(3), 665–678, 2018.

Han, X., Chen, M., Wang, F., Windrem, M., Wang, S., Shanz, S., y Silva, A. J.: «Forebrain engraftment by human glial progenitor cells enhances synaptic plasticity and learning in adult mice», *Cell Stem Cell*, 12(3), 342–353, 2013.

Hartsough, L. A., Kotlajich, M. V., Tabor, J. J., *et al.*: «Optogenetic control of gut bacterial metabolism», *bioRxiv*, 2020.

Harvard Public Health Magazine, 2011, consultado en hsph.harvard.edu/news/magazine/happiness-stress-heart-disease/.

Hauck, F. R., Thompson, J. M., Tanabe, K. O., Moon, R. Y., Vennemann, M. M.: «Breastfeeding and reduced risk of sudden infant death syndrome: A meta-analysis», *Pediatrics*, 128(1), 103–110, 2011.

Hazelbauer, G. L., Falke, J. J., y Parkinson, J. S.: «Bacterial chemoreceptors: Highperformance signaling in networked arrays», *Trends in Biochemical Sciences*, 33, 9–19, 2007.

Heather Ross en De Giorgio Lorriana: «Can a heart transplant change your personality?», 28 de marzo de 2012, consultado en https://www.thestar.com/news/world/2012/03/28/can_a_heart_transplant_change_your_personality.html.

Heim, C. y Nemeroff, C. B.: «The role of childhood trauma in the neurobiology of mood and anxiety disorders: preclinical and clinical studies», *Biological Psychiatry*, 49, 1023–1039, 2001. [PubMed: 11430844].

Heler, R., Samai, P., Modell, J. W., Weiner, C., Goldberg, G. W., Bikard, D., y Marraffini, L. A.: «Cas9 specifies functional viral targets during CRISPR-Cas adaptation», *Nature*, 519(7542), 199, 2015.

Hennekens, C. H., Hennekens, A. R., Hollar, D., y Casey, D. E.: «Schizophrenia and increased risks of cardiovascular disease», *American Heart Journal*, 150(6), 1115–1121, 2005.

Hepper, P. G. y Waldman, B.: «Embryonic olfactory learning in frogs», *Quarterly Journal of Experimental Psychology*, Section B, 44(3–4), 179–197, 1992.

Hergenhahn, B. y Henley, T.: *An Introduction to the History of Psychology*, Cengage Learning, Andover, Reino Unido, 2013.

Herman, James, en «Fight or Flight May Be in Our Bones», Diana Kwon, *Scientific American*, 12 de septiembre de 2019.

Heron, J., O'Connor, T. G., Evans, J., Golding, J., Glover, V., y ALSPAC Study Team: «The course of anxiety and depression through pregnancy and the postpartum in a community sample», *Journal of Affective Disorders*, 80(1), 65–73, 2004.

Hezroni, Hadas, Perry, Rotem Ben-Tov, Ulitsky, Igor, *et al.*: «A subset of conserved mammalian long non-coding RNAs are fossils of ancestral protein-coding genes», *Genome Biology*, 18(1), 2017.

Hibberd, T. J., Yew, W. P., Chen, B. N., Costa, M., Brookes, S. J., y Spencer, N. J.: «A novel mode of sympathetic reflex activation mediated by the enteric nervous system», *eNeuro*, 2020.

«Hippo Tsunami Survivor: A True Story of Survival», 2005, consultado en https://inspire21.com/hippo-tsunami-survivor/.

Hittner, E. F., Stephens, J. E., Turiano, N. A., Gerstorf, D., Lachman, M. E., y Haase, C. M.: «Positive Affect Is Associated with Less Memory Decline: Evidence From a 9-Year Longitudinal Study», *Psychological Science*, 09567976209538803, 2020.

Ho, B., Baryshnikova, A., y Brown, G. W.: «Unification of protein abundance datasets yields a quantitative *Saccharomyces cerevisiae* proteome», *Cell Systems*, 6(2), 192–205, 2018.

Hoff, E.: «How social contexts support and shape language development», *Developmental Review*, 26, 55–88, 2006.

Hoff, E.: «The specificity of environmental influence: Socioeconomic status affects early vocabulary development via maternal speech», *Child Development*, 2;74, 1368–1878, 2003.

Holden, C.: «Sex and the suffering brain», *Science*, 308, 1574–1577, 2005.

Holdevici, I.: «A brief introduction to the history and clinical use of hypnosis», *Romanian Journal of Cognitive Behavioral Therapy and Hypnosis*, 1(1), 1–5, 2014.

Holleran, Laurena, Kelly, Sinead, Donoho, Gary, *et al.*: «The Relationship Between White Matter Microstructure and General Cognitive Ability in Patients With Schizophrenia and Healthy Participants in the ENIGMA Consortium», *American Journal of Psychiatry*, appi.ajp.2019.1, 2020.

Hu, S., Dong, T. S., Dalal, S. R., Wu, F., Bissonnette, M., Kwon, J. H., y Chang, E. B.: «The microbe-derived short chain fatty acid butyrate targets miRNA-dependent p21 gene expression in human colon cancer», *PloS One*, 6(1), e16221, 2011.

Hudetz, A. y Pearce, R. (eds.): *Suppressing the Mind: Anesthetic Modulation of Memory and Consciousness*, Humana Press, Totowa, N. J., 2010.

Humphreys, Lloyd G.: «The construct of general intelligence», *Intelligence*, 3(2), 105–120, 1979.

Humphries, M. M., Thomas, D. W., y Kramer, D. L.: «The role of energy availability in mammalian hibernation: A cost-benefit approach», *Physiological and Biochemical Zoology*, 76(2), 165–179, 2003.

Hus, S. M., Ge, R., Akinwande, D., *et al.*: «Observation of single-defect memristor in an MoS 2 atomic sheet», *Nature Nanotechnology*, 1–5, 2020.

Ignaszewski, M. J., Yip, A., y Fitzpatrick, S.: «Schizophrenia and coronary artery disease», *British Columbia Medical Journal*, 57(4), 154–157, 2015.

Ingalhalikar, M., Smith, A., Parker, D., Satterthwaite, T. D., Elliott, M. A., Ruparel, K., y Verma, R.: «Sex differences in the structural connectome of the human brain», *Proceedings of the National Academy of Sciences*, 111(2), 823–828, 2014.

Inoue, J: «A simple Hopfield-like cellular network model of plant intelligence», *Progress in Brain Research*, 168, 169–174, 2008.

Inoue, T., Kumamoto, H., Okamoto, K., Umesono, Y., Sakai, M., Sánchez Alvarado, A., y Agata, K.: «Morphological and functional recovery of the planarian photosensing system during head regeneration», *Zoological Science*, 21, 275–283, 2004.

Inspector, Y., Kutz, I., y Daniel, D.: «Another person's heart: magical and rational thinking in the psychological adaptation to heart transplantation», *The Israel Journal of Psychiatry and Related Sciences*, 41(3), 161, 2004.

Islam, M. R., Lbik, D., Sakib, M. S., Maximilian Hofmann, R., Berulava, T., Jiménez Mausbach, M., y Fischer, A.: «Epigenetic gene expression links heart failure to memory impairment», *EMBO Molecular Medicine*, 13(3), e11900, 2021.

Jab, Ferris: «Know Your Neurons: What Is the Ratio of Glia to Neurons in the Brain?», *Scientific American*, 2012.

Jacka, Felice N., Ystrom, Eivind, Brantsaeter, Anne Lise, *et al.*: «Maternal and Early Postnatal Nutrition and Mental Health of Offspring by Age 5 Years: A Prospective Cohort Study», *Journal of the American Academy of Child & Adolescent Psychiatry*, 2013.

Jadhav, U., Cavazza, A., Banerjee, K. K., Xie, H., O'Neill, N. K., Saenz-Vash, V., y Shivdasani, R. A.: «Extensive recovery of embryonic enhancer and gene memory stored in hypomethylated enhancer DNA», *Molecular Cell*, 74(3), 542–554, 2019.

James Shapiro en Ball, P.: «Cellular memory hints at the origins of intelligence», *Nature*, 451, 385, 2008.

James, William: «What Is an Emotion?», *Mind*, os-IX(34), 188–205, 1884.

James, William: «What Is an Emotion», en Richardson, R. D. (ed.): *The Heart of William James*, Belknap Press, Boston, 2012.

Janik, R., Thomason, L. A., Staniш, A. M., Forsythe, P., Bienenstock, J., y Stanisz, G. J.: «Magnetic resonance spectroscopy reveals oral *Lactobacillus* promotion of increases in brain GABA, N-acetyl aspartate and glutamate», *Neuroimage*, 125, 988–995, 2016.

Jensen, M. P., Jamieson, G. A., Santarcangelo, E. L., Terhune, D. B., *et al.*: «New directions in hypnosis research: strategies for advancing the cognitive and clinical neuroscience of hypnosis», *Neuroscience of Consciousness*, 2017(1), nix004, 2017.

Jindal, R., MacKenzie, E. M., Baker, G. B., y Yeragani, V. K.: «Cardiac risk and schizophrenia», *Journal of Psychiatry and Neuroscience*, 30(6), 393, 2005.

Jobson, M. A., Jordan, J. M.; Sandrof, M. A., Baugh. L. R., *et al.*: «Transgenerational Effects of Early Life Starvation on Growth, Reproduction and Stress Resistance in *Caenorhabditis elegans*», *Genetics*, 2015, doi: 10.1534/genetics.115.178699.

John Schroeder, en Skeptic's Dictionary Online: http://skepdic.com/cellular.html.

Johnson, George: «Physicists Recover From a Summer's Particle "Hangover"», *New York Times*, 2016.

Jose, A. M.: «A framework for parsing heritable information», *Journal of the Royal Society Interface*, 17(165), 20200154, 2020.

Jose, A. M.: «Heritable Epigenetic Changes Alter Transgenerational Waveforms Maintained by Cycling Stores of Information», *BioEssays*, 1900254, 2020.

June, Catharine: «Michigan Micro Mote (M3) makes history as the world's smallest computer», 2015, https://ece.engin.umich.edu/stories/michigan-micro-mote-m3-makes-history-as-the-worlds-smallest-computer.

Jung, C. G.: *Archetypes and the Collective Unconscious (The Collected works of C.G. Jung Vol. 1, Pt. 1)*, Princeton University Press, Princeton, N.J., 1969.

Kacsoh, B. Z., Bozler, J., Ramaswami, M., y Bosco, G.: «Social communication of predatorinduced changes in Drosophila behavior and germ line physiology», *eLife*, 4, e07423, 2015.

Kaliman, Perla, Alvarez-Lopez, Maria Jesus, Davidson, Richard J., *et al.*: «Rapid changes in histone deacetylases and inflammatory gene expression in expert meditators», *Psychoneuroendocrinology*, 40, 96–107, 2014.

Kandel, Eric R.: «The Molecular Biology of Memory Storage: A Dialog Between Genes and Synapses», *Bioscience Reports*, 21(5), Plenum Publishing Corporation, 567, 2002.

Kanduri, Chakravarthi, Raijas, Pirre, y Järvelä, Irma: «The effect of listening to music on human transcriptome», *PeerJ*, 23, e830, 2015, doi: 10.7717/peerj.830

Kauffman, S.: *Humanity in a Creative Universe*, Oxford University Press, Oxford, Reino Unido, 2016.

Kauffman, S.: «Is There A "Poised Realm" Between the Quantum and Classical Worlds?», *Cosmos and Culture*, 2010.

Kauffman, S., Niiranen, S., y Vattay, G.: *U.S. Patent No. 8,849,580*. Washington, DC., U.S. Patent and Trademark Office, 2014.

Kaufman J., Plotsky, P. M., Nemeroff, C. B., Charney, D. S.: «Effects of early adverse experiences on brain structure and function: Clinical implications», *Biological Psychiatry*, 48, 778–790, 2000. [PubMed:11063974].

Kern, Elizabeth M. A ., Robinson, Detric, Langerhans, R. Brian, *et al.*: «Correlated evolution of personality, morphology and performance», *Animal Behavior*, 117, 79, 2016, doi: 10.1016/j.anbehav.2016.04.007.

Khan, S. M., Ali, R., Asi, N., y Molloy, J. E.: «Active actin gels», *Communicative & Integrative Biology*, 2012.

Kikkert, S., Kolasinski, J., Jbabdi, S., Tracey, I., Beckmann, C. F., Johansen-Berg, H., y Makin, T. R.: «Revealing the neural fingerprints of a missing hand», *eLife*, 5, e15292, 2016.

Kim, M. K., Ingremeau, F., Zhao, A., Bassler, B. L., y Stone, H. A.: «Local and global consequences of flow on bacterial quorum sensing», *Nature Microbiology*, 1(1), 1–5, 2016.

Kirkey, Sharon: «The rise of "psychobiotics"? "Poop pills" and probiotics could be game changers for mental illness», *National Post*, 8 de octubre de 2019.

Knowles, J. R.: «Enzyme-catalyzed phosphoryl transfer reactions», *Annual Review of Biochemistry*, 49(1), 877–919, 1980.

Koenig, J. E., Spor, A., Scalfone, N., Fricker, A. D., Stombaugh, J., Knight, R., y Ley, R. E.: «Succession of microbial consortia in the developing infant gut microbiome», *Proceedings of the National Academy of Sciences*, 108 (suplemento 1), 4578–4585, 2011.

Korosi, A. y Baram, T. Z.: «The pathways from mother's love to baby's future», *Frontiers in Behavioral Neuroscience*, 2009, Epub 24 de septiembre de 2009.

Koshland Jr., D. E.: «Bacterial chemotaxis in relation to neurobiology», *Annual Review of Neuroscience*, 3(1), 43–75, 1980.

Kubzansky, L. D. y Thurston, R. C.: «Emotional vitality and incident coronary heart disease: Benefits of healthy psychological functioning», *Archives of General Psychiatry*, 64(12), 1393–1401, 2007.

Kugathasan, P., Johansen, M. B., Jensen, M. B., Aagaard, J., y Jensen, S. E.: «Coronary artery calcification in patients diagnosed with severe mental illness», 2018.

Kuhn, W. F., *et al.*: «Psychopathology in heart transplant candidates», *Journal of Heart Transplants*, 7, 223–226, 1988.

Ladouceur, A. M., Parmar, B., Weber, S. C., *et al.*: «Clusters of bacterial RNA polymerase are biomolecular condensates that assemble through liquid-liquid phase separation», *bioRxiv*, 2020.

Laing, R. D.: *The Facts of Life*, Pantheon Books, 34–46, 1976.

Lambert, N., Chen, Y. N., Cheng, Y. C., Li, C. M., Chen, G. Y., y Nori, F.: «Quantum biology», *Nature Physics*, 9(1), 10, 2013.

Landau, Elizabeth: «Mitochondria May Hold Keys to Anxiety and Mental Health», *Quanta Magazine*, 2020.

Landry, Susan H., Smith, Karen E., Swank, Paul R., Assel, Mike A., y Vellet, Sonya: «Does early responsive parenting have a special importance for children's development or is consistency across early childhood necessary?», *Developmental Psychology*, 37(3), 387–403, 2001, http:// dx.doi.org/10.1037/0012-1649.37.3.387.

Lane, Michelle, Robker, Rebecca L., and Robertson, Sarah A.: «Parenting from before conception», *Science*, 756–760, 15 de agosto de 2014.

Lanphear, B. P.: «The impact of toxins on the developing brain», *Annual Review of Public Health*, 36, 211–230, 2015.

Laplante, D. P., Barr, R. G., Brunet, A., Du Fort, G. G., Meaney, M. L., Saucier, J. F., y King, S.: «Stress during pregnancy affects general intellectual and language functioning in human toddlers», *Pediatric Research*, 56(3), 400–410, 2004.

Laplante, D. P., Brunet, A., Schmitz, N., Chiampi, A., y King, S.: «Project Ice Storm: Prenatal maternal stress affects cognitive and linguistic functioning in 5½-year-old children», *Journal of the American Academy of Child and Adolescent Psychiatry*, 47(9), 1063–1072, 2008.

Lauretti, E., Iuliano, L., y Praticò, D.: «Extra-virgin olive oil ameliorates cognition and neuropathology of the 3xTg mice: role of autophagy», *Annals of Clinical and Translational Neurology*, 4(8), 564–574, 2017.

Lausten-Thomsen, U., Bille, D. S., Nässlund, I., Folskov, L., Larsen, T., Holm, J. C.: «Neonatal anthropometrics and correlation to childhood obesity—data from the Danish Children's Obesity Clinic», *European Journal of Pediatrics*, 172(6), 747–751, 2013.

Lázaro, J., Dechmann, D. K., LaPoint, S., Wikelski, M., y Hertel, M.: «Profound reversible seasonal changes of individual skull size in a mammal», *Current Biology*, 27(20), R1106-R1107, 2017.

Lebel, Catherine, Walton, Matthew Dewey, *et al.*: «Prepartum and Postpartum Maternal Depressive Symptoms Are Related to Children's Brain Structure in Preschool», *Biological Psychiatry*, 80(11): 859, 2016, doi: 10.1016/j.biopsych.2015.12.004.

Leckman, J. F. y March, J. S.: «Developmental neuroscience comes of age» (editorial), *Journal of Child Psychology and Psychiatry*, 52, 333–338, 2011.

Lee, H. S., Ghetti, A., Pinto-Duarte, A., Wang, X., Dziewczapolski, G., Galimi, F., y Sejnowski, T. J.: «Astrocytes contribute to gamma oscillations and recognition memory», *Proceedings of the National Academy of Sciences*, 111(32), E3343–E3352, 2014.

Lee, Hojun, Kim, Boa, Kawata, Keisuke, *et al.*: «Cellular Mechanism of Muscle Memory: Effects on Mitochondrial Remodeling and Muscle Hypertrophy», *Medicine and Science in Sports and Exercise*, 47(5S), 101–102, 2015.

Levin, M.: «Molecular bioelectricity in developmental biology: New tools and recent discoveries: control of cell behavior and pattern formation by transmembrane potential gradients», *Bioessays*, 34, 205–217, 2012.

Levin, M.: «Remembrance of Brains Past», 2013, http://thenode.biologists. com/remembrance-of-brains-past/research/.

Levin, M.: «Reprogramming cells and tissue patterning via bioelectrical pathways: molecular mechanisms and biomedical opportunities», *Wiley Interdisciplinary Reviews: Systems Biology and Medicine*, 5, 657–676, 2013.

Levin, M. y Stevenson, C. G.: «Regulation of cell behavior and tissue patterning by bioelectrical signals: Challenges and opportunities for biomedical engineering», *Annual Review of Biomedical Engineering*, 14, 295–323, 2012.

Lewin, R.: «Is your brain really necessary?», *Science*, 210(4475), 1232–1234, 10.1126/science.6107993, 1980.

Li, D., Liu, L., y Odouli, R.: «Presence of depressive symptoms during early pregnancy and the risk of preterm delivery: A prospective cohort study», *Human Reproduction*, 24(1), 146–153, 2009.

Libet, B.: «Unconscious cerebral initiative and the role of conscious will in voluntary action», *Behavioral and Brain Sciences*, 8(4), 529–539, 1985.

Liester, M. y Liester, M.: «Personality changes following heart transplants: Can epigenetics explain these transformations?», *European Psychiatry*, 56, S568–S568, 2019.

Liester, Mitchell y Liester, Maya: «A Retrospective Phenomenological Review of Acquired Personality Traits Following Heart Transplantation», abril de 2019, Conferencia: «27th European Congress of Psychiatry At: Warsaw, Poland».

Lim, K., Hyun, Y. M., Kim, M., *et al.*: «Neutrophil trails guide influenza-specific CD8 T cells in the airways», *Science*, 349(6252), aaa4352, 2015.

Lipton, B. H.: «Insight into cellular "consciousness"», *Bridges*, 12(1), 5, 2001.

Lipton, B. H.: *The Biology of Belief*, Mountain Of Love/Elite Books, Santa Rosa, Calif. 2005.

Liu, Jianghong, Raine, Adrian, Mednick, Sarnoff, *et al.*: «The Association of Birth Complications and Externalizing Behavior in Early Adolescents: Direct and Mediating Effects», *Journal of Research on Adolescents*, 19(1), 93–111, 2009.

Liu, Xu, Ramirez, Steve, Tonegawa, Susumu, *et al.*: «Optogenetic stimulation of a hippocampal engram activates fear memory recall», *Nature*, 484, 381–385, 2012, https://doi.org/10.1038/nature11028.

Livet, J., Weissman, T. A., Kang, H., Draft, R. W., Lu, J., Bennis, R. A., Sanes, J. R., y Lichtman, J. W.: «Transgenic strategies for combinatorial expression of fluorescent proteins in the nervous system», *Nature*, 1, 450(7166), 56–62, 2007.

Lloyd, S.: «Quantum coherence in biological systems», *Journal of Physics-Conference Series*, 302(1), 12037, octubre de 2011.

Lobo, D., Beane, W. S., y Levin, M.: «Modeling planarian regeneration: A primer for reverse-engineering the worm», *PLoS Computational Biology*, 8(4), e1002481, 2012.

Lorber, J.: «Is Your Brain Really Necessary?», *Archives of Disease in Childhood*, 53(10), 834–835, 1978.

Lowdin, P. O.: «Quantum genetics and the aperiodic solid. Some aspects on the Biological problems of heredity, mutations, aging and tumors in view of the quantum theory of the DNA molecule», *Advances in Quantum Chemistry*, 2, 213–360, Academic Press, Cambridge, Mass., 1965.

Lunde, D. T.: «Psychiatric complications of heart transplants», *American Journal of Psychiatry*, 124, 1190–1195, 1967.

Lutchmaya, S., Baron-Cohen, S., y Raggart, P.: «Human sex differences in social and nonsocial looking preferences at 12 months of age», *Infant Behavior and Development*, 25, 319–325, 2002.

Lyon, P.: «The cognitive cell: bacterial behavior reconsidered», *Frontiers in Microbiology*, 6, 2015.

Ma, X. S., Zotter, S., Kofler, J., Ursin, R., Jennewein, T., Brukner, Č., y Zeilinger, A.: «Experimental delayed-choice entanglement swapping», *Nature Physics*, 8(6), 479, 2012.

Mahler, M. S.: *On Human Symbiosis and the Vicissitudes of Individuation*, Infantile Psychosis, vol. 1., International Universities Press, New York, 1968.

Mai, F. M.: «Graft and donor denial in heart transplant recipients», *American Journal of Psychiatry*, 143, 1159–1161, 1986.

Majorek, M. B.: «Does the brain cause conscious experience?», *Journal of Consciousness Studies*, 19, 121–144, 2012.

Malaspina, Dolores, *et al.*: «Stress During Pregnancy May Predispose to Schizophrenia», en John M. Grohol, *Psych Central*, 21 de agosto de 2008.

Marc Joanisse en Semeniuk, Ivan: «New brain map reveals a world of meaning», *Globe and Mail*, 2016.

Marek, S., Siegel, J. S., Gordon, E. M., Raut, R. V., Gratton, C., Newbold, D. J., y Zheng, A.: «Spatial and temporal organization of the individual human cerebellum», *Neuron*, 100(4), 977–993, 2018.

Markovich, Matt: «Blow to the head turns Tacoma man into a genius», *Komono News*, 2015.

Marsh, Abigail A., Blair, R. J. R., *et al.*: «Reduced Amygdala Response to Fearful Expressions in Children and Adolescents With Callous-Unemotional Traits and Disruptive Behavior Disorders», *American Journal of Psychiatry*, 165, 712–720, 2008.

Marston, D. J., Anderson, K. L., Hanein, D., *et al.*: «High Rac1 activity is functionally translated into cytosolic structures with unique nanoscale cytoskeletal architecture», *Proceedings of the National Academy of Sciences*, 116(4), 1267–1272, 2019.

Martin, S. J., Grimwood, P. D., Morris, R. G. M.: «Synaptic plasticity and memory: An evaluation of the hypothesis», *Annual Review Of Neuroscience*, 23, 649–711, 2000.

Mathis, A., Ferrari, M. C., Windel, N., Messier, F., Chivers, D. P.: «Learning by embryos and the ghost of predation future», *Proceedings Biological Sciences*, 275, 2603–2607, 2008.

Matsumoto, Y. y Mizunami, M.: «Lifetime olfactory memory in the cricket *Gryllus bimaculatus*», *Journal of Comparative Physiology: A-Neuroethology Sensory Neural and Behavioral Physiology*, 188, 295–299, 2002.

Mayo Clinic: http://www.mayoclinic.org/drugs-supplements/dhea/background/HRB-20059173.

McCaig, C. D., Rajnicek, A. M., Song, B., y Zhao, M.: «Controlling cell behavior electrically: current views and future potential», *Physiological Reviews*, 85(3), 943–978, 2005.

McCarthy, Deirdre M., Morgan, Thomas J., Bhide, Pradeep G., *et al.*: «Nicotine exposure of male mice produces behavioral impairment in multiple generations of descendants», *PLoS Biology*, 16(10), e2006497, 2018.

McClelland III, S. y Maxwell, R. E.: «Hemispherectomy for intractable epilepsy in adults: The first reported series», *Annals of Neurology*, 61(4), 372–376, 2007.

McCraty, R., y Tomasino, D.: «The coherent heart: Heart-brain interactions, psychophysiological coherence, and the emergence of system wide order», publicación n.º 06022, HeartMath Research Center, Institute of HeartMath, Boulder Creek, Calif., 2006.

McConnell, J. V., Jacobson, A. L., y Kimble, D. P.: «The effects of regeneration upon retention of a conditioned response in the planarian», *Journal of Comparative and Physiological Psychology*, 52, 1–5, 1959.

McCraty, R.: «Heart–brain neurodynamics: The making of emotions», publicación n.º 03-015, HeartMath Research Center, Institute of HeartMath Boulder Creek, Calif., 2003.

McCraty, R.: «Psychophysiological coherence: A link between positive emotions, stress reduction, performance and health», *Proceedings of the Eleventh International Congress on Stress*, Mauna Lani Bay, Hawái, 2000.

McDonnell Genome Institute, http://genome.wustl.edu/genomes/detail/ physarum-polycephalum/, McGill University, 2008.

McGill University: «Breastfeeding Associated With Increased Intelligence, Study Suggests», *ScienceDaily*, 2008; y Mortensen, E. L., Michaelsen, K. F., Sanders, S. A., y Reinisch, J. M.: «The association between duration of breastfeeding and adult intelligence», *Journal of the American Medical Association*, 8, 287(18), 2365–2371, 2002.

McGowan, P. O., Meaney, M. J., y Szyf, M.: «Diet and the epigenetic (re)programming of phenotypic differences in behavior», *Brain Research*, 1237, 12–24, 2008.

McGowan, P. O. y Szyf, M.: «The epigenetics of social adversity in early life: Implications for mental health outcomes», *Neurobiology of Disease*, 39(1), 66–72, 2010.

Meaney, M. J.: «Maternal care, gene expression, and the transmission of individual differences in stress reactivity across generations», *Annual Review of Neuroscience*, 24, 1161–1192, 2001.

MedicineNet: Medical Definition of Placebo Effect, consultado en medicinenet.com/script/main/art.asp?articlekey=31481.

Merck Manual, consultado en http://www.merckmanuals.com/en-ca/home/ heart-and-blood-vessel-disorders/biology-of-the-heart-and-blood-vessels/ biology-of-the-heart.

Mesman, J., van IJzendoorn, M. H., Bakermans-Kranenburg, M. J.: «Unequal in opportunity, equal in process: Parental sensitivity promotes child development in ethnic minority families», *Child Development Perspectives*, 2011, doi: 10.1111/j.1750-8606.2011.00223.x.

Metamorphosis: https://www.merriam-webster.com/dictionary/ metamorphosis.

Mews, Philipp, Donahue, Greg, Berger, Shelley L., *et al.*: «Acetyl-CoA synthetase regulates histone acetylation and hippocampal memory», *Nature*, 2017.

Meyer, K., Köster, T., Nolte, C., Weinholdt, C., Lewinski, M., Grosse, I., y Staiger, D.: «Adaptation of iCLIP to plants determines the binding landscape of the clock-regulated RNA-binding protein At GRP7», *Genome Biology*, 18(1), 204, 2017.

Miller, A. H. y Raison, C. L.: «The role of inflammation in depression: from evolutionary imperative to modern treatment target», *Nature Reviews Immunology*, 16(1), 22–34, 2015.

Millesi, E., Prossinger, H., Dittami, J. P., y Fieder, M.: «Hibernation effects on memory in European ground squirrels (*Spermophilus citellus*)», *Journal of Biological Rhythms*, 16, 264–271, 2001.

Moelling, Karin: «Are viruses our oldest ancestors?», *EMBO Reports*, 13(12), 1033, 2012.

Montiel-Castro, A. J., González-Cervantes, R. M., Bravo-Ruiseco, G., y Pacheco-López, G.: «The microbiota-gut-brain axis: neurobehavioral correlates, health and sociality», *Frontiers in Integrative Neuroscience*, 7, 2013.

Moore, R. S., Kaletsky, R., y Murphy, C. T.: «Piwi/PRG-1 argonaute and TGF-β mediate transgenerational learned pathogenic avoidance», *Cell*, 177(7), 1827–1841, 2019.

Moran, I., Nguyen, A., Munier, C. M. L., *et al.*: «Memory B cells are reactivated in subcapsular proliferative foci of lymph nodes», *Nature Communications*, 9(1), 1–14, 2018.

Morgan, Christopher P. y Bale, Tracy L.: «Early prenatal stress epigenetically programs dysmasculinization in second-generation offspring via the paternal lineage», *Journal of Neuroscience*, 17; 31(33), 11748–11755, 2011.

Morgan, N., Irwin, M. R., Chung, M., y Wang, C.: «The effects of mind-body therapies on the immune system: meta-analysis», *PLoS One*, 9(7), e100903, 2014.

Morsella, E., Godwin, C. A., Gazzaley, A., *et al.*: «Homing in on consciousness in the nervous system: An action-based synthesis», *Behavioral and Brain Sciences*, 39, 2016.

Muckli, Lars: «Scientists reveal secret of girl with "all seeing eye"», 2009, http://www.gla.ac.uk/news/archiveofnews/2009/july/headline_125704_en.html.

Mudd, A. T., Berding, K., Wang, M., Donovan, S. M., y Dilger, R. N.: «Serum cortisol mediates the relationship between fecal *Ruminococcus* and brain N-acetylaspartate in the young pig», *Gut Microbes*, 1–12, 2017.

Muenke, Max: «Tiny brain no obstacle to French civil servant», *Reuters Health News*, 2007.

Muller, V. y Lindenberger, U.: «Cardiac and Respiratory Patterns Synchronize between Persons during Choir Singing», *PLoS One*, 6(9), e24893, 2011.

Murillo, O. D., Thistlethwaite, W., Kitchen, R. R., *et al.*: «exRNA atlas analysis reveals distinct extracellular RNA cargo types and their carriers present across human biofluids», *Cell*, 177(2), 463–477, 2019.

Mustard, J. y Levin, M.: «Bioelectrical mechanisms for programming growth and form: taming physiological networks for soft body robotics», *Soft Robotics*, 1(3), 169–191, 2014.

Myhrer, T.: «Neurotransmitter systems involved in learning and memory in the rat: a metaanalysis based on studies of four behavioral tasks», *Brain Research Brain Research Reviews*, 41(2–3), 268–287, 2003.

Naik, S., Larsen, S. B., Cowley, C. J., y Fuchs, E.: «Two to tango: Dialog between immunity and stem cells in health and disease», *Cell*, 175(4), 908–920, 2018.

Naik, S., Larsen, S. B., Fuchs, E., *et al.*: «Inflammatory memory sensitizes skin epithelial stem cells to tissue damage», *Nature*, 550(7677), 475–480, 2017.

Nakagaki, T., Kobayashi, R., Nishiura, Y., y Ueda, T.: «Obtaining multiple separate food sources: Behavioral intelligence in the *Physarum plasmodium*», *Royal Society*, 271(1554), 2004.

Nakagaki, T., Yamada, H., y Hara, M.: «Smart network solutions in an amoeboid organism», *Biophysical Chemistry*, 107(1), 1–5, 2004.

Nakagaki, T., Yamada, H., y Tóth, Á.: «Intelligence: Maze-solving by an amoeboid organism», *Nature*, 407(6803), 470, 2000.

Nasrollahi, S., Walter, C., y Pathak, A., *et al.*: «Past matrix stiffness primes epithelial cells and regulates their future collective migration through a mechanical memory», *Biomaterials*, 146, 146–155, 2017.

Nguyen, T. T., Zhang, X., Wu, T. C., Liu, J., Le, C., Tu, X. M., y Jeste, D. V.: «Association of Loneliness and Wisdom with Gut Microbial Diversity and Composition: An Exploratory Study», *Frontiers in Psychiatry*, 12, 395, 2021.

Nie, Duyu, Di Nardo, Alessia, Sahin, Mustafa, *et al.*: «Tsc2-Rheb signaling regulates EphA-mediated axon guidance», *Nature Neuroscience*, 13, 163–172, doi:10.1038/nn.2477, 2010.

Nili, Hussein, Walia, Sumeet, Sriram, Sharath, *et al.*: «Donor-Induced Performance Tuning of Amorphous SrTiO3Memristive Nanodevices: Multistate Resistive Switching and Mechanical Tunability», *Advanced Functional Materials*, 25(21), 3172–3182, 2015.

Nobel Prize in Medicine, 2017, https://www.nobelprize.org/nobel_prizes/medicine/laureates/2017/.

Nordenfelt, P., Elliott, H. L., y Springer, T. A.: «Coordinated integrin activation by actindependent force during T-cell migration», *Nature Communications*, 7, 13119.

Noreen, Faiza, Röösli, Martin, Gaj, Pawel, *et al.*: «Modulation of Age-and Cancer-Associated DNA Methylation Change in the Healthy Colon by Aspirin and Lifestyle», *Journal of the National Cancer Institute*, 106(7), 2014.

Northstone, K., Lewcock, M., Groom, A., Boyd, A., Macleod, J., Timpson, N., y Wells, N.: «The Avon Longitudinal Study of Parents and Children (ALSPAC): an update on the enrolled sample of index children in 2019», *Wellcome Open Research*, 4, 2019.

Nuñez, J. K., Lee, A. S., Engelman, A., y Doudna, J. A.: «Integrase-mediated spacer acquisition during CRISPR-Cas adaptive immunity», *Nature*, 519(7542), 193, 2015.

O'Donnell, Kieran J., Glover, Vivette, O'Connor, Thomas G., *et al.*: «The persisting effect of maternal mood in pregnancy on childhood psychopathology», *Development and Psychopathology*, 26(2), 393–403, 2014, doi: https://doi.org/10.1017/S0954579414000029.

Ogawa, T. y De Bold, A. J.: «The heart as an endocrine organ», *Endocrine Connections*, 3(2), R31–R44, 2014.

Ogbonnaya, E. S., Clarke, G., Shanahan, F., Dinan, T. G., Cryan, J. F., y O'Leary, O. F.: «Adult hippocampal neurogenesis is regulated by the microbiome», *Biological Psychiatry*, 78(4), e7–e9, 2015.

Ohio State University: «Immune system and postpartum depression linked? Research in rats shows inflammation in brain region after stress during pregnancy», *ScienceDaily*, 6 de noviembre de 2018.

Olender, T., Lancet, D., Nebert, D. W.: «Update on the olfactory receptor (or) gene superfamily», *Human Genomics*, 3, 87–97, 2008–2009.

Olson, J. A., Suissa-Rocheleau, L., Lifshitz, M., Raz, A., y Veissiere, S. P.: «Tripping on nothing: Placebo psychedelics and contextual factors», *Psychopharmacology*, 1–12, 2020.

Oofana, Ben: «Dissolving the Layers of Emotional Body Armor», 15 de abril de 2018. https://benoofana.com/dissolving-the-layers-of-emotional-body-armor.

Open Sciences: «Manifesto for a Post-Materialist Science», *Open Sciences*, http://opensciences.org/about/manifesto-for-a-post-materialist-science.

Ornish, D.: *Love and Survival: The Scientific Basis for the Healing Power of Intimacy*, HarperCollins, Nueva York, 1998.

Ossola, Paolo, Garrett, Neil, Sharot, Tali, Marchesi, Carlo: «Belief updating in bipolar disorder predicts time of recurrence», *eLife*, 9, 2020.

Paanksepp, J.: *Affective Neuroscience*, Oxford University Press, Londres, 2004.

Pace, T. W. D., Cole, S. P., Raison, C. L., *et al.*: «Effect of compassion meditation on neuroendocrine, innate immune and behavioral responses to psychosocial stress», *Psychoneuroendocrinology*, 34(1), 87–98, 2009.

Pal, D., Dean, J. G., y Hudetz, A. G., *et al.*: «Differential role of prefrontal and parietal cortices in controlling level of consciousness», *Current Biology*, 28, 2145.e5–2152.e5, 2018. doi: 10.1016/j.cub.2018.05.025.

Parnia, S., Spearpoint, K., y Wood, M., *et al.*: «AWARE—AWAreness during REsuscitation—A prospective study», *Resuscitation*, 85(12), 1799–1805, 2014.

Pearce, K., Cai, D., Roberts, A. C., *et al.*: «Role of protein synthesis and DNAmethylation in the consolidation and maintenance of long-term memory in Aplysia», *eLife*, 6, 2017.

Pearsall, P., Schwartz, G. E., y Russek, L. G.: «Changes in heart transplant recipients that parallel the personalities of their donors», *Journal of Near-Death Studies*, 20(3), 191–206, 2002.

Pearsall, Paul, Schwartz, Gary E., y Russek, Linda G.: «Organ Transplants and Cellular Memories», *Nexus Magazine*, 12(3), 2005.

Pearson, Kevin: «Exercise during pregnancy may reduce markers of aging in offspring», *ScienceDaily*, 2016, www.sciencedaily.com/releases/2016/11/161104120458.htm.

Pembrey, M., Saffery, R. y Bygren, L. O.: «Network in Epigenetic Epidemiology. Human transgenerational responses to early-life experience: Potential impact on development, health and biomedical research», *Journal of Medical Genetics*, 51, 563–572, 2015.

Penrose, R. *Shadows of the Mind: A Search for the Missing Science of Consciousness*, Oxford University Press, Oxford, Reino Unido, 1994.

Penrose, R.: *The Emperor's New Mind*, Oxford University Press, Oxford, Reino Unido, 1989.

Perera, F. P., Li, Z., Whyatt, R., Hoepner, L., Wang, S., Camann, D., y Rauh, V.: «Prenatal airborne polycyclic aromatic hydrocarbon exposure and child IQ at age 5 years», *Pediatrics*, 124(2), e195–e202, 2009.

Perone, S., Almy, B., y Zelazo, P. D.: «Toward an understanding of the neural basis of executive function development», en *The Neurobiology of Brain and Behavioral Development*, Academic Press, Cambridge, Mass., 291–314, 2018.

Persico, M., Podoshin, L., Fradis, M., Golan, D., Wellisch, G.: «Recurrent middle-ear infections in infants: The protective role of maternal breast feeding», *Ear, Nose, & Throat Journal*, 62(6), 297–304, 1983.

Peterson, Eric: «Stem Cells Remember Tissues' Past Injuries», *Quanta Magazine*, 2018.

Pfeiffer, Ronald F.: «Neurology of Gastroenterology and Hepatology», en *Neurology and Clinical Neuroscience*, 1511–1524 m. *Biosystems*, 112(1), 1–10, 2007.

Physicsworld.com: «Double quantum-teleportation milestone is Physics World 2015 Breakthrough of the Year», physicsworld.com, 2016.

Pitman, Teresa: «The dos and don'ts of safe formula feeding», 7 de septiembre, 2016, consultado en https://www.todaysparent.com/baby/baby-food/the-dos-and-donts-of-safe-formula-feeding/.

Plasma cell, 4 de julio de 2017: en Wikipedia, consultado el 13 de septiembre de 2017, https://en.wikipedia.org/w/index.php?title=Plasma_cell&oldid=788883461).

Playfair, Guy Lyon: *Twin Telepathy: The Psychic Connection*, Vega Books, Nueva York, 2003.

Poo, M. M., Pignatelli, M., Ryan, T. J., Tonegawa, S., Bonhoeffer, T., Martin, K. C., *et al.*: «What is memory? The present state of the engram», *BMC Biology*, 14, 40, 2016.

Popkin, Gabriel: «Bacteria Use Bursts of Electricity to Communicate», *Quanta Magazine*, 2017.

Popper, K. y Eccles, J. C.: *The Self-Conscious Mind and the Brain*, en: *The Self and Its Brain*, 355–376, Routledge, Londres, 2000.

Posner, R., Toker, I. A., Antonova, O., Star, E., Anava, S., Azmon, E., y Rechavi, O.: «Neuronal small RNAs control behavior transgenerationally», *Cell*, 177(7), 1814–1826, 2019.

Post, C. M., Boule, L. A., Burke, C. G., O'Dell, C. T., Winans, B., y Lawrence, B. P.: «The ancestral environment shapes antiviral CD8+ T cell responses across generations», *iScience*, 20, 168–183, 2019.

«Post-Materialist Science», Open Sciences, 2019, http://opensciences.org/about/manifesto-for-a-post-materialist-science.

Potter, Garrett D., Byrd, Tommy A., Mugler, Andrew, y Sun, Bo: «Communication shapes sensory response in multicellular networks», *Proceedings of the National Academy of Sciences*, 113(37), 10334–10339, 2016.

Poulopoulos, A., Murphy, A. J., Macklis, J. D., *et al.*: «Subcellular transcriptomes and proteomes of developing axon projections in the cerebral cortex», *Nature*, 565(7739), 356–360, 2019.

Powers, Jenny: «Increased Risk of Mortality From Heart Disease in Patients With Schizophrenia», presentado en EPA, 2018. https://www.firstwordpharma.com/node/1547343.

Pribram, K. H.: «The Implicate Brain», en B. Hiley y F. D. Peat (eds.): *Quantum Implications: Essays in Honour of David Bohm*, 365–371, Routledge, Nueva York, 1987.

Prindle, A., Liu, J., Asally, M., Ly, S., Garcia-Ojalvo, J., y Süel, G. M.: «Ion channels enable electrical communication in bacterial communities», *Nature*, 527(7576), 59–63, 2015.

Pryce, C. R. y Feldon, J.: «Long-term neurobehavioral impact of postnatal environment in rats: Manipulations, effects and mediating mechanisms», *Neuroscience & Biobehavioral Reviews*, 27, 57–71, 2003.

Pseudopodium: https://www.merriam-webster.com/dictionary/pseudopodium.

Qin, J., Li, R., y Mende, D. R., *et al.*: «A human gut microbial gene catalogue established by metagenomic sequencing», *Nature*, 464(7285), 59–65, 2010.

Quorum sensing: https://en.wikipedia.org/wiki/Quorum_sensing.

Raby, K. Lee; Roisman, Glenn I. R.; Simpson, Jeffry A., *et al.*: «The Enduring Predictive Significance of Early Maternal Sensitivity: Social and Academic Competence Through Age 32 Years», *Child Development*, 86(3), 695–708, 2015, doi: 10.1111/cdev.12325.

Radin, D.: *Entangled Minds*, Pocket Books, Nueva York, 2006.

Radin, D. I., Taft, R., y Yount, G.: «Possible effects of healing intention on cell cultures and truly random events», *Journal of Alternative and Complementary Medicine*, 10, 103–112, 2004.

Rai, Mamta, Coleman, Zane, y Demontis, Fabio, *et al.*: «Proteasome stress in skeletal muscle mounts a long-range protective response that delays retinal and brain aging», *Cell Metabolism*, 2021.

Raine, Adrian, Brennan, P., Mednick, S. A.: «Birth Complications Combined With Early Maternal Rejection at Age 1 Year Predispose to Violent Crime at Age 18 Years», *Archives of General Psychiatry*, 51, 948–988, 1994.

Raine, Adrian, Brennan, Patricia, y Mednick, S. A.: «Interaction Between Birth Complications and Early Maternal Rejection in Predisposing Individuals to Adult Violence: Specificity to Serious, Early-Onset Violence», *American Journal of Psychiatry*, 154, 1265–1271, 1997.

Raison, C. L. y Miller, A. H.: «The evolutionary significance of depression in Pathogen Host Defense (PATHOS-D)», *Molecular Psychiatry*, 18, 15–37, 2013.

Ramilowski, J. A., Goldberg, T., Harshbarger, J., Kloppman, E., Lizio, M., Satagopam, V. P., y Forrest, A. R.: «A draft network of ligand-receptor-mediated multicellular signaling in human», *Nature Communications*, 6, 2015.

Rantakallio P., Laara, E., Isohanni, M., y Moilanen, I.: «Maternal smoking during pregnancy and delinquency of the offspring: an association without causation?», *International Journal of Epidemiology*, 21(6), 1106–1113, 1992.

Rao, G. y Rowland, K.: «Zinc for the common cold—not if, but when», *The Journal of Family Practice*, 60(11), 669, 2011.

Rao, M. y Gershon, M. D.: «The dynamic cycle of life in the enteric nervous system», *Nature Reviews Gastroenterology & Hepatology*, 14(8), 453–454, 2017.

Rasmussen, H. N., Scheier, M. F., y Greenhouse, J. B.: «Optimism and physical health: A meta-analytic review», *Annals of Behavioral Medicine*, 37(3), 239–256, 2009.

Ray, S.: «Survival of olfactory memory through metamorphosis in the fly *Musca domestica*», *Neuroscience Letters*, 259, 37–40, 1999.

Rechavi, O., Minevich, G., y Hobert, O.: «Transgenerational inheritance of an acquired small RNA-based antiviral response in *C. elegans*», *Cell*, 147(6), 1248–1256, 2011.

Reddivari, Lavanya, Veeramachaneni, D. N., Rao, Vanamala, Jairam K. P., *et al.*: «Perinatal Bisphenol A Exposure Induces Chronic Inflammation in Rabbit Offspring via Modulation of Gut Bacteria and Their Metabolites», *mSystems*, 2(5), 2017.

Reid, C. R., MacDonald, H., Mann, R. P., Marshall, J. A., Latty, T., y Garnier, S.: «Decision-making without a brain: How an amoeboid organism solves the two-armed bandit», *Journal of The Royal Society Interface*, 13(119), 20160030, 2016.

Renken, Elena: «How Microbiomes Affect Fear», *Quanta Magazine*, 2019.

Rennie, John y Reading-Ikkanda, Lucy: «Seeing the Beautiful Intelligence of Microbes», *Quanta Magazine*, 2017.

Ressem, Synnøve: «Inside a moth's brain», *Gemini Magazine*, 2010.

Ribosome: en Wikipedia, consultado en https://en.wikipedia.org/wiki/Ribosome.

Rice University: «Scientists advance search for memory's molecular roots: Architecture of the cytoskeleton in neurons», *ScienceDaily*, 26 de agosto de 2019, consultado el 22 de noviembre de 2020, en www.sciencedaily.com/releases/2019/08/190826150658.htm.

Rietdorf, K. y Steidle, J. L. M.: «Was Hopkins right? Influence of larval and early adult experience on the olfactory response in the granary weevil.

Sitophilus granarius (Coleoptera, Curculionidae)», *Physiological Entomology*, 27, 223–227, 2002.

Rimer, S. y Drexler, M.: «The biology of emotion and what it may teach us about helping people to live longer», *Harvard Public Health Review*, Winter, 813, 2011, consultado en https://www.hsph.harvard.edu/news/magazine/happiness-stress-heart-disease/.

Rimm, E. B., Appel, L. J., Lichtenstein, A. H., *et al*.: «Seafood long-chain n-3 polyunsaturated fatty acids and cardiovascular disease: A science advisory from the American Heart Association», *Circulation*, 138(1), e35–e47, 2018.

Risch, N. J.: «Searching for genetic determinants in the new millennium», *Nature*, 405(6788), 847–856, 2000.

Robert Malenka en Fields, R. Douglas: «Human Brain Cells Make Mice Smart», *Scientific American*, 2013.

Robert Sternberg en *Tufts University News: Biologist Michael Levin Joins Tufts University*, consultado en http://now.tufts.edu/news-releases/biologist-michael-levin-joins-tufts-university.

Robins, J. L. W., McCain, N. L., Gray, D. P., Elswick, R. K., Walter, J. M., y McDade, E.: «Research on psychoneuroimmunology: tai chi as a stress management approach for individuals with HIV disease», *Applied Nursing Research*, 19(1), 2–9, 2006. [PubMed: 16455435].

Rodgers, Paul: «Einstein Was Right: You Can Turn Energy Into Matter», 2014, https://www.forbes.com/sites/paulrodgers/2014/05/19/einstein-was-right-you-can-turn-energy-into-matter/?sh=2c58c85126ac.

Rosenbaum, M. B., Sicouri, S. J., Davidenko, J. M., y Elizari, M. V.: «Heart rate and electrotonic modulation of the T wave: a singular relationship», *Cardiac Electrophysiology and Arrhythmias*. Grune and Stratton, 1985.

Roth, T. L., Lubin, F. D., Sodhi, M., Kleinman, J. E.: «Epigenetic mechanisms in schizophrenia», *Biochimica et Biophysica Acta (BBA) General Subjects*, 1790, 869–877, 2009.

Roth, Tania L. y Sweatt, J. David: «Epigenetic marking of the BDNF gene by early-life adverse experiences», *Hormones and Behavior, Special Issue: Behavioral Epigenetics*, 59(3), 315–320, 2011.

Roth, Tania L. y Sweatt, J. David: «Epigenetic mechanisms and environmental shaping of the brain during sensitive periods of development», *Journal of Child Psychology and Psychiatry*, 52(4), 398–408, 2011, https://doi.org/10.1111%2Fj.1469-7610.2010.02282.x.

Roth, Tania L.; Lubin, F.; Funk, Adam J.; Sweatt, J. David: «Lasting Epigenetic Influence of Early-Life Adversity on the BDNF Gene», *j.biopsych*, 65(9), 760–769, 2009.

Rowland, Katherine: «We Are Multitudes», *Aeon Magazine*, 2018.

Ruczynski, I. y Siemers, B. M.: «Hibernation does not affect memory retention in bats», *Biology Letters*, 7(1), 153–155, 2011.

Russell, W. R., Hoyles, L., Flint, H. J., y Dumas, M. E.: «Colonic bacterial metabolites and human health», *Current Opinion in Microbiology*, 16(3), 246–254, 2013.

Rutherford, O. M. y Jones, D. A.: «The role of learning and coordination in strength training», *European Journal of Applied Physiology and Occupational Physiology*, 55, 100–105, 1986.

Ryan, T. J., Roy, D. S., Pignatelli, M., Arons, A., y Tonegawa, S.: «Engram cells retain memory under retrograde amnesia», *Science*, 348, 1007–1013, 2015.

Sadanand, Fulzele, Bikash, Sahay, Carlos, M. Isales, *et al.*: «COVID-19 Virulence in Aged Patients Might Be Impacted by the Host Cellular MicroRNAs Abundance/Profile», *Aging and Disease*, 11(3), 509–522, 2020.

Sahu, S., Ghosh, S., Hirata, K., Fujita, D., y Bandyopadhyay, A.: «Multi-level memory-switching properties of a single brain microtubule», *Applied Physics Letters*, 102(12), 123701, 2013.

Saigle, Victoria, Dubljević, Veljko, y Racine, Eric: «The Impact of a Landmark Neuroscience Study on Free Will: A Qualitative Analysis of Articles Using Libet and Colleagues' Methods», *AJOB Neuroscience*, 9(1), 29, 2018.

Saigusa, T., Tero, A., Nakagaki, T., y Kuramoto, Y.: «Amoebae anticipate periodic events», *Physical Review Letters*, 100(1), 018101, 2008.

Salone, L. R., Vann, W. F., Dee, D. L.: «Breastfeeding: An overview of oral and general health benefits», *Journal of the American Dental Association*, 1939, 144(2), 143–151, 2013.

SAMHSA, Substance Abuse and Mental Health Services Administration: *Results from the 2012 National Survey on Drug Use and Health: Detailed Tables*, SAMHSA, Center for Behavioral Health Statistics and Quality and Health Canada, Rockville, Md., 2013.

Sampson, T. R. y Mazmanian, S. K.: «Control of brain development, function, and behaviour by the microbiome», *Cell Host & Microbe*, 17(5), 565–576, 2015.

Sanchez, M. M.: «The impact of early adverse care on HPA axis development: Nonhuman primate models», *Hormones and Behavior*, 50, 623–631, 2006. [PubMed: 16914153].

Sandman, C. A., Walker, B. B., y Berka, C.: «Influence of afferent cardiovascular feedback on behavior and the cortical evoked potential», *Perspectives in Cardiovascular Medicine*, 1982.

Sapolsky, Robert: *Why Zebras Don't Get Ulcers*, Henry Holt & Company, Nueva York, 2004.

Sarapas, C., *et al.*: «Genetic markers for PTSD risk and resilience among survivors of the World Trade Center attacks», *Disease Markers*, 30(2-3), 101–110, 2011.

Sarnat, H. B. y Netsky, M. G.: «The brain of the planarian as the ancestor of the human brain», *Canadian Journal of Neurological Sciences*, 12(4), 296–302, 1985.

Scheinin, A., Kallionpää, R. E., Revonsuo, A., *et al.*: «Differentiating drug-related and staterelated effects of dexmedetomidine and propofol on the electroencephalogram», *Anesthesiology: The Journal of the American Society of Anesthesiologists*, 129(1), 22–36, 2018.

Schemann, M., Frieling, T., y Enck, P.: «To learn, to remember, to forget—How smart is the gut?», *Acta Physiologica*, 228(1), e13296, 2020.

Schillinger, Liesl: «Odorama», *New York Times*, 2003.

Schlinzig, T., Johansson, S., Gunnar, A., Ekström, T. J., y Norman, M.: «Epigenetic modulation at birth-altered DNA-methylation in white blood cells after Caesarean section», *Acta Pædiatrica*. 98, 1096–1099, 2009.

Schmidt, A. y Thews, G.: «Autonomic Nervous System», en Janig, W., *Human Physiology* (2.ª ed.), 333–370, Springer-Verlag, Nueva York, 1989.

Schore, A. N.: «Dysregulation of the right brain: A fundamental mechanism of traumatic attachment and the psychopathogenesis of posttraumatic stress disorder», *Australian and New Zealand Journal of Psychiatry*, 36, 9–30, 2002. [PubMed: 11929435].

Schore, Allan: «All Our Sons: The Developmental Neurobiology and Neuroendocrinology of Boys at Risk», *Infant Mental Health Journal*, 38(1), 15–52, 2017a.

Schore, Allan: «Modern Attachment Theory. Chapter in APA Handbook of trauma psychology», Steven N. Gold, director editorial, 2017b.

Schore, Allan: «Modern attachment theory: The central role of affect regulation in development and treatment», *Clinical Social Work Journal*, 36, 9–20, 2002.

Schramm, J., Kuczaty, S., Sassen, R., Elger, C. E., y Von Lehe, M.: «Pediatric functional hemispherectomy: Outcome in 92 patients», *Acta Neurochirurgica*, 154(11), 2017–2028, 2012.

Schrödinger, E.: *What Is life? and, Mind and Matter*, Cambridge University Press, Cambridge, Reino Unido, 1967.

Schrott, R., Acharya, K., Murphy, S. K., *et al.*: «Cannabis use is associated with potentially heritable widespread changes in autism candidate gene DLGAP2 DNA methylation in sperm», *Epigenetics*, 15(1–2), 161–173, 2020.

Schwartz, Gary E.: *The Energy Healing Experiments: Science Reveals Our Natural Power to Heal*, Simon & Schuster, Nueva York, 2008.

Schwartz, Gary E.: *The Sacred Promise: How Science Is Discovering Spirit's Collaboration with Us in Our Daily Lives*, Simon & Schuster, Nueva York, 2011.

Schwartz, Gary E. y Simon, W. L.: *The Afterlife Experiments: Breakthrough Scientific Evidence of Life after Death*, Simon & Schuster, Nueva York, 2002.

Sell, C. S.: «On the unpredictability of odor», *Angewandte Chemie International Edition*, 45, 6254–6261, 2006.

Seth, Anil K.: «The real problem: It looks like scientists and philosophers might have made consciousness far more mysterious than it needs to be», *Aeon Magazine*, 2017.

Seung, Sebastian: *Connectome: How the Brain's Wiring Makes Us Who We Are*, Mariner Books, Nueva York, 2013.

Shapiro, J. A.: «Bacteria are small but not stupid: Cognition, natural genetic engineering and socio-bacteriology», *Studies in History and Philosophy of Science Part C: Studies in History and Philosophy of Biological and Biomedical Sciences*, 38(4), 807–819, 2007.

Shapiro, J A.: «Thinking about bacterial populations as multicellular organisms», *Annual Review of Microbiology*, 52, 81–104, 1998.

Sheiman, I. M. y Tiras, K. L.: «Memory and morphogenesis in planaria and beetle», en C. I. Abramson, Z. P. Shuranova, y Y. M. Burmistrov (eds.), *Russian Contributions to Invertebrate Behavior*, Praeger, Westport, Conn., 1996.

Shelley L. Berger, University of Pennsylvania, «Metabolic enzyme fuels molecular machinery of memory», 31 de mayo de 2017, https://www.pennmedicine.org/news/news-releases/2017/may/metabolic-enzyme-fuels-molecular-machinery-of-memory.

Shenderov, B. A.: «Gut indigenous microbiota and epigenetics», *Microbial Ecology in Health and Disease*, 23(1), 17195, 2012.

Shipman, Seth L., Nivala, Jeff, Macklis, Jeffrey D., Church, y George M.: «CRISPR-Cas encoding of a digital movie into the genomes of a population of living bacteria», *Nature*, nature23017, 2017.

Shirakawa, T. y Gunji, Y. P.: «Emergence of morphological order in the network formation of *Physarum polycephalum*», *Biophysical Chemistry*, 128(2), 253–260, 2007.

Shomrat, T. y Levin, M.: «An automated training paradigm reveals long-term memory in planarians and its persistence through head regeneration», *Journal of Experimental Biology*, 216(20), 3799–3810, 2013.

Siegel, D. J.: «Toward an interpersonal neurobiology of the developing mind: Attachment relationships, "mindsight", and neural integration», *Infant Mental Health Journal*, 22(1–2), 67–94, 2001.

Siklenka, Keith, Erkek, Serap, Kimmins, Sarah, *et al.*: «Disruption of histone methylation in developing sperm impairs offspring health transgenerationally», *Science*, 350(6), 261, 2015.

Silva, Alcino, en Han, X., Chen, M., Wang, F., Windrem, M., Wang, S., Shanz, S., y Silva, A. J.: «Forebrain engraftment by human glial progenitor cells enhances synaptic plasticity and learning in adult mice», *Cell Stem Cell*, 12(3), 342–353, 8, 2013.

Slavich, G. M. y Cole, S. W.: «The emerging field of human social genomics», *Clinical Psychological Science*, 1(3), 331–348, 2013.

Smith, L. M., Cloak, C. C., Poland, R. E., Torday, J., y Ross, M. G.: «Prenatal nicotine increases testosterone levels in the fetus and female offspring», *Nicotine & Tobacco Research*, 5(3), 369–374, 2003.

Smith, Anne: «When Breastfeeding Doesn't Work Out», *Breastfeeding Basics*, 2016, consultado en https://www.breastfeedingbasics.com/articles/when-breastfeeding-doesnt-work-out.

Smith, L. K. y Wissel, E. F.: «Microbes and the mind: How bacteria shape affect, neurological processes, cognition, social relationships, development, and pathology», *Perspectives on Psychological Science*, 14(3), 397–418, 2019.

Smith-Ferguson, J., Reid, C. R., Latty, T., y Beekman, M.: «Hänsel, Gretel and the slime mould—How an external spatial memory aids navigation in complex environments», *Journal of Physics D: Applied Physics*, 50(41), 414003, 2017.

Sniekers, Suzanne, Stringer, Sven, Chabris, Christopher F., *et al.*: «Genome-wide association meta-analysis of 78,308 individuals identifies new loci and genes influencing human intelligence», *Nature Genetics*, 2017.

Sommer, F. y Bäckhed, F.: «The gut microbiota--masters of host development and physiology», *Nature Reviews Microbiology*, 11(4), 227, 2013.

Sorscher, N. y Cohen, L. J.: «Trauma in children of Holocaust survivors: Transgenerational effects», *American Journal of Orthopsychiatry*, 67(3), 493, 1997.

Spielrein, Sabina: «Destruction as a Cause of Coming into Being», *Jahrbuch fur psychoanalytische und psychopathologische Forschungen*, 4, 465–503, Viena, 1912.

Stacho, Martin, Herold, Christina, Güntürkün, Onur, *et al.*: «A cortex-like canonical circuit in the avian forebrain», *Science*, 2020.

Stahl, F. W.: «Bacterial genetics. A unicorn in the garden», *Nature*, 335, 112, 1988.

Staron, R. S., Leonardi, M. J., Karapondo, D. L., Malicky, E. S., Falkel, J. E., Hagerman, F. C., y Hikida, R. S.: «Strength and skeletal muscle adaptations in heavy-resistance-trained women after detraining and retraining», *Journal of Applied Physiology*, 70, 631–640, 1991.

Stary, V., Pandey, R. V., Stary, G., *et al.*: «A discrete subset of epigenetically primed human NK cells mediates antigen-specific immune responses», *Science Immunology*, 5(52), 2020.

Steffener, Jason, Habeck, Christian, Stern, Yaakov, *et al.*: «Differences between chronological and brain age are related to education and self-reported physical activity», *Neurobiology of Aging*, 40, 138, 2016.

Stevenson, Ian: «American Children Who Claim To Remember Previous Lives», *Journal of Nervous and Mental Disease*, 171, 742–748, 1984.

Stewart, S., Rojas-Muñoz, A., e Izpisua Belmonte, J. C.: «Bioelectricity and epimorphic regeneration», *Bioessays*, 29, 1133–1137, 2007.

Stoodley, C. y Schmahmann, J.: «Functional topography in the human cerebellum: A meta-analysis of neuroimaging studies», *NeuroImage*, 44(2), 489–501, 2009, https://doi.org/10.1016/j.neuroimage.2008.08.039.

Striepens, N., Kendrick, K. M., *et al.*: «Prosocial effects of oxytocin and clinical evidence for its therapeutic potential», *Frontiers in Neuroendocrinology*, 32(4), 426–450, 2011.

Suan, D., Nguyen, A., Moran, I., Bourne, K., Hermes, J. R., Arshi, M., y Kaplan, W.: «T follicular helper cells have distinct modes of migration and molecular signatures in naive and memory immune responses», *Immunity*, 42(4), 704–718, 2015.

Sullivan, K. J. y Storey, K. B.: «Environmental stress responsive expression of the gene li16 in *Rana sylvatica*, the freeze tolerant wood frog», *Cryobiology*, 64, 192–200, 2012.

Sullivan, Regina, NYU Langone Medical Center/New York University School of Medicine: «Mother's soothing presence makes pain go away, changes gene activity in infant brain», *ScienceDaily*, 18 de noviembre de 2014, www.sciencedaily.com/releases/2014/11/141118125432.htm.

Sylvia, Claire: *A Change of Heart*, Warner Books, Nueva York, 1998.

Synnøve, Ressem: «Inside a moth's brain», *Gemini Magazine in EARTH*, 2010.

Taaffe, D. R. y Marcus, R.: «Dynamic muscle strength alterations to detraining and retraining in elderly men», *Clinical Physiology*, 17, 311–324, 1997.

Tabas, A., Mihai, G., Kiebel, S., Trampel, R., y Von Kriegstein, K.: «Abstract rules drive adaptation in the subcortical sensory pathway», *eLife*, 9, e64501, 2020.

Tabuchi, T. M., Rechtsteiner, A., y Strome, S., *et al.*: «*Caenorhabditis elegans* sperm carry a histone-based epigenetic memory of both spermatogenesis and oogenesis», *Nature Communications*, 9(1), 1–11, 2020.

Tan, J., McKenzie, C., Potamitis, M., Thorburn, A. N., Mackay, C. R., y Macia, L.: «The role of short-chain fatty acids in health and disease», *Advances in Immunology*, 121(91), e119, 2014.

Taylor, David C.: «Oedipus's Parents Were Child Abusers», *British Journal of Psychiatry*, 153, 561–563, 1988.

Ted Kaptchuk en «The Power of the Placebo Effect», https://www.health. harvard.edu/mental-health/the-power-of-the-placebo-effect#:~:text=%22The%20placebo%20effect%20is%20a,need%20the%20ritual%20of%20treatment.

Templeton, G.: «Smart dust: A complete computer that's smaller than a grain of sand», *ExtremeTech*, consultado en: http://www.extremetech.com/extreme/155771-smart-dust-a-complete-computer-thats-smaller-than-a-grain-of-sand; consultado el 30 de enero de 2014.

Thigpen, C. H. y Cleckley, H. M.: *Three Faces of Eve*, McGraw-Hill, Nueva York, 1957.

Thomas, R. L., Jiang, L., Orwoll, E. S., *et al.*: «Vitamin D metabolites and the gut microbiome in older men», *Nature Communications*, 11(1), 1–10, 2020.

Thompson, S. V., Bailey, M. A., y Holscher, H. D.: «Avocado Consumption Alters Gastrointestinal Bacteria Abundance and Microbial Metabolite Concentrations among Adults with Overweight or Obesity: A Randomized Controlled Trial», *Journal of Nutrition*, 2020.

Thurler, K.: «Flatworms lose their heads but not their memories», 2013, consultado en: https://now.tufts.edu/news-releases/flatworms-lose-their-heads-not-their-memories.

Tilley, Sara, Neale, Chris, Patuano, Agnès, y Cinderby, Steve: «Older People's Experiences of Mobility and Mood in an Urban Environment: A Mixed Methods Approach Using Electroencephalography (EEG) and Interviews», *International Journal of Environmental Research and Public Health*, 14(2), 151, 2017. Lee más al respecto en https://medicalxpress.com/news/2017-04-green-spaces-good-grey.html#jCp.

Tirziu, D., Giordano, F. J., y Simons, M.: «Cell communications in the heart», *Circulation*, 122(9), 928–937, 2010.

Tobi, Elmar W., Slieker, Roderick C., Xu, Kate M., *et al.*: «DNA methylation as a mediator of the association between prenatal adversity and risk factors for metabolic disease in adulthood», *Science Advances*, 4(1), 2018.

Treffert, Darold: «Extraordinary People: Understanding the Savant Syndrome», iUniverse Inc, Lincoln, Neb., 2006.

Treffert, Darold: «Genetic Memory: How We Know Things We Never Learned», *Scientific American*, 2015.

Trettenbrein, P.: «The Demise of the Synapse As the Locus of Memory: A Looming Paradigm Shift?», *Frontiers in Systems Neuroscience*, 10, 2016, doi: 10.3389/fnsys.2016.00088.

Trewavas, A.: «Green plants as intelligent organisms», *Trends in Plant Science*, 10(9), 413–419, a2005.

Trewavas, A.: «Plant Intelligence», *Naturwissenschaften*, 92(9), 401–413, b2005.

Trewavas, A.: «Plant intelligence: Mindless mastery», *Nature*, 415(6874), 841–841, 2002.

Tronick, E.: *The Neurobehavioral and Social-Emotional Development of Infants and Children*, W. W. Norton, Nueva York, 2007.

Truman, J. W.: «Metamorphosis of the central nervous system of *Drosophila*», *Journal of Neurobiology*, 21, 1072–1084, 1990.

Tsankova, N., Renthal, W., Kumar, A., y Nestler, E. J.: «Epigenetic regulation in psychiatric disorders», *Nature Reviews Neuroscience*, 8, 355–367, 2007.

Tseng, A. y Levin, M.: «Cracking the bioelectric code: Probing endogenous ionic controls of pattern formation», *Communicative & Integrative Biology*, 6(1), 1–8, 2013.

Tsuda S., Aono, M., y Gunji, Y. P.: «Robust and emergent *Physarum* logical-computing», *BioSystems*, 73(1), 45–55, 2004.

Tully, T., Cambiazo, V., y Kruse, L.: «Memory through metamorphosis in normal and mutant *Drosophila*», *Journal of Neuroscience*, 14, 68–74, 1994.

Tuominen, J., Kallio, S., Kaasinen, V., y Railo, H.: «Segregated brain state during hypnosis», *Neuroscience of Consciousness*, 2021(1), niab002, 2021.

Turin, Luca: *The Secret of Scent: Adventures in Perfume and the Science of Smell*, Ecco, Nueva York, 2006.

Turner, C. H., Robling, A. G., Duncan, R. L., Burr, D. B.: «Do bone cells behave like a neuronal network?», *Calcified Tissue International*, 70, 435-442, 2002.

Turner, S. G. y Hooker, K.: «Are Thoughts About the Future Associated With Perceptions in the Present?: Optimism, Possible Selves, and Self-Perceptions of Aging», *The International Journal of Aging and Human Development*, 0091415020981883, 2020.

Tuszynski, Jack A.: *The Emerging Physics of Consciousness*, Springer-Verlag, Berlín, 2006.

Uchino, B. N., Cacioppo, J. T., y Kiecolt-Glaser, J. K.: «The relationship between social support and physiological processes: A review with emphasis on underlying mechanisms and implications for health», *Psychological Bulletin*, 119(3), 488–531, 1996, doi:10.1037/0033-2909.119.3.488.

Umesono, Y., Tasaki, J., Nishimura, K., Inoue, T., y Agata, K.: «Regeneration in an evolutionarily primitive brain—The planarian *Dugesia japonica* model», *European Journal of Neuroscience*, 34, 863–869, 2011.

University of Cambridge, Molly Fox (cit.), *Research News*, 2013.

Upledger, John E.: *Your Inner Physician and You: Craniosacral Therapy and Somatoemotional Release*, Atlantic Books, Berkeley, Calif., 1997.

UT Southwestern Medical Center: «Muscle, not brain, may hold answers to some sleep disorders», *ScienceDaily*, 2017, www.sciencedaily.com/releases/2017/08/170803145629.htm.

Vahdat, Shahabeddin, Lungu, Doyon, Ovidiu, Julien, *et al.*: «Simultaneous Brain-Cervical Cord fMRI Reveals Intrinsic Spinal Cord Plasticity during Motor Sequence Learning», *PLoS Biology*, 2015, http://dx.doi.org/10.1371/journal.pbio.1002186.

Vaidyanathan, G.: «Science and Culture: Could a bacterium successfully shepherd a message through the apocalypse?», *Proceedings of the National Academy of Sciences*, 114(9), 2094–2095, 2017.

Van der Kolk, B. A.: *Psychological Trauma*, American Psychiatric Press, Washington, 1987.

Van der Kolk, B. A.: «The body keeps the score: Memory and the evolving psychobiology of posttraumatic stress», *Harvard Review of Psychiatry*, 1(5), 253–265, 1994.

Van der Molen, M. W., Somsen, R.J.M., y Orlebeke, J. F.: «The rhythm of the heart beat in information processing», *Advances in Psychophysiology*, 1, 1-88, 1985.

Van der Windt, Gerritje J. W., Everts, Bart, Pearce, Erika L., *et al.*: «Mitochondrial Respiratory Capacity Is a Critical Regulator of CD8+T Cell Memory Development», *Immunity*, 36(1), 68–78, 2012.

Van Etten, James L., Lane, Leslie C., y Dunigan, David D.: «DNA Viruses: The Really Big Ones (Giruses)», *Annual Review of Microbiology*, 64, 83–99, 2010.

Vandvik, P. O., Wilhelmsen, I., Ihlebaek, C., y Farup, P. G.: «Comorbidity of irritable bowel syndrome in general practice: a striking feature with clinical implications», *Alimentary Pharmacology & Therapeutics*, 20(10), 1195–1203, 2004.

Vattay, G., Kauffman, S., y Niiranen, S.: «Quantum biology on the edge of quantum chaos», *PloS One*, 9(3), e89017, 2014.

Verdino, J.: «The third tier in treatment: Attending to the growing connection between gut health and emotional well-being», *Health Psychology Open*, 4(2), 2055102917724335, 2017.

Verner, G., Epel, E., y Entringer, S.: «Maternal psychological resilience during pregnancy and newborn telomere length: A prospective study», *American Journal of Psychiatry*, 178, 2, 2021.

Verny, Thomas R.: *Pre-and-Peri-Natal Psychology: An Introduction*, Human Sciences Press, Nueva York, 1987.

Verny, Thomas R. y Kelly, John: *The Secret Life of the Unborn Child*, Summit Books, Nueva York, 1981.

Verny, Thomas R. y Weintraub, Pamela: *Pre-Parenting, Nurturing Your Child from Conception*, Simon & Schuster, Nueva York, 2002.

Villemure, J. G. y Rasmussen, T. H.: «Functional hemispherectomy in children», *Neuropediatrics*, 24(1), 53–55, 1993.

Vining, E. P., Freeman, J. M., Pillas, D. J., Uematsu, S., y Zuckerberg, A.: «Why would you remove half a brain? The outcome of 58 children after hemispherectomy—the Johns Hopkins experience: 1968 to 1996», *Pediatrics*, 100(2), 163–171, 1997.

Virophages: en Wikipedia, consultado en https://en.wikipedia.org/wiki/Virophage.

Volbrecht, M. M., Lemery-Chafant, K., Goldsmith, H. H., *et al.*: «Examining the familial link between positive affect and empathy development in the second year», *Journal of Genetic Psychology*, 168, 105–129, 2007.

Volk, Steve: «Down The Quantum Rabbit Hole», *Discover*, 2018.

Volkan, Vamik D.: «Transgenerational Transmissions and "Chosen Trauma"», Opening Address, XIII International Congress, International Association of Group Psychotherapy, 1998. http://www.vamikvolkan.com/Transgenerational-Transmissions-and-Chosen-Traumas.php.

Wagner, A. D. y Davachi, L.: «Cognitive neuroscience: Forgetting of things past», *Current Biology*, 11, R964–967, 2001.

Wagner, M., Helmer, C., Samieri, C., *et al.*: «Evaluation of the concurrent trajectories of cardiometabolic risk factors in the 14 years before dementia», *JAMA Psychiatry*, 75(10), 1033–1042, 2018.

Wakeup-world.com, 2012, consultado en https://wakeup-world.com/2012/02/29/hearts-have-their-own-brain-and-consciousness/wuw_paginate/disabled/.

Walker, D., Greenwood, C., Hart, B., y Carta, J.: «Prediction of school outcomes based on early language production and socioeconomic factors», *Child Development*, 65, 606–621, 1994.

Wang, H., Duclot, F., Liu, Y., Wang, Z. y Kabbaj, M.: «Histone deacetylase inhibitors facilitate partner preference formation in female prairie voles», *Nature Neuroscience*, https://doi.org/10.1038/nn.3420.

Ward, I. D., Zucchi, F. C., Robbins, J. C., Falkenberg, E. A., Olson, D. M., Benzies, K., y Metz, G. A.: «Transgenerational programming of maternal behaviour by prenatal stress», *BMC Pregnancy and Childbirth*, 13(1), 1, 2013.

Warre-Cornish, K., Perfect, L., Srivastav, Deepak P., McAlonan, G., *et al.*: «Interferon-γ signaling in human iPSC-derived neurons recapitulates neurodevelopmental disorder phenotypes», *Science Advances*, 6(34), eaay9506, 2020.

Waters, E., Merrick, S., Treboux, D., Crowell, J. y Albersheim, L.: «Attachment Security in Infancy and Early Adulthood: A Twenty-Year Longitudinal Study», *Child Development*, 71, 684–689, 2000, doi:10.1111/1467-8624.00176.

Weaver, I. C. G., Cervoni, N., Champagne, F. A., Meaney, M. J., *et al.*: «Epigenetic programming by maternal behavior», *Nature Neuroscience*, 7, 847–854, 2004.

Weaver, Kathryn, Campbell, Richard, Mermelstein, Robin, y Wakschlag, Lauren: «Pregnancy Smoking in Context: The Influence of Multiple Levels of Stress», *Oxford Journals, Nicotine & Tobacco Research*, 10(6), 1065–1073, 2007.

Webre, D. J., Wolanin, P. M., y Stock, J. B.: «Primer: bacterial chemotaxis», *Current Biology*, 13, R47–R49, 2003.

Westermann, J., Lange, T., Textor, J., y Born, J.: «System consolidation during sleep–a common principle underlying psychological and immunological memory formation», *Trends in Neurosciences*, 38(10), 585–597, 2015.

Whitehead, A. N.: *Adventure of Ideas*, MacMillan, Londres, 1933.

Whitehead, A. N. *Process and Reality*. MacMillan, Nueva York, 1929.

Whiting, J. G., Jones, J., Bull, L., Levin, M., y Adamatzky, A.: «Towards a *Physarum* learning chip», *Scientific Reports*, 6, 2016.

WHO, Nutrition, Exclusive breastfeeding 2011-01-15; y UNICEF (n.d.): «Skin-to-skin contact», http://www.unicef.org.uk/BabyFriendly/News-and-Research/Research/Skin-to-skin-contact/.

Wildschutte, Julia Halo, Williams, Zachary H., Coffin, John M., *et al.*: «Discovery of unfixed endogenous retrovirus insertions in diverse human populations», *Proceedings of the National Academy of Sciences*, 113(16), E2326-E2334, 2016.

Wittmann, Marc: *Altered States of Consciousness: Experiences Out of Time and Self*, MIT Press, Boston, 2018.

Wittmann, Marc: *Felt Time: The Psychology of How We Perceive Time*, MIT Press, Boston, 2016.

Wixted, J. T., Squire, L. R., Jang, Y., Papesh, M. H., Goldinger, S. D., Kuhn, J. R., y Steinmetz, P. N.: «Sparse and distributed coding of episodic memory in neurons of the human hippocampus», *Proceedings of the National Academy of Sciences*, 111(26), 9621–9626, 1, 2014.

Wojtowicz, J. M.: «Adult neurogenesis. From circuits to models», *Behavioral Brain Research*, 10.1016/j.bbr.2011.08.013, 2011.

Wolf, D. M., Fontaine-Bodin, L., Bischofs, I., Price, G., Keasling, J., y Arkin, A. P.: «Memory in microbes: Quantifying history-dependent behavior in a bacterium», *PLoS one*, 3(2), e1700, 2008.

Wong, G. C., Antani, J. D., Bassler, Bonnie, Dunkel, J., *et al.*: «Roadmap on emerging concepts in the physical biology of bacterial biofilms: from surface sensing to community formation», *Physical Biology*, 2021.

Wu, C. L., Shih, M. F., Chiang, A. S., *et al.*: «Heterotypic Gap Junctions between Two Neurons in the *Drosophila* Brain Are Critical for Memory», *Current Biology*, 21(10), 848–854, 2011.

Yan, Jian, Enge, Martin, Taipale, Minna, Taipale, Jussi, *et al.*: «Transcription Factor Binding in Human Cells Occurs in Dense Clusters Formed around Cohesin Anchor Sites», *Cell*, 154(4), 801, 2013.

Yan, Z., Lambert, N. C., Guthrie, K. A., Porter, A. J., Nelson, J. L., *et al.*: «Male microchimerism in women without sons: Quantitative assessment and correlation with pregnancy history», *American Journal of Medicine*, 118(8), 899–906, 2005.

Yang, Fu-liang en Savage, Sam: «Scientists Create World's Smallest Microchip», 2010, RedOrbit.com, http://www.redorbit.com/news/technology/1966110scientists_create_worlds_smallest_microchip/#7s4r0Z iF0uvXwP5B.99.

Yang, S., Platt, R. W., y Kramer, M. S.: «Variation in child cognitive ability by week of gestation among healthy term births», *American Journal of Epidemiology*, 171(4), 399–406, 2010.

Yao, Youli, Robinson, Alexandra M., Metz, Gerlinde, A. S., *et al.*: «Ancestral exposure to stress epigenetically programs preterm birth risk and adverse maternal and newborn outcomes», *BMC Medicine*, 12(1), 121. doi: 10.1186/s12916-014-0121-6, 2014.

Yehuda, R., Daskalakis, N. P., Lehrner, A., Desarnaud, F., Bader, H. N., Makotkine, I., *et al.*: «Influences of maternal and paternal PTSD on epigenetic regulation of the glucocorticoid receptor gene in Holocaust survivor offspring», *American Journal of Psychiatry*, 171(8), 872-8010.1176/appi.ajp.2014.13121571, 2014.

Yehuda, R., Halligan, S. L., y Grossman, R.: «Childhood trauma and risk for PTSD: Relationship to intergenerational effects of trauma, parental PTSD, and cortisol excretion», *Development and Psychopathology*, 13(3), 733–753, 2001.

Yehuda, R. y Lehrner, A.: «Intergenerational transmission of trauma effects: Putative role of epigenetic mechanisms», *World Psychiatry*, 17(3), 243–257, 2018.

Yehuda, R., *et al.*: «Transgenerational Effects of Posttraumatic Stress Disorder in Babies of Mothers Exposed to the World Trade Center Attacks during Pregnancy», *Journal of Clinical Endocrinology & Metabolism*, 2005, doi: 10.1210/jc.2005-0550.

Yehuda, Rachel, Daskalakis, Nikolaos P., Binder, Elisabeth B., *et al.*: «Holocaust Exposure Induced Intergenerational Effects on FKBP5 Methylation», *Biological Psychiatry*, 80(5), 372, 2016, doi: 10.1016/j.biopsych.2015.08.005.

Yehuda, Rachel, Daskalakis, Nikolaos P., Desarnaud, Frank, *et al.*: «Epigenetic biomarkers as predictors and correlates of symptom improvement following psychotherapy in combat veterans with PTSD», *Frontiers in Psychiatry*, 2013, doi: 10.3389/fpsyt.2013.00118.

Yeragani, V. K., Nadella, R., Hinze, B., Yeragani, S., y Jampala, V. C.: «Nonlinear measures of heart period variability: Decreased measures of symbolic dynamics in patients with panic disorder», *Depression and Anxiety*, 12, 67–77, 2000.

Yeragani, V. K., Rao, K. A., Smitha, M. R., Pohl, R. B., Balon, R., y Srinivasan, K.: «Diminished chaos of heart rate time series in patients with major depression», *Biological Psychiatry*, 51, 733–744, 2002.

Yoney, A., Etoc, F., Brivanlou, A. H., *et al.*: «WNT signaling memory is required for ACTIVIN to function as a morphogen in human gastruloids», *eLife*, 7, e38279, 2018.

Younge, N., McCann, Seed, P. C., *et al.*: «Fetal exposure to the maternal microbiota in humans and mice», *JCI Insight*, 2019.

Yu, C., Guo, H., Cui, K., Li, X., Ye, Y. N., Kurokawa, T., y Gong, J. P.: «Hydrogels as dynamic memory with forgetting ability», *Proceedings of the National Academy of Sciences*, 2020.

Zammit, Stanley, *et al.*: «Maternal tobacco, cannabis and alcohol use during pregnancy and risk of adolescent psychotic symptoms in offspring», *The British Journal of Psychiatry*, 195, 294–300, 2009.

Zamroziewicz, Marta K., Paul, Erick J., Zwilling, Chris E., y Barbey, Aron K.: «Determinants of fluid intelligence in healthy aging: Omega-3 polyunsaturated fatty acid status and frontoparietal cortex structure», *Nutritional Neuroscience*, 1–10, 2017.

Zarnitsyna, V. I., Huang, J., Zhang, F., Chien, Y. H., Leckband, D., y Zhu, C.: «Memory in receptor-ligand-mediated cell adhesion», *Proceedings of the National Academy of Sciences*, 104(46), 18037–18042, 2007, http://www.pnas.org/content/104/46/18037.short.

Zayed, Amro y Robinson, Gene E.: «Understanding the Relationship Between Brain Gene Expression and Social Behavior: Lessons from the Honey Bee», *Annual Review of Genetics*, 46, 591–615, 2012.

Zenger, M., Glaesmer, H., Höckel, M., y Hinz, A.: «Pessimism predicts anxiety, depression and quality of life in female cancer patients», *Japanese Journal of Clinical Oncology*, 41(1), 87–94, 2011.

Zhang, W. B., Zhao, Y., y Kjell, F.: «Understanding propagated sensation along meridians by volume transmission in peripheral tissue», *Chinese Journal of Integrative Medicine*, 19(5), 330–339, 2013.

Zhu, L., Aono, M., Kim, S. J., y Hara, M.: «Amoeba-based computing for traveling salesman problem: Long-term correlations between spatially separated individual cells of *Physarum polycephalum*», *Biosystems*, 112(1), 1–10, 2013.

Zimmer, Carl: «Can Answers to Evolution Be Found in Slime?», *New York Times*, 2011.

Zoghi, M. «Cardiac memory: Do the heart and the brain remember the same?», *Journal of Interventional Cardiac Electrophysiology*, 11, 177–178, 2004.